Daniel Bellet

Secrétaire perpétuel de la Société d'Économie politique
Professeur à l'École des Sciences politiques.

Le Chômage et son Remède

PRÉFACE DE M. PAUL LEROY-BEAULIEU

de l'Institut, professeur au Collège de France.

LIBRAIRIE FÉLIX ALCAN.

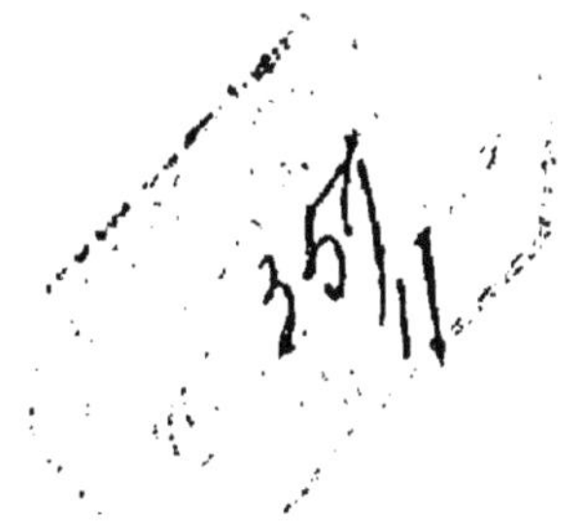

LE CHÔMAGE

ET SON REMÈDE

COULOMMIERS
Imprimerie Paul BRODARD.

LE CHÔMAGE

ET SON REMÈDE

PAR

DANIEL BELLET

Secrétaire perpétuel de la Société d'Économie politique
Professeur à l'École des Sciences politiques.

PRÉFACE DE PAUL LEROY-BEAULIEU

de l'Institut, professeur au Collège de France.

PARIS

LIBRAIRIE FÉLIX ALCAN

108, BOULEVARD SAINT-GERMAIN, 108

1912

A Monsieur DANIEL BELLET,

Secrétaire perpétuel de la Société d'Économie Politique.

Mon cher Secrétaire perpétuel,

J'ai lu avec le plus vif intérêt et le plus grand profit les épreuves que vous avez bien voulu me remettre de votre ouvrage sur *Le Chômage et son remède.*

Vous vous y efforcez de mesurer et de sonder, avec toute l'exactitude possible, l'étendue de ce fléau, qui n'est pas nouveau dans le monde ni particulièrement propre aux sociétés contemporaines. Celles-ci, par leur élasticité croissante, y opposeraient plutôt plus de résistance que les sociétés anciennes.

Vous faites passer sous nos yeux le tableau instructif des organisations et des projets qui, chez les principaux peuples, méritent, à ce sujet, l'attention.

C'est avec raison que vous distinguez avec soin l'assistance et l'assurance, et que vous décelez la première comme usurpant, dans les principaux plans de lutte générale contre le chômage, le nom de la seconde.

L'assurance, elle-même, si grande que soit sa vertu, est, il ne faut pas l'oublier, ainsi que j'ai cherché à l'établir, une institution coûteuse [1]. Elle prend au groupe assuré plus qu'elle ne lui rend. Quand on sort de quelques cas très simples et relativement constants, comme l'incendie, la durée de

1. Voir mon *Traité théorique et pratique d'économie politique*, t. IV, pages 323 à 350.

la vie, les accidents frappant les personnes ou les choses, les désastres maritimes, l'assurance, si l'on n'y prend garde, risque d'être très onéreuse et au groupe assuré et à la Société,

Elle nécessite toute une bureaucratie, toute une paperasserie, un ensemble de formalités, d'enquêtes, de vérifications, dont les frais atteignent facilement 25, 30, 40 et jusqu'à 50 p. 100 des primes.

Une société ou un homme qui voudrait s'assurer contre tous les risques assumerait une charge fixe énorme dépassant de beaucoup le montant moyen de ces risques.

Tout le personnel engagé dans cette bureaucratie et cette paperasserie est, en outre, soustrait à la production : le nombre démesuré des inspecteurs, contrôleurs, comptables et scribes, tous gens qui ne font pas œuvre productive directe, est une des faiblesses des sociétés modernes. Il ne faut pas céder légèrement à cette tendance.

C'est une raison de résister à la création de nouveaux grands organismes officiels nationaux ou internationaux qui comportent d'énormes déperditions de forces.

L'épargne individuelle, ajoutons la diligence personnelle, restent encore la meilleure sauvegarde contre ce fléau, de même que contre tous les autres.

Il faut y joindre l'action, qui peut être utile, des mutualités de toutes sortes, professionnelles et fédératives. Voilà un quart de siècle que la loi a donné, en France, aux syndicats ouvriers, patronaux et mixtes, toute liberté pour rechercher et effectuer, dans la mesure possible, les améliorations ou les progrès qui intéressent le sort des populations industrielles et agricoles. La lutte contre le chômage rentre manifestement dans le domaine de ces organismes. Qu'ils s'en occupent avec attention et persévérance, au lieu de se laisser trop souvent distraire par des plans de révolution sociale; et, avec le temps, sans arriver à supprimer complètement le fléau, ils auraient vraisemblablement réussi à l'endiguer et à le contenir.

Quant aux plans séduisants d'assurance obligatoire contre le chômage, sous la direction ou avec le concours de l'Etat, nous y voyons un de ces mirages volontaires par lesquels on cherche à se concilier la démocratie.

Les charges publiques dans cette voie deviendraient énormes et écrasantes. Le mal serait accrû, dans une mesure peut-être large, parce que l'ouvrier individuel ou les groupements d'ouvriers se croiraient dispensés ainsi de toute prévoyance et de toute diligence.

Tous ces vastes organismes officiels qui prennent l'étiquette d'assurances tendent fatalement à n'avoir pas ce caractère ou à le perdre rapidement. Les ouvriers, en effet, se refusent, chez les nations démocratiques du moins, à payer les cotisations. Tout le poids retombe soit sur les patrons, soit sur la masse du public; et c'est, pour le bénéficiaire de ces institutions coûteuses, une incitation à l'inertie.

Ces jours-ci encore, dans le pays le plus industriel, celui où l'on a le plus l'habitude des associations spontanées et libres, les représentants des ouvriers d'élite élevaient de vives critiques contre les plans de M. Lloyd George pour la création d'assurances officielles contre la maladie et le chômage, cette dernière assurance réservée, par privilège ou par expérience, à deux corps de métiers seulement, ainsi que vous l'exposez fort bien, les mécaniciens et les ouvriers en bâtiment.

Au congrès des *Trade-Unions* à Newcastle, qui s'est tenu il y a quelques jours, et qui a suivi la grève des chemins de fer anglais, une importante résolution, dit un journal spécial britannique, a été votée contre l'assujettissement, dans le plan de M. Lloyd George, des ouvriers gagnant moins de 18 shillings par semaine (22 fr. 50) à des cotisations; et une forte minorité a voté une résolution repoussant tout le *bill* (projet de loi) à cause de la retenue des cotisations sur les salaires[1].

Si telles sont les dispositions des ouvriers anglais d'élite, représentés par les grandes *Trade-Unions*, on peut se représenter ce que seraient celles des ouvriers français.

Le vrai progrès moral, social et civique consisterait à faire qu'il y eût beaucoup plus d'ouvriers réellement *conscients* de leurs intérêts, de leurs devoirs, et beaucoup moins d'*assujettis*.

Or, suivant l'expression caractéristique de la dernière loi française, dite d'assurance, on transforme tous les ouvriers en *assujettis*, c'est-à-dire en gens inertes, en automates; il en doit résulter, à la longue, un considérable affaiblissement social.

Agréez, mon cher secrétaire perpétuel, l'expression de mes affectueux et dévoués sentiments.

PAUL LEROY-BEAULIEU.

16 septembre 1911.

1. « *An important resolution was passed against persons earning less than 15 sh. per week being called upon to contribute to M. Lloyd George Insurance Bill, and a large minority voted for a resolution condemning the whole Bill, because of the deduction from wages.* » *The Economist* (de Londres), n° du 11 septembre 1911, p. 520.

LE CHÔMAGE
ET SON REMÈDE

I

LE CHÔMAGE, SES CARACTÉRISTIQUES, SES EFFETS, SES CAUSES VRAIES ET SUPPOSÉES

« Les chômages sont du fait de la nature. »

LEROY-BEAULIEU.

Si l'on en jugeait d'après la littérature qui est consacrée au chômage, et qui n'a pris une réelle importance que depuis assez peu d'années[1], on pourrait se figurer que c'est seulement à notre époque que le chômage a commencé de peser lourdement sur la population ouvrière. Et le fait est que, pour ceux qui aiment à accuser le machinisme d'être la cause prédominante du chômage, cette influence ne se faisait pas sentir jadis; par

1. Nous avons dû élaguer beaucoup dans la bibliographie touffue de la question. — Voir à la fin du volume.

suite sans doute les populations ouvrières devaient-elles être beaucoup plus heureuses! Aussi bien, un des écrivains qui s'est occupé de cette question en France, M. Crosson du Cormier, dans un volume récent intitulé *Les Caisses Syndicales de chômage*, n'a pas manqué d'accuser ce qu'il appelle et ce qu'on appelle d'une façon un peu naïve « le régime de la production capitaliste », d'avoir, sinon créé le chômage, du moins de lui avoir donné un « singulier caractère d'intensité ».

Nous aurons l'occasion de revenir sur ce point de vue, quand nous nous demanderons finalement ce qu'on peut faire, législativement ou non, pour atténuer ce qui est sûrement un mal pour l'ouvrier, pour l'employé en général; et quand nous rechercherons si ce n'est pas précisément le développement le plus complet de ce régime capitaliste qui améliorera l'état des choses, par le libre jeu des phénomènes économiques. Mais il est bon de remarquer avec une certaine tristesse que tous les jeunes gens qui se sont préoccupés de cette question du chômage, et des moyens de lutter contre lui, présentent les mêmes tendances que M. Crosson du Cormier; même lorsqu'ils se défendent de céder au vent socialiste et interventionniste qui souffle si violemment à l'heure présente. Pour M. de Las Cases, par exemple, le mal du chômage s'est singulièrement accru depuis que s'est ouverte l'ère du cheval-vapeur : opinion qui nous paraît marquée au sceau de l'ingratitude la plus manifeste, puisque c'est le cheval-vapeur qui a permis l'établissement des chemins de fer, des moyens de transport rapides et bon marché, et, par suite, le déplacement relativement très facile de la main-d'œuvre et l'internationalisation du marché du travail. Même MM. L.-A. de Lavergne et Paul Henry déplorent bien quelque peu à cet égard que le machinisme croissant restreigne le rôle de l'homme.

Et la plupart de ces auteurs insistent, en affirmant que le chômage est fils de la production moderne; pour eux, les petits métiers de jadis et les établissements qu'on pouvait à peine appeler des usines, n'avaient que très peu à souffrir des oscillations résultant de la concurrence et de la mode. A cela on pourrait tout d'abord répondre qu'il y a et avait bien d'autres causes au chômage que la mode et la concurrence : nous le constaterons dans un chapitre consacré à ces causes. D'autre part, la concurrence n'agissait point sans doute de la même manière qu'à l'heure présente; mais l'histoire des Corporations est là pour nous montrer que ce n'était point un bien en soi, ni dans ses conséquences[1]. Et l'étroitesse des marchés faisait justement que les à-coups restrictifs de

1. On pourrait invoquer à cet égard un discours fait en 1904 par M. Vaillant à la Chambre des députés, où il montrait la population de chômeurs faite des parias de l'ancienne industrie, des hommes rejetés des corporations.

la consommation ne pouvaient qu'influer cruellement sur la production. Ceux qui portent cette affirmation hasardée que le chômage serait un mal social moderne, d'origine capitaliste, infirment d'ailleurs eux-mêmes cette opinion en rappelant que Périclès s'était vu forcé, par une compréhension qu'ils disent excellente de l'économie sociale, de faire exécuter d'immenses travaux dans le Péloponèse pour venir en aide aux nombreux chômeurs de cette époque. Qu'on lise au surplus les statistiques des jours ouvrables ou non publiées par notre regretté maître M. Levasseur dans ses divers ouvrages.

Mais il y a là une discussion qui nous ferait sortir du sujet essentiellement pratique que nous essayons d'exposer : et nous ne nous y attarderons pas, quel que puisse être son intérêt pour la défense raisonnée de l'industrie moderne.

Il est au contraire utile, comme base à cette étude, de bien s'entendre sur ce mot de chômage, en même temps qu'il est essentiel de chercher à exposer les diverses causes du mal. C'est indispensable pour poursuivre ensuite les moyens d'y porter remède, ou de le prévenir, si tant est que cela soit possible.

Il ne s'agit naturellement pas d'un arrêt quelconque du travail chez ceux qui forment la population ouvrière; il faut éliminer les ouvriers qui cessent de travailler volontairement, bien que les

Caisses syndicales de Chômage, un peu dans tous les pays, les organisations ouvrières que nous trouverons à peu près comme les seules manifestations réellement pratiques d'un embryon d'assurance contre le chômage, ne respectent point strictement cette définition. Elles ont en effet pour but, sinon principal, du moins très important, de soutenir ceux de leurs membres ou les camarades ouvriers qui se livrent volontairement au chômage en arrêtant le travail pour cause de grève. Néanmoins, il est en général possible de départir dans leurs comptes, et de mettre en lumière dans leur organisation et leur fonctionnement, ce qui se rapporte plus particulièrement aux grèves ou, au contraire, au chômage. Nous essayerons nous-même de bien distinguer les deux choses. Mais, quoi qu'on en ait, les grèves ont une incidence (si l'on peut dire) considérable sur le chômage : souvent des ouvriers seront en chômage et chercheront de l'ouvrage, parce que, à la suite d'une détermination volontaire, ils ont abandonné l'atelier ou l'usine qui les occupait.

En tout cas, le vrai chômeur, c'est l'ouvrier qui est physiquement capable de travailler, qui cherche du travail et désire en obtenir, et qui ne trouve pourtant pas un emploi; on ajoute souvent : emploi répondant à ses forces, à ses aptitudes et connaissances professionnelles. Toutefois, ce reste de la définition est quelque peu tendancieux, en ce sens qu'un des remèdes au chômage (remède auquel on renonce trop souvent de gaîté de cœur) consiste à se déclasser temporairement, à accepter un travail qui payera peut-être moins, où toutes les connaissances professionnelles ne seront pas employées au mieux, mais qui nourrira son homme, et les siens. Il est bien évident que le chômage résulte de ce que vous avez vu disparaître l'occupation qui vous est habituelle ; mais on y peut remédier par une accommodation à une autre tâche. C'est un principe bon à vulgariser dans les milieux ouvriers ; et la chose nous semble d'autant plus possible que se développent le machinisme et la division du travail, auxquels on fait volontiers tant de reproches. La caractéristique que nous retenons, c'est donc l'absence involontaire, pour l'ouvrier qui en souffre, d'une occupation pouvant assurer son existence et l'existence de ceux qui comptent sur son travail et sa rétribution pour vivre. M. Benzacar a trouvé l'expression assez heureuse de « mévente de la marchandise travail », C'est le défaut d'emploi indépendant de l'état physique, moral ou intellectuel du travailleur, indépendant de la vieillesse, des accidents, de la grève ou même du *lock-out* ou grève patronale[1].

Le chômage réellement intéressant, et par con-

1. MM. de Lavergne et Paul Henry, dans leur volumineux ouvrage, ont étudié sous tous les angles la définition du chômage.

séquent celui pour lequel il est le plus utile de chercher un remède, est évidemment le chômage qu'on peut qualifier d'involontaire. Tout en étant involontaire, il peut avoir été causé plus ou moins indirectement par la faute de celui même qui en souffre; et c'est ce que mettait assez nettement en lumière un de ceux qui se sont occupés de la question, M. Cagninacci, qui pourtant a certaines tendances un peu sentimentales en la matière. Le chômage ne sera pas susceptible de recevoir cette qualification « d'immérité », que l'on ajoute si souvent à celle d'involontaire, si le travailleur a sa responsabilité engagée dans la crise qui l'a privé de son occupation : par exemple, et comme cela s'est produit récemment dans certaines régions, s'il oblige un patron à fermer son usine à cause de ses exigences au point de vue de la rétribution. Il n'aura point compris que le capital, comme le travail et aussi l'esprit d'entreprise, a besoin d'une rémunération, sans laquelle il se retirerait de la production. Toujours est-il que le chômage est un des maux les plus redoutables qui puissent frapper l'ouvrier; et tous ceux dont le gain se fait au jour le jour, et auxquels la nature de leur rémunération, son montant, et, il faut bien le dire aussi, certaines habitudes d'imprévoyance, ne permettent pas de se créer des réserves pour le moment où le salaire ne rentre plus régulièrement. Les hommes aspirent naturellement à la fixité, a dit Bastiat; et ils se sentent fort démunis quand cette fixité leur vient à manquer. C'est d'ailleurs ce sentiment qui a contribué au développement du fonctionnarisme en France; la peur du chômage, la sécurité du lendemain (qui est caractéristique de l'état de fonctionnaire) y sont pour beaucoup. Il faut avoir une grande maîtrise de soi-même pour épargner aux jours d'abondance relative; c'est ce qui fait que le chômage, quand il se produit, est ressenti si cruellement et suscite tant de plaintes. Dans les budgets étroits des fonctionnaires, mais où les recettes sont ménagées et distribuées régulièrement, quoique parcimonieusement, on arrive bien plus aisément, automatiquement, à l'équilibre, ainsi que le notait M. Cheyssen. Cela est si vrai que beaucoup de gens estiment que les chômeurs qui souffrent le plus du chômage, ne sont point ceux pour lesquels ce dernier est une habitude, les ouvriers des industries saisonnières; ils savent en effet que leur occupation accoutumée, ou plus exactement principale s'interrompt régulièrement à telle époque, pour recommencer à telle autre; et ils peuvent régulièrement aussi organiser leur vie pour répondre à cette crise, qui ne doit plus être comptée comme un aléa. En réalité, ce sont des gens qui ont plusieurs métiers, et qui les exercent successivement, suivant les périodes de l'année. Le chômage accidentel, qui se produit à l'impromptu, est autrement plus redoutable.

Nous devons reconnaître que la prévoyance est une vertu difficile à pratiquer; et l'on se montrerait sans doute bien rigide à se contenter de la conseiller en face d'une crise de chômage, telle la fourmi du Fabuliste. Mais encore ne faut-il pas se laisser aller au sentiment pur; il vaut mieux se demander, en raisonnant, s'il n'y a pas quelque chose qui puisse porter remède au mal, les bonnes intentions ne suffisant pas à tout justifier. Et il nous revient à la pensée une phrase de M. Levasseur dans son volume des *Questions ouvrières et industrielles en France sous la troisième République* : « Il ne suffit pas d'être philanthrope ; il importe aussi d'être perspicace », phrase qui pourrait servir de devise à une étude du genre de celle-ci.

La philanthropie doit nous amener à constater la gravité du chômage dans la classe dite ouvrière, mais sans nous exagérer son importance, en nous appuyant sur des statistiques plus ou moins fantaisistes. Comme M. Rostand le disait à Milan, il y a déjà quelques années, nous devons constater tristement que le chômage est un des risques inhérents à l'existence de tous ceux qui vivent du labeur quotidien, et l'un des plus graves. Il présente un caractère de menace à peu près perpétuel, comme la mort soudaine; il interrompt l'effort et le gain, et peut introduire la gêne dans la famille. Et pour en revenir à cette question de la fixité que nous abordions d'un mot tout à l'heure, il est plus à redouter que la modicité même d'une rémunération qui serait régulière. Sans vouloir (il s'en faut de beaucoup) approuver tout ce qui a été dit au Congrès du Chômage organisé en 1906 par la Societa Umanitaria de Milan, nous comprenons parfaitement les efforts faits par tous ceux qui sont venus à ce congrès et au Congrès de Paris ou d'ailleurs pour atténuer un mal fort réel.

Précisément, en rendant compte des travaux du Congrès de Milan, et en publiant les rapports qui y ont été présentés, M. Alessandro Schiavi, secrétaire du congrès et âme de la Societa Umanitaria, a insisté sur ce fait que les congressistes ne se seraient guère préoccupés des causes du chômage, de la question de savoir s'il est lié à la fameuse organisation capitaliste. Son observation n'est pas très exacte en fait : bien des rapports ont étudié au contraire ces causes; et les rapporteurs auraient eu tort de ne point le faire. Il est bon, il nous semble même nécessaire, de connaître les causes d'un mal, surtout en matière économique, le remède consistant bien souvent dans la suppression des causes.... quand cette suppression est pratiquement possible.

Nous ne contredirons assurément pas ceux qui trouvent au chômage des causes nombreuses. Le Conseil Supérieur du Travail, qui, dès 1894, a mis la question du chômage à son ordre du jour (et qui l'a naturellement envisagée, — du moins de la part de sa majorité, — avec des préoccupations nettement tendancieuses et interventionnistes), a consacré pour ainsi dire toute la session de 1896 à l'étude des causes du chômage; du reste, ce ne furent pas seulement les conseillers qui donnèrent leur avis sur ce point, on publia également les réponses fournies par une foule de syndicats ouvriers. Nous n'avons guère besoin de dire que, parmi ces dernières réponses surtout, les opinions n'étaient pas généralement très appuyées sur des observations pondérées ou sur des principes économiques. Et pourtant, les syndicats ouvriers sont forcément composés de gens qui se trouvent en contact, peut-être trop souvent, avec les réalités tangibles du chômage; il est vrai qu'un socialiste avant la lettre, Jean-Jacques Rousseau, a dit : « qu'il faut beaucoup de philosophie pour bien voir les choses que l'on voit tous les jours ».

Aussi, du tableau général qui fut dressé à cette occasion, et que M. Denjean s'est empressé de reproduire, nous sommes loin de vouloir tirer une liste exacte des causes du chômage. Mais il y a à glaner des observations dans l'examen du relevé en question. Voici d'abord les causes de ce qu'on appelle le chômage corporatif, normal, habituel, « dont l'ouvrier a plus ou moins l'habitude », et qui, de plus, n'est pas périodique. L'attente normale d'un emploi vient au premier rang; ce n'est pas du reste une cause, mais la constatation d'un fait. Vient ensuite la répartition des travaux (dans le métier considéré) en périodes courtes, « en séries de corvées plus ou moins chanceuses », ce qui ne nous semble pas non plus fort clair. Puis on signale les perturbations climatériques, les variations plus ou moins habituelles de la mode, et enfin les travaux extraordinaires de réparations. On se trouve là, en réalité, presque exclusivement dans le domaine des industries saisonnières; et nous avons montré (sans vouloir prendre d'un cœur léger ce qui ne nous touche pas personnellement) que ces chômages sont plus facilement supportés que d'autres, précisément parce qu'ils reviennent presque à date fixe. Et d'ailleurs, un de ceux qui, en 1906, sont venus au Congrès de Milan avec l'idée que le vrai remède au chômage serait « un changement radical dans la base actuelle de la Société », et qui a pris comme évangile le tableau dressé par l'Office du Travail français, M. Reina, n'a pas été sans reconnaître que la plupart de ces causes ont pour conséquence une suspension du travail plutôt qu'un chômage véritable, et que l'ouvrier est souvent prévenu, dans ces cas, du danger qui le menace presque à point nommé.

Le tableau que nous analysons ainsi brièvement, aborde ensuite les causes directes ou indirectes entraînant un chômage anormal, accidentel. Il signale en premier lieu les sinistres, désastres agricoles ou autres; et il parle plus loin des fermetures involontaires d'ateliers. Les deux choses se confondent souvent, tout en étant des causes assez rares. Cependant nous reviendrons sur la cause incendie : c'est que, pour elle, plus que dans tout autre cas, on est sur un terrain solide pour pratiquer une véritable assurance contre le chômage, si difficile pour le chômage provenant des diverses autres causes.

Parmi celles-ci, le Conseil Supérieur du Travail n'a pas manqué naturellement de signaler le machinisme, qui a été si longtemps le bouc émissaire, et que, comme nous le disions, l'on a voulu rendre responsable d'une prétendue surexcitation du mal du chômage à l'époque moderne. Perfectionnement rapide des machines ou de l'organisation du travail, voilà ce qui, pour une foule de membres du Conseil Supérieur du Travail, causerait souvent le chômage; et M. Keufer, qui est certainement un des plus intelligents d'entre eux, secrétaire général de cette Fédération du Livre qui, à beaucoup d'égards, est parmi les associations ouvrières les plus sages, s'est fait malheureusement l'écho de ce préjugé contre les machines. « Quand un travailleur, dit-il, est exproprié de son travail (par la machine), rien ne lui est accordé. » M. Reina et d'autres font écho à ces paroles, affirmant, contre toutes les constatations de fait, que l'introduction des machines provoque immédiatement une diminution de la main-d'œuvre employée. Nous ne leur répondrons pas, car ce serait entreprendre une étude sur le machinisme; nous rappellerons seulement la lenteur avec laquelle se font toutes les évolutions, l'évolution vers le machinisme comme les autres. En fait, ce n'est point le machinisme qui influe sur le chômage.

On nous parle ensuite de déplacements d'industries : cette cause a une certaine réalité, et il est bon de noter en passant que la politique douanière, nous entendons protectionniste, n'est pas sans influence à ce point de vue. Aussi bien, le tableau en question mentionne bien (mais *in fine*, et en lui attachant une importance trop mince) les modifications apportées par la législation aux rapports économiques : il est assuré que ces modifications peuvent tuer des industries, ce qui est bien autrement grave qu'un simple déplacement. Au cas où celui-ci se produit, souvent les ouvriers trouveront moyen de se déplacer eux-mêmes, le patron étant tout naturellement désireux d'emmener avec lui ses collaborateurs au courant du travail. Au sujet de ces déplacements d'industries, on pourrait trouver nombre d'affirmations quelque peu enfantines; comme celle qui consiste à dire que « dans notre état économique, la prospérité d'une usine est basée sur une sorte de monopole de fait »; et que, par suite, « les changements sont constamment à craindre, avec les chômages qui en résultent ». A ce propos, nous devons mentionner une cause de chômage sur laquelle on insiste, tout à fait à tort à notre avis : la concurrence et la spéculation, ou du moins leurs abus. Nous voudrions bien qu'on indiquât où commencent ces abus; et nous nous demandons également si ceux qu'on nomme des spéculateurs ne sont pas précisément les hommes qui ouvrent le plus de champs nouveaux d'activité pour les bras inoccupés.

On cite encore la fluctuation des prix, qui peut évidemment agir sur les emplois offerts, puisque ces crises arrêteront des usines, supprimeront la matière première au producteur. Puis la transformation de la mode, ce que nous aurions dû trouver plutôt dans les causes de la première catégorie; les irrégularités de la production, à-coups redoutés du patron autant que de l'ouvrier, et que précisément le libre jeu des responsabilités individuelles s'efforce de faire disparaître autant que possible. Nous ne dirons qu'un mot des mises à l'index, lock-outs, car c'est un peu en dehors de l'état de choses normal, que nous devons envisager ici. On n'a pas oublié d'accuser le *sweating system* et le travail des femmes, en même temps que la concurrence que les travailleurs se font entre eux. Pour le *sweating system*, un examen sérieux des choses en Angleterre et aux États-Unis montre l'influence réellement infime que ce système peut avoir sur le chômage, dans l'ensemble d'une population ouvrière ; et s'il donne des salaires affreusement minimes à ceux qu'il emploie, il n'est pas démontré qu'il ne les tire pas du dénuement complet, en les préservant d'un chômage absolu. Quant au travail des femmes, ce serait avoir l'esprit étrangement étroit que de vouloir ne s'en préoccuper que dans l'intérêt des chômeurs du sexe masculin : il n'y a pas deux chômages. Du reste, il est rare qu'hommes et femmes soient susceptibles de se faire entièrement concurrence dans une occupation. Enfin, pour ce qui est de la concurrence des travailleurs entre eux, elle est évidente; mais elle résulte certainement pour la plus grande part d'une mauvaise répartition de la main-d'œuvre entre les professions diverses, à considérer tous les pays simultanément : ce qui revient à dire que le travailleur est mal tenu au courant de la demande de main-d'œuvre dans les différentes régions.

Dans le milieu un peu étroit d'esprit où a été rédigé ce tableau des causes de chômage, on ne pouvait manquer de signaler la prolongation excessive de la durée du travail : on sait que c'est là un vieux sophisme, ou, si l'on veut, une erreur chère aux ouvriers, et surtout aux meneurs syndicalistes, que le chômage résulte de ce que les ouvriers travaillent trop longtemps chacun : il faudrait répartir la production entre un plus grand nombre de co-partageants, et l'on arriverait à occuper tout le monde. C'est du reste cette pensée qui a poussé à réclamer contre le repos par roulement dans l'application de la récente loi française. On ne songe pas sans doute que cette répartition entraînera forcément la mise à la portion congrue de chaque ouvrier : à moins que les réformateurs socialistes, peu embarrassés des questions de prix de revient, estiment qu'on peut payer le même prix chacun des ouvriers beaucoup plus nombreux que l'on emploiera simultanément. Ici encore, la rétorsion de cette erreur nous entraînerait beaucoup trop loin (et pourtant l'on voit à quelle conséquence elle peut amener ceux qui demanderont à la loi d'intervenir pour supprimer cette cause du chômage). Malheureusement nous voyons des gens qui devraient être éclairés sur ces questions, affirmer gravement que, « contrairement aux intérêts égoïstes des capitalistes, la diminution des heures de travail est la seule mesure qui contienne en puissance le moyen de réaliser indirectement l'absorption du chômage ». Mais nous ne pouvons soulever toutes les questions économiques à propos de ce problème, si intéressant qu'il soit.

Il nous faudrait encore passer en revue, toujours d'après la même source, l'immigration des ouvriers étrangers, contre laquelle les ouvriers n'osent pas toujours réclamer ouvertement; la question se lie quelque peu au *sweating system*, puisque les *sweaters* sont le plus ordinairement des étrangers immigrés.

Il ne faut pas oublier que cette émigration se fait en général vers les pays où le besoin est assez intense pour être connu au loin; et que, d'autre part, elle peut étrangement secourir les populations qui souffrent du chômage dans le pays qu'elles fuient. Et, à ce titre, l'immigration est surtout bienfaisante, même au point de vue auquel nous devons nous placer ici.

L'irrégularité dans les grands travaux publics n'est certainement pas à négliger; mais nous nous étonnons de voir cette cause mentionnée par des interventionnistes déterminés partisans de l'organisation de ces vastes chantiers, plus ou moins utiles, qui ont le tort de détourner les populations des champs d'activité où elles trouveraient plus logiquement à s'occuper, sans avoir ensuite à craindre la disparition d'ateliers artificiellement créés. On cite encore la transformation des voies de communication et des tarifs : on craint évidemment que des abaissements ne se produisent dans les prix de vente de produits susceptibles de venir concurrencer telle industrie; mais il faut songer à ce qu'on ne voit pas autant qu'à ce qu'on voit directement. Il faut se dire que les facilités de transport abaisseront sans doute aussi le prix des matières premières, ouvriront peut-être des débouchés nouveaux, en tout cas viendront aider considérablement au déplacement de ce qu'on appelle souvent la marchandise travail. Un bien peut naître de ce qu'on croit d'abord n'être qu'un mal.

Pour ce qui est des modifications des débouchés à l'intérieur, nous renverrons précisément à ce que nous venons de dire. Que penser de cette cause de chômage : la variation de la concurrence et de la production étrangères ? Il y a là, certes, une cause de chômage qui n'est point négligeable ; mais c'est une forme particulière de la concurrence en général. On accuse encore le changement de valeur des monnaies ; nous avouons ne plus très bien comprendre, et ce n'est là qu'une cause assez rare de chômage. Les crises et les modifications des débouchés à l'extérieur ont été également mentionnées. On pourrait peut-être dire que cette cause se confond partiellement avec beaucoup d'autres ; mais sans chicaner sur ce point, nous nous empresserons de reconnaître que les guerres en particulier peuvent avoir des conséquences néfastes sur les populations ouvrières, en même temps du reste que sur les capitalistes, les patrons, qui leur donnent normalement du travail.

Il est bien certain que les crises économiques, commerciales et industrielles, telles que celle qui s'est produite en 1907 aux États-Unis, en réagissant d'ailleurs sur tout le monde civilisé, peuvent avoir une influence réelle sur l'intensité du chômage. On ne s'est pas préoccupé suffisamment de ce côté de la question dans les milieux ouvriers, parce que l'on ne se rend pas assez compte, souvent de parti pris, du lien étroit qui unit l'employé et l'employeur. Toujours est-il que si le chômage a été intense aux États-Unis, à la suite et comme conséquence de la crise dont nous venons de parler, l'effet regrettable produit dans les autres pays, en Allemagne, en France, en Angleterre, tout en étant beaucoup moins marqué, s'est néanmoins manifesté de façon très nette. C'est à ce titre peut-être que l'on pourrait accuser la spéculation d'avoir des résultats nuisibles au point de vue du chômage. Comme, toutefois, ces crises économiques et commerciales tendent à se localiser relativement dans le pays où elles naissent, il est bien manifeste que la mobilité de la marchandise travail contribue à les atténuer puissamment pour les ouvriers : ceux-ci, quand ils sont mis en chômage dans un pays par suite d'une de ces crises, ont beaucoup de chances pour trouver du travail dans d'autres régions.

Pour finir, nous signalerons l'affluence d'ouvriers vers une industrie ou un centre déterminés, jouissant d'une prospérité passagère. Nous sommes ici encore dans le domaine de la concurrence ; mais il ne faut pas oublier que si la situation économique générale est florissante, on aura généralement besoin de main-d'œuvre et de bras un peu partout. Ce seront naturellement les plus habiles qui seront préférés pour les occupations les mieux rétribuées. Et c'est pour cela que nous n'avons rien à dire de spécial de cette dernière cause de chômage qu'on a cataloguée sous l'indication de « le chômage lui-même ». Il n'y a pas un nombre déterminé de bras à occuper dans un pays ou dans le monde : cela nous ferait retomber indirectement dans la théorie, reconnue erronée, du fonds des salaires.

Il est une cause possible de chômage qui n'a point été relevée dans le document que nous avons mis à contribution, et qu'on cite souvent à l'heure actuelle, et avec beaucoup d'à-propos ; elle a été signalée par M. Paul Henry et M. de Lavergne dans leur ouvrage sur le chômage : c'est la raréfaction de certaines matières premières. L'exemple le plus célèbre que l'on puisse fournir en cette matière, c'est celui de la guerre de Sécession, venant supprimer en grande partie l'alimentation en coton de tant de filatures, et par suite de tissages. Mais au fur et à mesure que se développe la production capitaliste, un phénomène de ce genre a moins de chance de se produire ; c'est ainsi qu'à l'heure actuelle, on tend de plus en plus à élargir la culture du coton, de façon à répondre aussi complètement que possible aux besoins de la production. Que ce soit une occasion de faire remarquer ici que le chômage ne provient point d'une surproduction, comme certaines gens sont tentés de le dire.

En somme, M. Gide a dit (peut-être dans un autre esprit que nous) que l'offre et la demande ne coïncident pas; et c'est là surtout le grand mal dont souffrent les chômeurs. Nous ne nions pas certaines autres causes secondaires; mais nous donnons la prééminence à celle-ci : ce dont nous tirerons la conclusion finale de ce travail. Aussi bien, des partisans très nets de l'assurance, et de l'assurance obligatoire en matière de chômage, comme M. Las Cases, n'hésitent point à reconnaître que le manque de fluidité de la main-d'œuvre (infiniment plus lente à se déplacer que le capital) est une entrave à la bonne organisation du marché du travail. On peut donc en déduire que c'est le manque de renseignements et la difficulté encore sérieuse des déplacements qui constituent les causes prédominantes du chômage.

II

LA STATISTIQUE DU CHÔMAGE ET SON INCERTITUDE

Nous n'avons pas songé à discuter un instant la réalité de ce mal qu'on nomme le chômage, ni les conséquences douloureuses qu'il peut entraîner pour la classe ouvrière. Toutefois, nous avons laissé entendre que les ouvriers, et surtout ceux qui se chargent d'exposer leurs réclamations, ont une tendance à l'exagération quand ils parlent de ce mal et de ses ravages. Nous croyons que, le plus souvent, le travailleur qui « veut » bien, trouvera, pendant les périodes d'interruption de son travail normal, une occupation secondaire qui viendra atténuer la crise du chômage.

Ces tendances à l'exagération se font sentir encore bien davantage quand ceux qui apportent des affirmations sur la fréquence et la gravité de ce qu'on appelle volontiers un mal social, cherchent à amener une intervention de la loi; c'est-à-dire, en général, un sacrifice pécuniaire imposé à une catégorie de contribuables au profit d'une autre catégorie, que l'on aura législativement fait reconnaître comme particulièrement intéressante. En dehors de toute discussion sur la légitimité des interventions de cette sorte, du moins est-il bien évident que, si l'on prend l'intensité du mal comme justification des sacrifices que l'on demande à la collectivité, on doit apporter des preuves matérielles, des relevés sûrement dressés. Et à la base de toute législation, de tout projet, de toute proposition de loi tendant à l'institution d'une assurance obligatoire; avant la vote de toute loi accordant des subventions, des subsides quelconques à une classe de gens qu'on peut considérer comme privilégiés en la matière; il faut trouver une statistique bien et complètement dressée de l'accident, du mal que l'on prétend combattre, des individus qui en sont frappés durant une période déterminée.

Il y a d'ailleurs une seconde raison, encore plus importante peut-être, pour que ce côté du sujet ne soit point négligé. Il s'agit en effet, dans cette étude, du chômage et de ses remèdes; et parmi ceux que l'on recommande le plus, nous trouvons principalement l'assurance contre le chômage et les divers procédés que l'on veut y assimiler. Or, comme nous l'expliquerons plus en détail en montrant les difficultés primordiales qui se présentent immédiatement dans une tentative d'assurance de ce genre, on ne peut aller à l'aveuglette dans ce domaine. Par définition pour ainsi dire, toute assurance devrait être une opération mathématique, appuyée sur des données exactes et aussi complètes que possible. Dans les assurances sur la vie, la condition *sine qua non* pour que ces assurances ne soient pas pur jeu de hasard, c'est la possession (c'est-à-dire l'établissement) d'une vraie table de mortalité. Les statistiques du chômage doivent jouer le même rôle dans l'assurance contre le chômage.

Cherchons donc quelles statistiques on possède actuellement sur les chômeurs; et aussi s'il y a possibilité d'établir des relevés à peu près exacts en l'espèce. Cela nous amènera plus loin à nous demander comment on peut réellement organiser une assurance contre le chômage et ce que valent tant d'organisations décorées du nom d'assurances-chômage. D'autre part, nous pourrons recueillir ainsi quelques éléments (plus ou moins précis) sur l'intensité du chômage. Qu'on ne nous en veuille point si, chemin faisant, nous laissons voir ou entrevoir le peu de confiance que nous inspirent les soi-disant documents qu'on fournit à ce sujet, les statistiques dressées fort approximativement, et le plus souvent dans un esprit nettement tendancieux, dans des milieux, par des organes, des associations, intéressés à grossir l'importance de la chose. Si d'ailleurs nous nous reportons à l'étude très consciencieuse et absolument modérée de M. Benzacar, qui n'hésite pas, lui, à se déclarer partisan d'une organisation officielle de la lutte contre le chômage, nous retrouvons, un peu atténuée, l'opinion que nous venons d'indiquer comme la nôtre. Il reconnait que l'établissement d'une statistique sur le chômage est chose tout à fait imparfaite à l'heure présente; que les renseignements partiels fournis à intervalles plus ou moins réguliers par les Syndicats ou les Unions, sont très incomplets et « parfois un peu pessimistes ». Il ajoute, ce qui est bon à retenir et a une importance particulière, que ces renseignements ne donnent « qu'un aperçu en raccourci du chômage » qui sévit dans une assez faible fraction de la population ouvrière; que ces mêmes renseignements omettent les travailleurs non syndiqués et les ateliers à domicile. Il ne croit pas non plus aux données des recensements; et il se défie des statistiques de demandes et offres d'emplois des Bourses du travail telles qu'elles sont organisées, des offices municipaux, ces statistiques n'ayant pour lui aucune valeur scientifique. Sous une forme adoucie, ses conclusions ne sont pas différentes des réserves plus formelles que nous avons tenu à faire tout de suite.

Quant à M. Crosson du Cormier, qu'on ne peut accuser non plus, encore moins même, de sévérité à l'égard de ceux qui voudraient résoudre d'autorité la question du chômage, il reconnaît que la statistique du chômage est une des plus incertaines, une de celles qui laissent la plus grande place à l'indéterminé. Nous pouvons d'ailleurs invoquer l'opinion (que l'on ne suspectera pas) de M. Fagnot, rapporteur à la Commission permanente du Conseil Supérieur du Travail. Il commence par affirmer que les renseignements fournis par les syndicats ont une réelle valeur ; mais quand il a appliqué la proportion de 7,25 p. 100 accusée depuis 8 années par les syndicats pour le nombre de leurs chômeurs; quand il arrive ainsi, en se basant sur le total des travailleurs relevés par les recensements professionnels, à un total annuel de 406 000 chômeurs pour la France, il n'ose plus suivre les syndicats dans leurs appréciations. Et sans dire qu'elles soient tendancieuses (comme nous nous permettons de le faire), il avoue que ce calcul « ne paraît pas serrer la réalité d'assez près, en ce sens qu'on applique à 5 millions de travailleurs une moyenne portant sur 150 000 environ d'entre eux ». Il montre beaucoup plus de confiance dans les statistiques provenant du recensement professionnel, ce qui l'amène du reste à un total annuel de 313 000 chômeurs. Il est bien évident que, si l'on veut absolument trouver le chiffre des chômeurs en France, on est obligé de procéder un peu comme sur des vérités putatives (et c'est pour cela que nous nous défions de presque toutes les statistiques du chômage). Mais M. Crosson du Cormier que, encore une fois, nous nous plaisons à citer pour qu'on ne nous accuse pas de tenir sous le boisseau les opinions des gens favorables aux mesures interventionnistes, estime encore que les bases du calcul de M. Fagnot, et par suite le résultat même de ce calcul, présentent une trop grande part d'approximation.

Aussi bien, en ces matières, on jongle un peu avec des chiffres; et nous pourrions rappeler à ce propos la séance du 30 novembre 1904, où tant d'erreurs économiques ont été dites, du reste, sur la question envisagée en général. M. Vaillant est venu affirmer qu'un fort chômage sévit toujours, même en temps de prospérité commerciale ou industrielle; le chômage s'élèverait couramment à 7, 8, 9, 10 p. 100; il y aurait, dans ces périodes heureuses, plusieurs centaines de mille d'ouvriers absolument sans travail. D'autre part, il ne prenait des données de l'Office du Travail pour 1904, que celles qui accusaient une proportion de 15 p. 100 de chômeurs durant une période de crise, ce qui porterait alors le nombre à plus d'un million de personnes! M. le Ministre du Commerce a confirmé ces données *tout en les atténuant*, ce qui nous semble du reste quelque peu contradictoire; mais sans pouvoir apporter des éléments sûrs, comme il en faut notamment pour une assurance.

On sait comment les relevés de l'Office du Travail sont obtenus, le plus ordinairement par l'entremise des syndicats ouvriers; et nous avons parlé des habitudes tendancieuses de ces derniers : est-ce qu'on ne peut pas sourire un peu quand on voit les organismes ouvriers de Lille annoncer tout à coup qu'il y a 25 p. 100 de chômeurs parmi les cuisiniers de Lille? On confond volontiers dans ces statistiques des éléments très variables, comme, par exemple, des chômages qui sont simplement des suspensions de travail accidentelles, provenant d'intempéries survenues brusquement et tout à fait temporairement dans l'industrie du bâtiment.

Les résultats de la statistique du chômage dans tous les pays, dit M. Cagninacci, sont très minces et ne peuvent donner que des approximations assez lâches. C'est aussi l'opinion de l'Office du Travail, au moins dans les documents qu'il publiait en 1896. Il reconnaît qu'il serait désirable de savoir la durée du chômage en moyenne vraie, ses causes, et une foule d'autres choses sur lesquelles on ne peut pas toujours espérer des réponses exactes, en supposant même qu'on s'adresse directement aux intéressés. Et les enquêtes faites en 1891 et en 1896 par cet Office ne sont pas pour nous donner des évaluations bien précises. On arrivait à peu près à une proportion moyenne de 5 à 7 p. 100 de chômeurs. Mais, au même moment, les appréciations des intéressés, ou plus exactement des syndicats, donnaient des chiffres très notablement supérieurs à ceux qui avaient été relevés par les enquêteurs. Et cette discordance nous fait douter de nouveau de la valeur de l'enquête permanente organisée par l'Office du Travail sur le chômage dans l'industrie française, au moyen d'évaluations mensuelles envoyées par les syndicats ouvriers. Nous savons bien que l'Office publie aussi dans son Bulletin mensuel des renseignements émanant des associations patronales; mais ils sont bien confus; et on ne peut même pas les rapprocher utilement de ceux qui sont fournis par les syndicats ouvriers, afin de faire une critique comparative.

Et tous ceux qui essayent de tirer quelques conclusions de ces amas de matériaux, n'arrivent, comme l'Office du Travail, qu'à des constatations vagues, sur l'étendue du chômage comme sur sa durée, etc.

Nous nous trouverons en face de ce même vague et de ces variations déconcertantes dans presque tous les documents relatifs à la statistique du chômage. A un certain moment l'Office français invoque une statistique dressée dans l'État de Massachusetts, et qui évalue le temps chômé par tête de population ouvrière à un mois environ;

ailleurs, il adopte (provisoirement et en avouant manquer de mesures directes) la moyenne de 5 à 6 semaines. Le temps perdu par chômeur atteindrait 4 mois. Nous reconnaissons que, dans les courbes qu'il a essayé de dresser, le chiffre annuel qu'il accuse se tient à peu près régulièrement aux environs d'une même moyenne. Cela laisse supposer que les éléments d'information se continuent identiques d'une année à une autre; mais cela n'est pas une preuve suffisante que les relevés sont bien exacts. Toujours est-il que, en 1894 par exemple, la moyenne des chômeurs serait de 6,5 p. 100, de 7 en 1897, de 7,25 en 1898, de 7,75 en 1901. Pour prendre un chiffre plus récent, et relatif à une période de grande activité industrielle, nous signalerons la moyenne de 8,4 en août 1907, alors que la proportion correspondante n'était que de 6 en juillet de cette même année.

Si cela ne devait pas nous entraîner trop loin, nous pourrions montrer une élévation très notable de la moyenne en hiver; ce qui prouve que l'on comprend dans les relevés des cessations du travail qui ne sont pas imputables à un trouble du marché du travail, mais à une impossibilité de poursuivre certains travaux, à des repos obligés de certains corps de métiers saisonniers. C'est le cas pour une foule de maçons, qui ont en réalité plusieurs ou du moins deux métiers, et qui sont occupés dans leur province à un moment où on les considérerait strictement comme ne trouvant pas à gagner leur existence. Il y a là quelque chose de faux, ainsi que l'a parfaitement relevé M. Cagninacci. On s'en tient étroitement à la constatation du chômage dans la profession principale, en supposant qu'elle est unique; on néglige, plus ou moins volontairement, le métier à côté, et alors que le chômage apparent est corrigé, parfois supprimé, dans la réalité des choses. Il est bien certain que si l'on voulait établir une véritable assurance, procédant scientifiquement comme les assurances-incendie, on devrait tenir compte de ce fait que l'assuré est occupé, alors que sa profession principale ne rend rien; tout comme, au cas d'incendie, on déduit de l'indemnité à verser ce qui peut rester d'utilisable dans la chose sinistrée. Il y aurait aussi à déduire le chômage volontaire des cas donnant lieu à indemnité; or, les relevés et statistiques du chômage ne font aucune déduction de ce chef, étant donnée la façon dont ils sont établis.

Nous regrettons de devoir faire tant de réserves, d'arriver pour ainsi dire à des constatations négatives dans leur principe; mais quand on veut procéder scientifiquement (comme cela est nécessaire en semblable matière), il faut passer soigneusement au crible tous les éléments du problème à résoudre; et surtout en présence de données si vagues pour servir de base à cette solution.

En somme, pour ce qui est de la France, à

défaut de documents précis, nous ne voyons guère qu'on puisse se baser sur autre chose que sur les données contenues dans les Résultats de Recensement de la population. Pour 1901, on y verra mentionnées 215 000 personnes (ouvriers et employés) sans emploi à la date du 24 mars. Le chiffre correspondant était de 267 000 en 1896. Le président du Comité de contrôle et de publication du Recensement, notre maître M. Levasseur, a eu soin de faire remarquer que les chiffres d'ensemble s'appliquent à des catégories professionnelles où les conditions de chômage sont par trop différentes. Dans l'industrie (transport compris), on a relevé une proportion de 47 p. 1 000 au lieu de 46 en 1896. On a relevé une proportion de 48 p. 1 000 pour les employés et ouvriers du sexe masculin, de 44 pour les employées et ouvrières; de 45 en moyenne dans le commerce, avec un léger excédent pour le sexe masculin. Dans les professions libérales, le chiffre n'était que de 17, et chez les domestiques (que l'on met le plus souvent à part quand on s'occupe législativement de la classe ouvrière) de 20 p. 1 000. Ce dernier chiffre suffirait à nous donner des doutes sur la valeur vraie des relevés du chômage, étant donnée la difficulté qu'il y a partout à se procurer des domestiques. M. Benzacar, que nous avons déjà cité plusieurs fois et que nous tenons à consulter pour sa modération, se sent lui-même fort démonté par les variations des données qu'il a pu recueillir de divers côtés. En se reportant aux relevés de mars 1901, il estime que la proportion de 29,4 p. 100 d'inoccupés sur le nombre total des ouvriers et employés est beaucoup trop faible; mais il serait peut-être bien embarrassé de nous dire sur quel document sûr il se fonde pour trouver là une exagération. Lui-même est étonné des variations considérables que l'on rencontre dans les différentes professions, et particulièrement des plus de 12 p. 100 d'inoccupés parmi les tailleurs de pierre. Et il cite avec une certaine ironie les coefficients de 58 et de plus de 47 qui ont été donnés pour les professions mal spécifiées et les industries mal désignées. Il se demande sans doute si ces professionnels qui ne peuvent qu'assez vaguement désigner leur occupation, ne sont pas des gens trouvant une certaine satisfaction à rester dans la situation du sans-travail, en recourant aux institutions d'assistance qui leur fournissent abri et nourriture. Se reportant, par exemple, aux statistiques données dans le Bulletin de l'Office du Travail pour septembre 1906, et qui accusent jusqu'à 24 p. 100 de chômeurs d'après les Caisses de Chômage, il affirme que ce coefficient est exagéré; et il rappelle que la Fédération du Livre (qui est un des organismes ouvriers les mieux dirigés et les plus sages) ne donne, d'après les syndicats mêmes, que 2 à 5 p. 100 de chômeurs comme moyenne. Il est porté à croire lui aussi que l'on compte très libéralement les chômeurs, qu'on les porte deux ou plusieurs fois. Et il arrive à cette conclusion que le *déchet* moyen annuel du fait du chômage ne dépasserait pas 1,10 p. 100.

En tout cas, ce chiffre n'est qu'une appréciation un peu vague.

Qu'on nous permette d'être également sceptique pour les statistiques analogues qu'on a voulu dresser dans les autres pays. En Allemagne nous pourrions consulter des tableaux divers dressés par les bureaux de placement plus ou moins officiels ou administratifs. Sur cette base, nous arriverions à constater que, en 1906, par exemple, pour 100 places à prendre, la proportion moyenne des personnes demandant de l'ouvrage dans ces bureaux a passé de 138 environ, en janvier, à 100 en mars, pour s'abaisser ensuite à 88 en septembre, mais après avoir atteint un maximum de 120 en février; du reste, le chiffre correspondant s'élevait ensuite à 135 en novembre et même encore 124 en décembre. Cela ne nous donne rien de bien précis ; d'abord parce que tous ceux qui recherchent de l'ouvrage ne passent point par ces bureaux; et aussi parce qu'on peut aller demander du travail tout en ayant par ailleurs. On pourrait tout au plus, en Allemagne, et encore jusqu'à quel point, se baser sur la statistique de 1895. On n'avait pas fait un recensement direct des chômeurs; mais on avait, comme en France, au moment du recensement de la population, demandé aux chômeurs de se faire connaître. En juin on avait ainsi trouvé 170 000 chômeurs (dont plus de 46 000 femmes), et en décembre, le chiffre correspondant était de 553 000: cela accusait une différence énorme, qui ne concorde point avec les éléments fournis par les bureaux de placement sur les variations du nombre des personnes se présentant pour demander des places. Ce qui fausse du reste les relevés allemands, c'est que l'on comprenait les individus hors d'état de travailler; et il n'est pas démontré qu'il n'en soit ainsi dans bien des cas. On avait prétendu donner beaucoup de précision à cette partie du recensement se rapportant au chômage; on avait prétendu relever le temps depuis lequel les divers chômeurs se trouvaient sans travail; c'est ainsi qu'à Berlin on avait trouvé que le cinquième des sans travail chômait depuis plus de 13 semaines. Mais ce qui montre le peu de solidité des documents statistiques de ce genre, c'est que, pour 39 000 à 40 000 chômeurs, on ne savait aucunement quelle avait été la durée de leur chômage. Naturellement ces relevés ont été soigneusement et minutieusement analysés dans beaucoup de journaux ouvriers, et Erych Eych a voulu en tirer des conclusions nettes. On a assez volontiers affirmé que le nombre moyen des chômeurs hommes était de 3 p. 100. Les organisations socialistes ont prétendu faire des enquêtes probantes, et M. de Las Cases n'est pas sans reconnaître leur insuffisance. Non seulement on disait, d'après ces enquêtes, que la proportion des chômeurs était de 7 p. 100; mais encore on donnait gravement comme durée moyenne du chômage 17 semaines et demie à Cologne. Et les événements de Karlsruhe, en 1893, ont fait constater qu'une délégation de 1 300 sans travail réclamant des secours, ne comprenait que 216 individus inscrits sur la liste de chômage, parmi lesquels il y en avait 33 seulement qui fussent venus effectivement chercher du travail au bureau de placement; les autres étaient des malades, des assistés habituels, des repris de justice, etc.

A une certaine époque, on demanda au Gouvernement prussien d'instituer une enquête permanente sur le chômage, et de fonder dans ce but un organisme spécial qu'on aurait appelé un *Reichsarbetsamt;* le Ministre Posadowsky s'y opposa, et insista sur ce fait qu'une statistique de ce genre est une impossibilité. A ce propos, un député fit remarquer que seul les bureaux de placement partout répandus pourraient résoudre le problème (et c'est tout à fait notre avis). Nous croyons bien que certaines publications allemandes, plus ou moins socialistes, prétendent faire cette enquête permanente; c'est le cas pour la *Reichs-*

arbeitsblatt, qui publie des graphiques assurément fort nombreux à cet égard. Mais nous ne pensons pas que ce serait dans cet organe qu'une compagnie d'assurance voulant procéder scientifiquement, trouverait des éléments sûrs pour la création d'un service d'assurance-chômage! Ces relevés écartent du reste, de parti pris, des professions que l'on tient pour exceptionnelles; sans doute parce qu'on a constaté que leur personnel jouit d'une stabilité considérable, qui viendrait d'autant diminuer la proportion moyenne des chômeurs. Dans ces conditions, étant donné surtout cet état d'esprit, comment attacher une réelle importance aux moyennes de cas de chômage par 100 ouvriers que fournit la publication dont nous avons cité le nom? Par exemple, elle accuse près de 15 p. 100 de chômeurs chez les imprimeurs, plus de 20 p. 100 pour les boulangers, près de 50 pour les sculpteurs; les seuls sculpteurs affiliés aux organisations socialistes étant d'ailleurs pris en considération.

Nous avouons ne pas partager les illusions (ce que nous tenons pour des illusions) de M. de Las Cases : il estime que les indications des syndicats sont rigoureusement exactes. On pourrait recourir comme sources d'informations aux recensements municipaux, qui sont ou ont été assez nombreux à Dusseldorf, à Dresde, à Cologne, et ailleurs. Mais souvent, ce sont les ouvriers syndiqués qui font les enquêtes que l'on publie ensuite comme officielles; et vraiment, sans vouloir voir les choses en noir, on peut bien admettre qu'ils sont tentés de donner le petit « coup de pouce » qui rendra leur situation plus intéressante. Et M. de Las Cases lui-même, qu'il est bon de citer à cause du soin qu'il a mis à étudier le chômage en Allemagne, n'est pas sans admettre que ces renseignements ne sauraient être rigoureusement justes.

On a voulu aussi, dans les milieux allemands, déduire le nombre des chômeurs du jeu même de la législation sur les caisses de maladie : parce que les ouvriers sans ouvrage ne sont plus tenus (temporairement) aux versements. On comprend combien approximatif est un relevé fait dans ces conditions, et sans que nous insistions sur les divers motifs qui en peuvent fausser la valeur.

Si nous continuons rapidement cette esquisse un peu décourageante de ce qui a été obtenu jusqu'ici comme statistique du chômage et de ses ravages véritables (mathématiquement exacts, peut-on dire), nous devons citer l'enquête qui a été faite aux États-Unis par les Commissaires du Travail, en 1903. On est arrivé à estimer que 16,58 p. 100 des salariés ont subi une moyenne annuelle de chômage de 10 semaines. Qu'on remarque cette précision dans les chiffres; instinctivement elle nous met en défiance contre les statistiques qui prétendent la donner. Et encore n'a-t-on tenu compte, paraît-il, que des gens qui sont sans-travail tout en voulant bien accepter une occupation quelconque ; on devait majorer la moyenne de 6,50 p. 100, comme coefficient additionnel, si l'on avait basé le relevé sur ceux-là mêmes qui tiennent à s'occuper dans leur profession normale. Ces chiffres nous semblent démesurés. Et il en est de même de relevés publiés plus tard sur les sans-travail de New-York seulement, mais du « plus grand New-York ». A la fin de mars 1907, on aurait compté dans la métropole américaine 27 000 sans-travail ; et ce total aurait été dépassé à bien des reprises ; il aurait atteint, par exemple, 41 000, 42 000, 44 000 chômeurs de 1897 à 1901 ; on aurait même relevé le chiffre énorme de 104 000 individus en 1904.

Étant données les préoccupations qui se sont fait jour ces temps derniers en Angleterre, à propos des chômeurs, étant données les démonstrations des sans-travail, et aussi le mouvement législatif qui s'est produit en leur faveur ; on n'a pas manqué de se livrer dans le milieu anglais, sinon à des statistiques, du moins à des estimations plus ou moins approchées du nombre de ces bras inoccupés. Là non plus, nous ne trouverons point ces relevés réellement exacts sur lesquels on nous reprochera peut-être de tant insister, mais qui nous semblent la base absolument nécessaire d'une assurance contre le chômage, quelle qu'elle soit, et qui seuls pourraient quelque peu justifier les interventions officielles : si l'on veut du moins qu'elles ne soient pas établies au hasard, et sous la forme d'organisations charitables devant, malgré tout, faire face aux obligations qui se présentent à elle.

Comme de juste, et à défaut, il faut bien le dire, d'autre chose, c'est encore ici aux documents fournis par les trade-unions que l'on se reporte pour avoir des statistiques sur la matière. D'après ces relevés, qui ne portent naturellement pas sur toute la population ouvrière, le chiffre des chômeurs aurait été, en 1890, de 2,1 p. 100 des ouvriers inscrits sur les contrôles des trade-unions. La moyenne serait passée brusquement à 3,5, puis 6,3 en 1892, à 7,5 en 1893; elle serait retombée peu à peu à 3,5 en 1897, et l'année 1899 n'aurait plus accusé que le chiffre très faible de 2,4. Sans passer en revue tous les chiffres successifs, ce qui reviendrait à se livrer à une étude du problème du chômage en Angleterre, nous signalerons seulement la moyenne de 5,1 en 1903, de 6,5 en 1904. Dans les constructions navales, pour cette année de crise, la proportion aurait atteint 14 p. 100. L'année 1905 aurait accusé une amélioration très sensible, puisque les évaluations du Board of Trade (d'après les données des syndicats) lui auraient attribué le coefficient de 5,5 seulement; et 1906 aurait été encore meilleure à cet égard.

Quoi qu'il en soit, on constate que, même dans les périodes de crise qui ont motivé la législation nouvelle à laquelle nous faisions allusion, le pourcentage accusé en Angleterre par des organismes ouvriers n'a jamais atteint le chiffre correspondant fourni par les syndicats dans bien d'autres pays. La question se pose de savoir si c'est parce que les trade-unions dressent leurs relevés plus sérieusement; ou si, par suite du régime douanier de l'Angleterre, les chômages n'y sont jamais aussi intenses que dans les autres pays. Nous sommes hors d'état de répondre à la question. Ce qui est certain, c'est que nous nous heurtons partout à cette imperfection (on pourrait presque dire à cette inexistence) des documents statistiques sur le chômage. Il est vrai que la Society of Arts anglaise a essayé une nouvelle méthode d'information, qui consisterait à rechercher le montant des salaires payés : et elle faisait remarquer, d'après des documents officiels, que le montant des salaires payés par certaines industries aurait été en diminution de près de 4 millions de livres en 1906, par rapport à 1905. Et elle prétendait en tirer des indications au moins relatives sur l'importance du chômage durant cette année. Il va de soi que toute une série de facteurs divers peuvent agir sur le montant total des salaires payés, sans qu'on ait à faire intervenir une diminution du nombre des travailleurs employés.

Quelle que soit la valeur de ces statistiques diverses, donnons rapidement quelques chiffres, aussi récents que possible, sur certains grands pays. Pour la France nous verrons, en nous reportant aux statistiques de l'Office du Travail, que la moyenne des chômeurs dans l'ensemble des syndicats a été de 6,5 en 1910, après avoir été de 8,1 en 1909, et de 9,6 en 1908; de 1904 à 1908, cette moyenne a été de 9,4. Dans le courant de l'année 1910, nous trouverions des variations considérables entre les diverses catégories professionnelles. Ce serait, par exemple, 15,3 pour la catégorie des forêts, 8,9 pour celle de l'agriculture, 8,6 pour l'alimentation, 10,2 pour les cuirs et peaux, 1,8 seulement pour le livre; alors que pourtant, soit dit en passant, la machine s'introduit de plus en plus dans l'industrie du livre; 4,7 pour la filature et le tissage, 8,2 pour les industries du bois, 3,5 pour les métallurgistes mécaniciens, 12,9 pour le bâtiment (industrie tout à fait saisonnière, comme on le sait, et chiffre qui, par conséquent, justifie bien ce que nous disions de chômages qui seraient simplement une suspension de l'industrie ou de la profession principale); enfin 1,4 pour les employés de commerce. Pour ce qui est de la Belgique, si nous consultons la *Revue du Travail*, organe officiel de l'Office du Travail de Belgique, nous constatons que, pendant l'année 1910, la proportion des chômeurs (toujours à s'en reporter exclusivement aux chômeurs appartenant à des syndicats) a oscillé entre 2,9 et 1,5 comme minimum, ce qui donne une proportion d'ensemble assez modeste. Durant l'année 1909, le maximum avait été de 7,3 et le minimum de 2,3. En Allemagne, les statistiques publiées officiellement, mais dressées d'après les renseignements mensuels fournis par les associations professionnelles ouvrières, donnent pour 1910 une proportion mensuelle maxima de 2,6, proportion pour cent de chômeurs syndiqués, et une proportion minima de 1,6. Il s'accuse immédiatement, même sans approfondir ces statistiques, des différences très notables entre les divers pays que nous comparons. Cette observation est largement confirmée par l'examen des statistiques officielles publiées en Angleterre, toujours sur la même question. La moyenne annuelle des chômeurs syndiqués, en 1910, a été de 4,7, après avoir été de 7,7 en 1909, de 7,8 en 1908, de 3,7 en 1907. Et si nous considérions la moyenne mensuelle en 1910, nous la trouverions oscillant entre un minimum de 3,7 et un maximum de 6,8. Encore une fois, nous donnons tous ces renseignements sous la réserve la plus expresse; mais, sans prétendre vouloir faire un volume statistique, il nous semblait impossible de ne point fournir quelques indications toutes récentes sur ce qu'on prétend être la statistique du chômage.

En somme, on en est encore à désirer l'établissement d'une bonne statistique du chômage. Il faudra qu'elle nous donne d'abord, comme base nécessaire d'appréciation, l'effectif des travailleurs se consacrant aux divers métiers, première chose qui n'est pas des plus faciles à établir. Ensuite, elle devra nous garantir que chaque ouvrier en état de chômage (nettement défini et répondant bien aux caractéristiques que nous avons exposées) n'est bien inscrit qu'une seule fois, quoiqu'il ait pu se présenter à plusieurs reprises dans les différents bureaux ou offices de renseignements fournissant les éléments de la statistique désirable. Et il serait des plus nécessaires de connaître exactement le nombre de journées chômées par chaque individu recensé : c'est qu'en effet le chômage prend une importance individuelle d'autant plus considérable qu'il se prolonge, et cela de façon rapidement croissante; et si nous nous préoccupons (comme nous le devons) de la question assurance, il est évident que le nombre de journées chômées et pouvant donner lieu au versement de l'indemnité d'assurance, est pour ainsi dire la question dominante à considérer.

Même à nous reporter aux discussions et rapports qui ont été présentés ou soutenus devant la Conférence internationale tenue à Paris en septembre 1910, nous arrivons à cette même impression que chacun se rend bien compte de l'inexistence réelle de documents statistiques et de relevés sérieux en la matière. M. Georges Cochery, présidant et ouvrant la Conférence, insiste sur ce que les éléments du problème sont à peine connus; il est vrai qu'il fait appel à une collaboration internationale pour arriver à ce qu'il nomme une « information toujours en éveil ». De son côté, M. Léon Bourgeois, en commençant par affirmer qu'il existe de 30 000 à 40 000 Français réduits au chômage, avoue ensuite qu'il cherche à se documenter au moyen des renseignements établis. Ce qui est encore plus caractéristique, c'est de lire le rapport général sur la statistique du chômage, présenté par M. Harald Westergaard, professeur à l'université de Copenhague. En matière de chômage, dit-il, la statistique, science encore peu précise, ne semble pas de prime abord très concluante. Il signale tous les efforts faits pour arriver à une documentation réellement solide, mais il reconnaît que ce sont des sources d'informations un peu disparates. Il ne pouvait manquer de constater que les résultats des statistiques dressées sont assez encourageants; mais le fait qu'il recommande de persévérer dans ces recherches suppose bien qu'il ne nie point l'insuffisance complète des documents réunis. Et si, d'autre part, on consulte l'excellent rapport fait par M. Lucien March, chef de la statistique générale de la France, sur la statistique du chômage professionnel en France, on y lit que les résultats obtenus au point de vue de la documentation sont insignifiants, du moins pour certaines catégories de travailleurs.

Étant donnée la prétention qu'ont les Allemands d'arriver à l'exactitude en la matière, il est curieux de renvoyer à un article publié par le Dr Otto Most, de Dusseldorf, dans la publication *Arbeitsmarkt* d'août 1909. Il insiste immédiatement sur ce qu'il est bien douteux que les recensements soient ce que leurs promoteurs voudraient en faire, un baromètre infaillible de l'état du chômage. Il continue en disant que, pour lui, les recensements de chômage sont le plus souvent sans but et propres à induire en erreur. Il envisage d'ailleurs surtout les recensements locaux, qui pourtant, *a priori*, semblent pouvoir donner les renseignements les plus exacts. Et il passe plus particulièrement au crible un recensement triple opéré à trois époques de l'année, en 1905, par la municipalité de Charlottenburg. Il a personnellement constaté des variations énormes dans le nombre des chômeurs, d'un jour à l'autre, notamment suivant les conditions météorologiques. Il cite également ce fait, pouvant confirmer les tendances qui se font assez facilement jour dans les recensements ou renseignements fournis par les organisations ouvrières, que pour ainsi dire à la même époque la municipalité de Berlin avait trouvé quelque 40 000 chômeurs, alors que les organisations ouvrières en révélèrent un nombre presque trois fois plus grand, de quelque 107 000. Et tout en recommandant de consulter quotidiennement l'état du marché, en se référant aux affaires que font les bureaux de placement, le Dr Most conclut que, en cette matière, mieux vaut ne pas faire de statistique que d'en faire une mauvaise.

Nous savons bien que certains auteurs, et en particulier M. Max Lazard, ont consacré de volumineux travaux à l'examen des relations entre le chômage et la profession; c'est-à-dire qu'ils ont dépouillé des statistiques pour constater si leur vraisemblance était accusée par ce fait que certaines professions, dans des statistiques très différentes, seraient toujours les plus frappées ou les moins frappées par le chômage. M. Max Lazard, en particulier, se montre convaincu que les moyennes assez concordantes (relativement) qu'il trouve pour certaines professions dans les statistiques de divers pays, sont suffisamment démonstratives de la valeur même de ces statistiques. Nous avons lu avec attention son ouvrage; et nous avons eu l'impression que les corrections qu'il introduisait devaient suffire à modifier le caractère propre des statistiques, et à leur donner, sans qu'il s'en doute certainement, une homogénéité qu'elles ne possédaient pas primitivement. Ce qu'on peut retenir de plus caractéristique dans son ouvrage, c'est que le chômage, tel qu'il est accusé par les statistiques officielles ou syndicalistes, se montre de façon particulièrement intense dans les occupations très simples, ne demandant que peu ou point d'apprentisage. On en peut tirer par suite la conclusion assez naturelle que le chômage atteint surtout ceux qui ne savent pas s'instruire techniquement, et qui ne sont que des collaborateurs fort imparfaits pour la production. Ceux qui, au contraire, ont ce que les Anglais appellent un *skilled labour* sont assurés de ne chômer pour ainsi dire jamais, surtout quand, avec les connaissances techniques, ils apportent le zèle professionnel et personnel.

Nous demandons qu'on n'infère pas, de ce que nous discutons de si près la valeur des statistiques du chômage, que nous sommes indifférent le moins du monde à ce mal et que nous ne déplorions pas autant que quiconque sa gravité et les conséquences pénibles qu'il entraîne pour les travailleurs. Et c'est même pour cela que nous voudrions examiner rapidement les remèdes qui ont été proposés et essayés plus ou moins heureusement pour venir en aide aux chômeurs.

C'est pour cela aussi que, après avoir constaté l'inanité des efforts faits par les organisations créées, ou tout au moins les inconvénients qu'elles présentent quand elles font peser lourdement sur un ensemble de contribuables le poids des secours qu'elles distribuent à d'autres; nous en arriverons forcément à cette conclusion, appuyée par l'observation des faits, que ce qui domine en cette matière de chômage, c'est une mauvaise répartition de la main-d'œuvre. Nous développerons cela plus longuement dans le dernier chapitre ; nous y verrons que le chômage est une chose relative, que le plus ordinairement le chômage, en un point donné, résulte d'un manque d'informations dont souffrent les travailleurs, qui ne savent pas qu'on a besoin de bras ailleurs, et qui attendent, immobilisés, là où ces bras sont en excès, là du moins où ces bras ne trouvent provisoirement pas d'emplois.

III

LES REMÈDES DIVERS ESSAYÉS OU PROPOSÉS

Quoique l'on décore le plus généralement du nom d'assurance les diverses organisations imaginées ou appliquées pour lutter contre le chômage, au fond ces organisations sont très variables; et il nous faut, sans nous arrêter aux mots, examiner de près et diversifier les différentes mesures auxquelles on a songé pour lutter contre ce mal. Comme d'ailleurs tout le monde sait les avantages particuliers de l'assurance en général, de sa plasticité, le fait que ces mesures ont plus ou moins échoué, la constatation de leurs défauts typiques, nous amèneront à chercher ce que en cette matière si spéciale vaudrait l'assurance. Cela nous obligera à nous demander si réellement l'on fait de l'assurance-chômage à l'heure actuelle, si l'assurance peut s'appliquer logiquement et pratiquement, et sous quelle forme il vaudrait mieux la mettre en action dans ce domaine si spécial.

Il y a deux remèdes que nous allons citer tout de suite, pour ne pas nous y attarder, car ils sont d'une nature toute particulière, et ils ont un champ d'application bien autrement large que le seul chômage. Nous voulons parler de la charité publique ou privée, de l'assistance, et, d'autre part, de l'épargne, mettant à même l'ouvrier de se créer par lui-même un fonds de chômage. L'épargne a été vantée par bien des gens, et notamment par M. Isaac, qui a soulevé quelque peu l'indignation de beaucoup de ses collègues, en venant dire en séance du Conseil Supérieur du Travail : « Il y a une institution qui fonctionne dans tout pays civilisé, qui est une vraie caisse d'assurance contre le chômage, c'est la caisse d'épargne. » Au fond des choses, M. Isaac a parfaitement raison lorsqu'il pense que chacun peut, en épargnant, se créer par avance un fonds qui lui permettra d'obvier au danger des périodes de chômage. Toutefois, dans la pratique, c'est différent, surtout au point de vue auquel nous devons nous placer ici. L'épargne est un effort tout individuel, sauf lorsqu'elle recourt aux dispositions tontinières; et ce que l'on recherche, en matière de chômage, c'est justement de faire supporter plus aisément le mal à chacun que s'il était abandonné à ses propres ressources. Elle est d'ailleurs un remède général (lorsqu'elle est suffisante) à toute une série de maux pouvant frapper les travailleurs, depuis la maladie et l'accident jusqu'à la vieillesse et au chômage. Et tout en nous associant à la pensée de M. Isaac, qui fait appel avant tout à l'esprit individuel, nous pensons que l'épargne ne peut pas être donnée réellement comme un remède spécifique au chômage.

Et cependant, que les interventionnistes, les partisans de l'obligation, et par conséquent de la mise en tutelle de l'initiative individuelle, ne s'élèvent pas trop contre elle ; car c'est bien l'idée d'épargne, et d'épargne individuelle, qui a été reprise par Schantz, qu'on peut appeler l'un des leurs... Il a intitulé son système Assurance-chômage ; mais en réalité ce n'est point une assurance, il ne s'agit pas du versement de primes proportionnelles aux risques possibles ; on ne fait pas même bloc des cotisations ou versements divers pour répondre, au moyen des fonds versés par tous, à un sinistre frappant quelques-uns. Et c'est pour cela que nous n'avons pas cru devoir réserver l'examen de ce système pour la partie où nous étudierons plus particulièrement, et un peu en détail, les diverses formes d'assurances rêvées ou tentées. Le projet primitif de Schantz consistait à organiser une épargne individuelle dont les résultats pécuniaires seraient uniquement destinés à parer aux sinistres qui frapperaient le seul individu ayant versé à la caisse d'épargne. D'ailleurs, sur ce principe de l'obligation, si cher à tant de gens, se greffe, dans le projet Schantz, une subvention obligatoire imposée au patron, et proportionnelle au versement de son ouvrier. Ce versement devrait être fixé législativement, et atteindre une proportion très élevée pour les professions les plus exposées au chômage. C'était donc l'épargne obligatoire et la mise en tutelle du chômeur possible pour le montant de l'épargne. La Caisse spéciale devait en effet autoriser l'ouvrier à faire des retraits sur la masse constituée, proportionnellement à l'importance de cette masse, et autant que l'épargnant ne jouissait à ce moment d'aucun autre secours. On le voit, c'est la suppression de la liberté individuelle; ce n'est pas du reste le reproche que lui ont fait les interventionnistes. M. Schantz a modifié son système, pour faire plaisir aux solidaristes quand même; et sans entrer dans des détails un peu oiseux, nous dirons qu'il a prévu l'élévation de l'intérêt servi par la collectivité aux fonds épargnés, des bonifications accordées par l'État, puis des subventions payées par le patron, la commune et l'État, etc. Du fait que son projet n'avantageait pas les syndiqués, et aussi qu'il laissait jusqu'à un certain point son indépendance à l'individu, ses idées n'ont pas été fort appréciées. Nous avons laissé entendre ce que nous en pensons au point de vue assurance; et on trouve dans cette combinaison le principe des subventions administratives, qui, à notre avis, relève du principe assistance publique ou presque charité.

Ceci nous ramène tout naturellement à la charité publique ou privée, dont nous parlions tout à l'heure. Bien entendu, nous n'envisageons que la charité proprement dite, les secours accordés aux gens qui souffrent du chômage; sans qu'il y ait eu de leur part aucune contribution même minime, pour la formation d'un fonds quelconque, collectif ou non, de chômage. Nous mettrons donc de côté tous les bureaux, offices de placement organisés par des associations charitables, et que l'on ne peut pas considérer comme faisant la charité. En dépit de ce que nous venons de dire des subventions d'État ou de communes, nous distinguons également les organisations où les intéressés contribuent pour partie aux fonds de secours, de celles où ils reçoivent tout sans avoir fait aucun effort individuel. De même, nous tenons expressément à ne pas confondre avec des secours charitables ordinaires les auberges hospitalières, les *Wanderarbeitstoellen* d'Allemagne, qui, en principe, sont des institutions d'assistance par le travail. Et nous distinguons encore bien davantage les hôtelleries syndicales d'Allemagne ou de Danemark; et aussi le fameux viaticum, qui est une sorte de manifestation de l'assurance mutuelle contre le chômage. Nous reparlerons des uns et des autres, autant que nous le permettent les limites forcément restreintes d'un tel travail d'ensemble.

Ce que nous avons dit de l'épargne, nous pourrions le redire de la charité. Ce n'est pas un remède au chômage; ce n'est même un remède à rien; c'est seulement une atténuation aux souffrances de tous ceux auxquels les ressources viennent à manquer pour une raison ou pour une autre. En outre, comme l'a très bien fait remarquer M. Varlez, la charité publique ou privée est absolument impuissante en matière de chômage : non pas seulement parce que ses ressources ordinaires seraient souvent insuffisantes en présence d'une vaste crise; mais aussi parce qu'elle n'a pas le moyen pratique de distinguer sûrement le chômeur involontaire du chômeur volontaire (point d'interrogation terrible, qui se présente pour bien des formes de secours au chômage). Il y aurait à ce propos à faire à nouveau tout le procès de la charité, de l'assistance publique surtout, qui donne trop fréquemment au hasard. Et pourtant, en matière de chômage, c'est un inconvénient grave que des secours ne soient pas distribués au moment précis où débute le chômage. C'est un argument pour M. Varlez de faire appel à la mutualité, et nous le suivrons volontiers dans cette voie; mais en entendant la mutualité plus largement que lui, et en considérant que les véritables sociétés d'assurance (comme nous n'en trouverons que *trop peu* dans le domaine où nous nous mouvons aujourd'hui), font bel et bien de la mutualité, en dépit de l'esprit de lucre qui peut présider à beaucoup de leurs opérations.

Examinons maintenant de plus près des conceptions ou des pratiques qui se sont bien effectivement spécialisées dans la lutte contre le chômage, quoique, parfois, elles aient été appliquées également à d'autres objets.

Nous n'insisterons guère sur le remède que M. Cagninacci a appelé de l'individualisme pur : nous voulons parler de la suppression des entraves mises à la libre concurrence et aux rapports économiques entre les nations, et, par conséquent, de l'accroissement d'activité de la production. Si nous n'y insistons pas, ce n'est point que nous n'ayons pas confiance dans la liberté et dans l'individualisme : nous essayerons de prouver le contraire en tirant les conclusions de ce travail, et en cherchant ce qui pourrait remédier aux imperfections ou aux impossibilités relatives de l'assurance contre le chômage. Et nous sommes prêt à faire bon marché de l'opinion de M. Denjean, de M. Cagninacci, qui opposent à l'autorité de M. Paul Leroy-Beaulieu le fait que les pays les moins protectionnistes souffriraient autant du chômage que les autres, « que le chômage atteindrait même les États-Unis »; nous n'avons pas besoin de rappeler que l'exemple des États-Unis comme pays libre-échangiste n'est pas parfaitement choisi. Aussi bien, la liberté des relations économiques, le développement, l'élargissement du marché du travail, la connaissance plus répandue des besoins de main-d'œuvre, tout cela constitue des mesures devant bien empêcher plutôt le chômage de se produire que le guérir une fois qu'il est né; ce n'est plus un remède, le mot de remède préventif constituant par lui-même une antinomie.

Nous ne nous arrêterons pas longtemps aux ateliers d'assistance par le travail : on demande assurément un effort aux assistés, et ce n'est plus cette « charité gratuite » qui a de si mauvais effets; mais l'effort est bien faible et le produit obtenu bien mince; et ce qui le prouve, ce qui indique bien qu'il y a là une organisation d'assistance (ainsi que le dit le mot même), c'est que les sociétés et individus qui organisent ces ateliers, ces maisons de secours et d'hospitalisation, sont obligés de fournir relativement de très fortes sommes pour les faire vivre, et être à même de donner aux assistés les petites rétributions qu'ils reçoivent. Et encore les secours accordés de diverses manières suffisent-ils strictement pour que les assistés ne meurent pas de faim. Nous pourrions ajouter que cette assistance n'est vraiment pas un remède au chômage; en ce sens surtout qu'elle est irrégulière, que le chômeur ne peut aucunement y compter comme sur une chose normale, au contraire de ce qu'on voudrait vraiment voir être les institutions méritant le titre de remèdes au chômage.

Venant de parler de l'assistance par le travail, nous ne pouvons manquer de dire également quelques mots des ateliers publics, que l'on a souvent songé à organiser sur une grande échelle, que l'on a organisés trop fréquemment pour diminuer le chômage, y remédier, secourir les chômeurs, etc. On sait les chantiers et ateliers ouverts de 1789 à 1791, et qui coûtèrent si cher. Le système fut appliqué quelque peu, et avec les mêmes résultats, sous l'Empire et en 1830. Nous mettrons immédiatement à part les ateliers nationaux, de triste mémoire, et qui réveillent les souvenirs si troublés de la seconde République française. Il y avait dans ces ateliers nationaux autre chose que l'idée de remédier au chômage ; ils étaient l'application des théories nébuleuses et folles, du droit au travail, et de toutes les illusions de cet homme de cœur qui portait le nom de Louis Blanc, mais qui, simple artiste, voulait réformer le monde économique, tout comme Jean-Jacques Rousseau. A entendre les ateliers publics dans un sens bien moins tendancieux, on n'en est pas moins dans l'erreur en les considérant comme utiles : ce qui n'a pas empêché les Parlementaires, en France en particulier, de recommander d'y recourir. On nous pourrait, il est vrai, opposer l'opinion et la pratique de Turgot, quand il était intendant de la

Généralité de Limoges; il avait imaginé les travaux de secours en 1770, et les ateliers de charité en 1775. Mais Turgot s'était aperçu des difficultés auxquelles on se heurtait; il avait vu que la conduite des ateliers, tout comme l'établissement ou le payement des salaires étaient autant de questions graves à résoudre. De plus, il faut se rendre compte qu'à son époque les moyens de transport n'existaient réellement pas, que la mobilité de la marchandise travail était autant dire nulle : il fallait aller par conséquent au plus pressé et adopter un remède fort mauvais, et reconnu tel, à défaut d'autre chose.

Les ateliers de secours administratifs, quels qu'ils soient, ont toujours donné de mauvais résultats : tels ceux qui furent ouverts par la Ville de Paris en 1788. On a prétendu que c'étaient les circonstances politiques qui avaient fait leur échec et entraîné leurs conséquences funestes; mais le principe même de la chose était déplorable. Là encore, on est dans le domaine de l'assistance : à cela près qu'elle se fait aux frais de la collectivité, et sans la surveillance de l'initiative individuelle. On peut pressentir déjà, en s'appuyant sur les principes, que les travaux ainsi entrepris dans un but d'assistance aux chômeurs, ne répondront nullement à des besoins; qu'on sera obligé de les choisir aussi élémentaires que possible, pour qu'ils puissent être exécutés par des gens provenant un peu de tous les corps de métiers, et qui travailleront sans aucun intérêt, sans activité; finalement cela reviendra plus cher que si l'on avait remis directement des secours en argent, sans prétendre faire exécuter par cette main-d'œuvre inhabile des travaux inutiles.

Nous reconnaissons que ce ne sont point les seuls socialistes « conscients » (pour employer la formule du jour) qui se sont montrés partisans de l'organisation de ces ateliers de travaux pour chômeurs; et, sans parler de 1788, ils ont des précédents nombreux à invoquer dans l'histoire économique de l'Angleterre. De 1861 à 1865, lors d'une crise cotonnière terrible dans le Lancashire, les Anglais s'étaient préoccupés d'organiser des travaux de secours. Nous rappellerons seulement d'un mot que plus de 30 millions de francs furent mis à la disposition des autorités, sous une forme de prêts destinés à permettre l'exécution de travaux publics; du reste, on avait fait des efforts intelligents pour tirer le meilleur parti des 10 000 ouvriers qui furent employés de la sorte, et cela en les mettant à la tâche. C'étaient les autorités locales qui avaient été chargées d'organiser tout cela. L'entreprise avait été conçue avec un esprit pratique remarquable; les communes étaient dans l'obligation de rembourser ultérieurement les prêts et d'en payer l'intérêt. Et il est bien certain qu'on ne constata pas, dans les innombrables petits chantiers de chômage ainsi créés, les conséquences déplorables qui s'étaient produites en Irlande vers 1848. Toutefois, nous n'avons pas trouvé de preuves que ces chantiers et travaux n'eussent pas coûté fort cher; et nous pourrions répéter que, à l'heure actuelle, il existe un marché du travail qui peut avantageusement dispenser de recourir à ce procédé. En 1880 et 1886, on entreprit en Irlande des travaux quelque peu analogues, qui ont été reconnus comme ayant donné de fort mauvais résultats. On recommença en 1890, sous la direction d'officiers, de sous-officiers et aussi d'agents de police (ce qui ne laissait pas supposer que la discipline de ces chantiers fût parfaite). Il ne faut pas s'étonner de voir ces pratiques implantées si solidement en Grande-Bretagne : l'idée même en était au fond de la loi de 1834 sur l'Assistance et le Chômage, puisqu'on avait affirmé que les *Workhouses* allaient former un réservoir compensateur pour le chômage. Et en dépit de l'échec des lois d'assistance, on a vu M. Chamberlain, en 1886, M. Fewler en 1892, conseiller aux municipalités d'organiser des chantiers pour y recevoir les chômeurs. Nous renvoyons aux circulaires du Board of Trade à ce sujet. Nous conseillons aussi de parcourir discussions et vœux de la National Conference de 1903, tenue à Sheffield, pour y voir l'enthousiasme que l'on a encore dans les milieux anglais pour les « moyens d'occuper les forces de travail de la nation ». On voulait des travaux de toutes sortes, et plus ou moins utiles, pour procurer de l'occupation aux « sans-travail »; et, ce qui ne manque pas d'une certaine saveur quand il s'agit de gens qu'on plaint de ne point trouver à s'occuper, on n'oubliait pas de spécifier que la durée de leur travail hebdomadaire sur les chantiers serait limitée à 48 heures.

Nous devons reconnaître qu'on se préoccupait aussi, à la Conférence, de faire ouvrir des bureaux de placement (par les municipalités); mais on songeait surtout à des organismes de véritable assistance. En 1905, lors de la crise qu'on a constatée en Angleterre, on n'a pas manqué d'en revenir à ces conceptions et à ces pratiques. Un grand nombre de chantiers ont été ouverts dans cet esprit à Londres et en province; et les gens les plus favorables à cette façon de lutter contre le chômage, n'ont pu manquer de reconnaître que les salaires distribués par les ateliers, soi-disant contre travail effectué, n'étaient que des aumônes accordées en échange de besognes tout au moins inutiles et aussi peu effectives que possible. (Nous renverrons à ce propos aux rapports publiés notamment par le Central Executive Committee of the London Unemployed Fund.) Le Comité de Londres avait organisé pour son compte des chantiers divers et importants, où il a distribué au total plus de 1 300 000 francs de salaires; et il s'est déclaré convaincu que l'expédient des travaux et chantiers spéciaux ouverts pour les périodes de chômage, et au profit des chômeurs, est dangereux et à peu près sans utilité; il a constaté que le principal inconvénient de cette solution, c'est peut-être qu'on ne peut combiner des travaux pour les capacités et les connaissances professionnelles des chômeurs.

A remarquer que c'est à la suite de cet échec si net qu'a été votée la loi du 11 août 1906, qui a créé méthodiquement toute une organisation en vue de fournir emploi ou assistance aux sans-travail. Le principe de l'ouverture de chantiers est à la base de cette législation, bien qu'elle prévoie d'autres choses, et notamment une intervention administrative dans le placement et des facilités à donner à l'émigration. On a décidé la constitution de Comités de détresse, sous l'autorité de Comités centraux; les premiers sont chargés d'enquêter sur la situation des gens qui prétendent ne point trouver de travail, mais cela seulement pour les ouvriers justifiant d'une longue résidence dans le ressort du Comité : si bien que l'ouvrier devient fort peu mobilisable, et doit renoncer à la possibilité de se procurer une occupation qui lui vaudrait cette mobilité. Le Comité, après enquête, fonctionne alors comme bureau de placement gratuit, cherchant du travail pour le ou les sans-travail. Le Comité local a aussi pour mission de rassembler des documents sur le marché du travail (informations qui ne seront jamais bien réunies que par des gens intéressés pécuniairement à cette besogne). Ce Comité a enfin la faculté d'aider au déplacement, à l'émigration même d'un sans-travail. Quant à ces ateliers et chantiers dont nous avons parlé (pour les critiquer comme ils nous semblent le mériter), ce sont les Comités centraux qui peuvent les ouvrir; sans doute est-ce une précaution destinée à réduire le nombre des occasions où ils seront ouverts; mais il n'est pas moins vrai que le principe a grandes chances de s'appliquer, avec ses conséquences ordinaires; il en résulte du reste des dépenses qui sont couvertes le plus souvent au moyen des impositions, tout comme les autres dépenses des comités locaux, et bien que l'on compte beaucoup en la matière sur les contributions volontaires.

Étant donnée l'importance qu'on a voulu attacher un peu partout à ces travaux, ateliers de secours; et eu égard surtout aux inconvénients qu'ils nous semblent présenter, nous demanderons la permission d'en dire encore quelques mots. On les a pratiqués en France en dehors des ateliers nationaux, et on en a même mis le principe dans la loi. Nous rappellerons la séance de la Chambre des députés du 1er juin 1900, où un Ministre est venu déclarer que le Gouvernement était prêt à soutenir toutes les initiatives communales qui ouvriraient des travaux afin de prévenir ou faire cesser le chômage. C'est-à-dire qu'on était tout prêt notamment à favoriser la réalisation d'emprunts destinés à alimenter les dépenses résultant de cette politique. Nous pouvons renvoyer d'ailleurs aux publications de l'Office du Travail sur les travaux de ce genre qui ont été entrepris par les villes, tout particulièrement de 1890 à 1895; il s'en faut qu'on se trouve là en présence de dépenses minimes, car en 1901, par exemple, les diverses villes ont eu à payer plus de 1 600 000 journées de travail pour des travaux aussi peu utiles que possible. Nous devons également rappeler la loi du 2 mars 1902 qui, à l'occasion de la crise viticole, a autorisé spécialement les communes éprouvées à contracter des emprunts (sans se soumettre aux formalités que l'on considère habituellement comme protectrices), pour créer des travaux en faveur des ouvriers privés d'occupation.

Beaucoup d'autres pays pratiquent ou ont pratiqué ce mode de lutte contre le chômage, sans que cela nous prouve du reste son excellence : à commencer par les États-Unis, sur lesquels on trouvera des renseignements dans une enquête d'une Commission nommée dans le Massachusets. En Allemagne, le procédé semble fort apprécié, ou plus exactement (ce mot laissant supposer une décision raisonnée) fort pratiqué; et les publications allemandes diverses, citées dans notre bibliographie, énumèrent très complaisamment les travaux multiples qui sont organisés pour les chômeurs. C'est ce qu'on nomme les *Nothstandsarbeiten*. En 1900, la seule ville de Magdebourg a payé plus de 20 000 journées à des chômeurs. Le budget de Munich pour ce même objet dépasse couramment 5 millions et demi de marks. En Suisse, il en est à peu près de même qu'en Allemagne; ce qui excite l'enthousiasme de M. de Las Cases, qui estime que les chefs de gouvernement sages doivent occuper à construire les forces ouvrières, qui peut-être sans cela s'occuperaient elles-mêmes à démolir : cet argument, qui prend la forme d'un « mot », ne nous convainc point; et nous sommes heureux de voir M. Mataja notant que ces travaux improvisés se traduisent tout au moins par « des occupations qui auraient pu être exécutées d'une manière plus convenable en d'autres temps », « l'occasion de travailler qui s'offre en un temps manquant ensuite ». Et M. Denjean lui-même, avec lequel nous ne trouverions pas souvent d'accord, n'est point favorable aux chantiers de chômage; il est vrai que c'est parce qu'il y voit une concurrence contre les professionnels; mais il note aussi que les paresseux y peuvent prendre une influence funeste.

Tout en ne faisant guère qu'effleurer cette question des remèdes généraux tentés contre le chômage, nous ne pouvons point ne pas dire un mot des ateliers syndicaux; qui, eux, ont cette supériorité de ne pas faire appel aux fonds des contributions publiques pour nourrir des ouvriers dans des ateliers où ils ne font rien qui vaille : c'est du *self help* ; et par conséquent, en principe, c'est à approuver, quitte à considérer ensuite si ces efforts, pour louables qu'ils sont, donnent bien des résultats effectifs.

A la vérité cette idée des ateliers syndicaux ne nous semble guère avoir été mise en pratique, depuis qu'elle a été lancée particulièrement par M. Deherme; tout au plus verrions-nous à citer l'effort assez heureux fait par le syndicat de l'Aiguille. Il est bien évident que les syndicats créant et maintenant des ateliers, doivent se heurter aux mêmes difficultés de réalisation des objets fabriqués que celles qui ont obligé les patrons à faire chômer des ouvriers; la difficulté sera même encore plus grande, en ce sens qu'ils auraient à s'improviser vendeurs des produits fabriqués. En fait, cela revient à donner des secours de chômage aux ouvriers qui manquent de travail; et quoique, en principe encore une fois, l'idée soit aisée à justifier par le désir que l'on a d'obliger les gens secourus à faire un effort en échange du secours reçu; nous avons bien peur que finalement ce remède ne coûte plus cher aux syndicats que les secours directs, mettons les indemnités d'assurance, que leurs caisses spéciales auraient à verser.

La création d'ateliers syndicaux, même spécialisés aux cas de chômage, entraîne dans le domaine de la coopérative de production; et le succès n'est pas facile à rencontrer dans cette voie.

On a voulu lutter, au moins préventivement, contre le chômage, par un procédé qui se rattache tout à fait aux chantiers et ateliers de travaux publics dont nous avons parlé tout à l'heure. Il s'agirait de « méthodiser » (si l'on nous permet le mot) les travaux de l'État, des départements, des communes, de manière à les répartir aussi logiquement que possible dans le temps et dans l'espace, afin que le travail ne soit pas surabondant à un moment donné pour devenir ensuite trop rare. On a entendu à la Chambre française des députés l'écho de ces préoccupations, notamment dans un discours célèbre de M. Vaillant. Nous retrouverons cette même idée émise ou soutenue par bien des personnalités diverses : c'est ainsi que le sous-secrétaire de l'Office National du Travail de Rome, M. le Dr Marchetti Livio, affirme « qu'on devrait se servir des travaux publics pour neutraliser les fâcheux effets des oscillations de l'activité industrielle privée, en poussant à l'extrême leur étendue et leur intensité durant les périodes de crise ». On voudrait voir l'État, les communes, attendre pour créer ou entretenir des routes, des canaux, etc., la saison d'hiver particulièrement, où le chômage est le plus intense : on ne se rend pas compte que cela reviendrait à interrompre plus ou moins complètement des travaux pendant une partie de l'année, ce qui majorerait étrangement leurs frais d'exécution. On ne se rend pas compte non plus que le chômage est variable, et qu'on ne peut attendre qu'il sévisse pour exécuter des travaux réellement utiles. Aussi bien, les autorités administratives seront toujours fort mal au courant de la situation du marché du travail, en dépit de toutes les enquêtes des Offices du Travail. Et quand à compter sur ces autorités pour régulariser la demande et l'offre du travail, la répartition des occupations, nous restons fort sceptique là-dessus; les patrons, les employeurs divers, sont poussés par leur intérêt même à régulariser autant qu'il est possible la production. Ce sont bien plutôt les interventions administratives qui sont troublantes à cet égard[1], sans parler même des législations douanières, qui ressortent encore de l'intervention administrative.

Et pourtant, le Dr Schantz, que nous avons déjà eu occasion de citer, a dit : « Il faudrait, lorsque les particuliers se lancent dans les entreprises industrielles avec une activité fiévreuse,... que les Gouvernements résistent à une contagion

1. C'est l'avis de MM. de Lavergne et Paul Henry; et pourtant ils n'ont pas, sur les principes, la même férocité intransigeante que nous.

à laquelle on les voit ordinairement céder, entreprenant de grands travaux publics. Dès que l'horizon s'assombrit,... ils suspendent ces travaux. N'est-ce pas le contraire qui devrait se produire? » On voudrait voir les gouvernements servir de régulateurs. Des idées analogues ont été émises dans les séances du Conseil Supérieur du Travail, où tant de sujets brûlants sont abordés dans des discussions que nous ne pouvons nous empêcher de trouver confuses, et qui sont graves de conséquences. Quant à répartir méthodiquement, dans tout un pays, l'ensemble de ce qui constitue les travaux publics, on a fait de vastes projets à ce sujet, mais on n'a jamais pu les prolonger jusqu'à la période d'exécution.

Si nous continuons rapidement cette revue des remèdes divers contre le chômage, nous nous trouvons en présence de celui qui nous semble de prime abord le plus effectif, et auquel nous serons amené à revenir en terminant cette étude : nous entendons le placement; mais le placement organisé commercialement, comme se fait le placement des fonds au moyen d'organismes indépendants relevant de l'initiative privée, et poussés par la concurrence à se perfectionner sans cesse dans la collecte d'informations aussi complètes que possible sur le marché du travail, et les besoins de main-d'œuvre dans les diverses parties du monde.

Beaucoup de gens, tout en reconnaissant le rôle

que peut remplir le placement en la matière, ne partagent pas notre opinion sur la supériorité du placement libre. Quoi qu'il en soit, il faut ici se préoccuper un peu de tous les genres de placement. A côté du bureau payant, on trouve naturellement le bureau administratif; puis le bureau dépendant d'une société charitable, le bureau syndical et aussi le bureau paritaire allemand. Il ne s'agit pas ici du placement individuel, de ce que les Allemands appellent l'*Umschau*, car c'est un remède tout personnel au chômage, celui auquel le chômeur doit songer immédiatement : il consiste à parcourir les ateliers et les usines pour voir s'il y a une occupation quelconque. Si la crise de chômage est réelle, le bureau ne fera pas naître d'occupation, et il laisse le chômeur dans le même dénuement, tant que la crise ne s'est pas atténuée. Nous ne pouvons approfondir la question, qui a été traitée dans bien des circonstances, et dans le volume si remarquable de M. de Molinari, et dans l'enquête spéciale de l'Office du Travail français. Il est bon de rappeler toutefois que la législation française a supprimé malheureusement les bureaux de placement payants et libres, se figurant naïvement rendre de la sorte service aux ouvriers et particulièrement aux chômeurs; il eut mieux valu donner la vraie liberté à ces bureaux de placement, qui n'en ont jamais joui et vivaient sous le régime incertain du bon plaisir. Et il est curieux à ce propos de voir un interventionniste comme M. Pic se faire le défenseur du placement mixte, laissant les bureaux municipaux ou syndicaux en concurrence avec les bureaux privés. En réalité, on a poursuivi ou accordé la suppression du bureau libre dans l'espoir de donner finalement un monopole de fait au bureau syndical; mais pour que cette transformation fût profitable au chômeur et à la lutte contre le chômage, il faudrait qu'il fût démontré que ces organismes syndicaux sont bien au courant des besoins du marché, et qu'ils possèdent des organes d'information sur les places libres dans les diverses parties du pays ou même du monde.

Les bureaux des associations charitables, pour si intéressants qu'ils soient, si touchantes que soient les intentions de ceux qui les créent, ne nous semblent pas des entreprises susceptibles d'arriver à une conception et à une pratique commerciale bien entendue de cette industrie si malaisée du placement. Et l'on a remarqué, particulièrement en Allemagne, que les clients des bureaux de placement gratuits, appartenant à des associations plus ou moins charitables, sont plutôt des demi-mendiants que des ouvriers à la recherche de travail. Les bureaux administratifs répondent peut-être encore moins à la conception de commercialisation à laquelle nous venons de faire allusion : leurs employés se laissent le plus ordinairement aller à être de simples fonctionnaires, dont l'activité n'est surexcitée par aucun intérêt personnel, et dont les sources d'informations sont aussi « atones » que possible.

Quant aux bureaux syndicaux, trop souvent ils ne font pas preuve d'une impartialité absolue dans le rôle d'intermédiaire pur et simple qu'ils devraient jouer; et en France, d'autre part, ils n'ont point ce champ d'activité, aussi vaste que possible, qui est nécessaire si l'on veut voir le placement remplir effectivement son rôle, trouver des occupations dans telle ou telle partie du pays, ou à l'étranger, à des travailleurs qui sont sans emploi local. Il est à craindre que les bureaux syndicaux présentent encore cet inconvénient supplémentaire et grave d'avoir tendance à capter la main-d'œuvre, à la maintenir en charte privée, afin de pouvoir devenir maîtres de la situation, influer par là sur le taux des salaires. Et c'est dans cet esprit qu'un Congrès allemand tenu en 1897, disait : « Le placement doit être aux mains des travailleurs. »

En Allemagne, où les syndicats comprennent beaucoup mieux qu'en France les nécessités économiques et ont des tendances autrement conciliantes, les bureaux paritaires ou mixtes se développent de plus en plus. Mais nous aurions beaucoup de critiques à leur faire, dont la moindre n'est pas que les services rendus aux ouvriers placés sont gratuits. Un bon point à leur donner pourtant : ils ont compris cette importance de l'étendue du champ d'action, comme nous disions tout à l'heure, et ils ont commencé à créer des fédérations, des unions entre eux. Les fonds de ces bureaux sont généralement fournis par la commune; et comme nous ne nous en tenons pas aux sentiments, si louables qu'ils soient; que nous recherchons les méthodes pratiques les plus réellement économiques permettant d'atteindre le but visé; nous maintenons notre opinion que des organismes privés vraiment commerciaux, sujets à la concurrence, se mettant en relation les uns avec les autres, comme le font par exemple les agents de change libres, les agences de transport ou les négociants en denrées quelconques, seraient plus susceptibles de répartir de divers côtés les excédents de main-d'œuvre qui peuvent se présenter de temps à autre dans telle ou telle région. (Nous négligeons l'affirmation favorite des socialistes ou socialisants, que l'offre de travail est supérieure à la demande.)

Nous ne pouvons naturellement pas insister sur le placement en général; car un volume serait à écrire à son sujet. C'est toute la question de la vente de la marchandise-travail. Il est certain que l'émigration peut rendre des services dans la lutte contre le chômage; car le plus souvent elle résulte de ce fait que certains points où la main-d'œuvre est insuffisante, font appel à ceux où elle est abondante, surabondante. Et sans entrer dans la discussion si ardue et si complexe des avantages ou des inconvénients de l'émigration pour le pays d'où l'on émigre, nous signalerons l'émigration comme une solution souvent excellente du chômage; mais ce n'est qu'une solution ou un remède d'application toute particulière.

Nous ferons bon marché de ce que nous nous permettons d'appeler des remèdes « enfantins », « préventifs » ou non au chômage. Au premier rang, nous mettrons la lutte contre le machinisme, qui est pourtant encore recommandée dans la pratique par beaucoup de meneurs ouvriers. Nous avons laissé entendre ce que nous pensions du machinisme dans le passé, et notre opinion n'est point différente pour le présent. M. Méline lui-même, qui est cependant opposé à la liberté de la concurrence sous certaines de ses formes, s'est moqué dans un de ses récents ouvrages de ceux qui croient diminuer le chômage, en obligeant le patron à employer le plus de bras possible pour la production déterminée d'un article; alors que cette politique empêche l'entreprise d'augmenter sa production et finalement de demander un supplément de bras. M. Émilio Cossa, professeur de l'Université de Milan, a dit : « Ceux qui croient que la diminution des heures de travail puisse directement absorber le chômage se trompent. » (Il est vrai que les explications embrouillées qu'il a données au Congrès de Milan ne nous ont pas permis de bien saisir le fond de sa pensée.) C'est un procédé dans lequel beaucoup de gens peu informés des questions économiques auraient foi : réduire le temps de travail de chaque ouvrier, afin d'obliger à occuper plus de bras dans une même usine pour une production déterminée. Il n'y a là qu'une conception qui procède des mêmes préjugés, des mêmes erreurs que la lutte contre les machines.

Il nous reste à parler d'un autre remède contre le chômage : l'assurance. Étant donné que les diverses caisses syndicales ou non distribuant des secours de chômage, les syndicats ouvriers venant à l'aide de leurs membres, les Fonds de chômage gantois ou non, prétendent tous pratiquer l'assurance contre le chômage, il est important de l'examiner longuement dans son principe comme dans ses diverses manifestations, dans ses diverses formes; nous rechercherons si les applications plus ou moins variables et plus ou moins complètes qu'on en a faites, ont été des succès; et si l'assurance, entendue dans tel ou tel sens, est réellement susceptible de donner la solution de ce problème cruel du chômage.

Nous pourrons ensuite logiquement examiner les divers efforts faits par les intéressés, aidés ou non des fonds publics ou par les corps publics mêmes, pour atténuer les conséquences du risque-chômage.

IV

L'ASSURANCE ET SES POSSIBILITÉS D'APPLICATION AU CHÔMAGE. CE QU'ON PEUT FAIRE SCIENTIFIQUEMENT

On parle beaucoup d'assurance contre le chômage depuis quelques années, et certaines gens sont convaincus de bonne foi que les expériences qui ont été faites, que les organisations qui fonctionnent ou qui ont fonctionné dans divers pays, sont véritablement des applications de l'assurance. Il y a là une distinction à faire; et les exemples que nous aurons l'occasion d'examiner par la suite nous montreront que rarement l'assurance est pratiquée avec ses caractères intangibles. Dans l'assurance, si du moins il s'agit d'une assurance mutuelle, comme l'a dit jadis Horace Say, des hommes qui courent des chances pareilles se réunissent pour supporter en commun la perte éventuelle qui pourrait frapper l'un d'eux. Chacun consent à prendre à sa charge un risque partiel et faible, pour obtenir en échange d'être garanti lui-même des conséquences d'une perte éventuelle totale. Le payement fait par chacun peut être appelé cotisation ou prime; la nature du contrat et ses effets seront toujours les mêmes. La caractéristique, c'est la prise en commun par un grand nombre de contractants du risque couru par l'un d'eux. En fait, le caractère n'est pas altéré dans le fond au cas où l'assurance se fait, non plus sur le principe exclusif de la mutualité, mais avec l'intervention d'un capital et d'actionnaires, qui perçoivent les primes et se chargent ensuite de les répartir, en grande partie, sous la forme des indemnités de sinistres : ces actionnaires, ce capital conserve une certaine partie des primes pour lui, pour payer son esprit d'entreprise; cela constitue un dividende, les bénéfices de l'exploitation; mais ce sont bien néanmoins les assurés, l'ensemble de ceux qui versent les cotisations ou primes, qui payent et prennent en commun le risque subi par l'un d'entre eux. La présence ou l'absence du capital de garantie ne fait pas disparaître ce qui constitue l'avantage même de l'assurance, ce capital facilitant toutefois étrangement le fonctionnement des organismes d'assurance.

En tout cas, on ne recourt pas à des subventions et à des recettes autres que les primes pour former le budget des recettes de l'assurance, et pour répondre finalement aux versements nécessités par un sinistre.

Or, dans presque tous les exemples que nous allons trouver d'organisations et de soi-disant assurances contre le chômage, nous constaterons l'introduction d'un facteur qui vient fausser ce qu'on peut considérer comme le caractère naturel de l'assurance : des subventions publiques sont en effet accordées aux assurances contre le chômage. Et ce ne sont plus par conséquent les seules primes des contractants qui payent les versements faits plus tard aux secourus, aux sinistrés. Le reproche de l'existence d'un facteur étranger dans ce qu'on appelle les caisses d'assurance, M. Heurteau le faisait sous une forme un peu différente devant le Conseil Supérieur du Travail, quand il voulait qu'on laissât à la seule initiative privée le soin d'organiser l'assurance-chômage ; il justifiait du reste sa conception individualiste par l'exemple des syndicats anglais : louable exception aux constatations générales que nous aurons à faire. Nous pourrions remarquer au surplus (ce qui contribuera à nous amener à des conclusions assez peu favorables à l'assurance), que le système d'assurance des syndicats anglais est insuffisant, puisque l'on s'est vu, en Angleterre, dans l'obligation de recourir, encore ces temps derniers, aux remèdes peu efficaces et coûteux dont nous avons parlé.

Pour ce qui est de la France, les partisans les

plus déterminés de « l'assurance-chômage », ou de ce qu'on appelle de ce nom, comme M. Crosson du Cormier, considèrent que les versements des assurés ne pouvant qu'être minimes, et les indemnités données par les caisses faibles, l'intervention est par là suffisamment justifiée. Nous disons intervention de l'État; il serait plus logique de dire subventions, intervention pécuniaire des communes, des départements, des contribuables envisagés dans leur ensemble. M. Crosson du Cormier, qui est parfaitement de bonne foi, reconnaît que les œuvres des syndicats sont trop fragiles, pour leur permettre d'assurer en toute certitude le risque du chômage, de constituer des réserves et de baser leurs indemnités, non sur les ressources disponibles, mais sur un calcul presque mathématique. Nous ne discuterons pas le fondement légitime de ces subventions prises sur les fonds publics au profit de catégories, qui peuvent être intéressantes certainement, mais qui n'en constituent pas moins des privilégiés à cet égard. Cela nous entraînerait à discuter le principe des subventions de tout genre qui se sont multipliées dans la législation française; c'est presque tout entière la querelle entre individualistes et interventionnistes. Il y aurait trop à dire, et nous devons nous limiter. Mais ce qui est bon à retenir, c'est cet aveu qui confirme notre sentiment : qu'il n'y a pas assurance avec le système des subventions qui viennent s'ajouter aux cotisations ou primes dans les caisses dites d'assurance. Il y a en réalité caisses de « prévoyance », ou même de secours.

On se figure du reste préparer par ces voies le règne de l'assurance vraie; et nous avouons être un peu sceptique sur ce point. En tout cas, comme ces caisses de prévoyance en vue du chômage portent le nom de caisses d'assurances contre le chômage, dans toutes les législations au moins autant que dans les discussions, dans les livres, les études diverses sur la matière, nous serons bien obligé de passer condamnation et de les traiter comme telles pour examiner les résultats qu'elles ont donnés, les bases sur lesquelles elles fonctionnent, les lois dont elles bénéficient. Un des patrons les plus autorisés de l'assurance-chômage, M. Varlez, le créateur connu du Fonds de Chômage gantois, s'est naturellement montré très favorable aux subventions, qui sont à la base de sa création. Il justifie du reste les subventions en disant qu'elles sont égales pour tous, étrangères à toute arrière-pensée politique, qu'elles n'ont pas le caractère d'une œuvre de charité, que ceux qui les reçoivent restent « des hommes libres et indépendants ». Tout cela ne nous convainc point, et nous semble au contraire laisser toute sa valeur à la réserve de principe que nous avons tenu à faire.

Nous en avons une autre à indiquer, à laquelle

nous mène tout logiquement ce mot de calcul que nous avons prononcé tout à l'heure. Même là où les cotisations ou primes sont les seules ressources fournissant les indemnités à payer au cas de sinistre; même quand on ne trouve pas ce mélange de charité ou d'assistance et de *self help* qui se rencontre dans presque toutes les assurances de chômage que nous étudierons; on ne fait réellement pas d'assurance parce qu'on ne procède pas scientifiquement, sur des bases solidement et mathématiquement établies. Or, il n'y a point d'assurances sans cela. Et avec les relevés tels qu'ils existent actuellement sur le chômage, le nombre d'individus qu'il frappe, l'intensité des sinistres, leur durée, etc., relevés dont nous avons montré le peu de consistance, on n'a pas les éléments pour établir des assurances; le risque-chômage n'est pas scientifiquement défini, on va quelque peu « au petit bonheur » dans ce domaine[1].

La chose vaut que nous y insistions pour montrer encore mieux les difficultés du problème, et pour mieux juger de ce que pourrait ou pourra l'assurance en l'espèce, le jour où l'on se déciderait à dégager l'assurance-chômage des combinaisons hybrides au moyen desquelles on croit la réaliser présentement, et qui dénaturent son caractère originaire.

1. Voir ce qui a été dit à Rome en 1908 par M. Felisch.

Nous pourrions invoquer l'autorité d'un des hommes qui connaissaient le mieux les questions d'assurance, pour les avoir pratiquées, et qui a contribué puissamment à faire apprécier, pour l'assurance-vie et l'assurance-incendie plus particulièrement, les combinaisons si ingénieuses et si multiples des Compagnies américaines; nous faisons allusion à M. Eugène Rochetin[1]. Dans un volume fort intéressant sur les Assurances ouvrières, il n'a pas hésité à consacrer toute une section de l'ouvrage à l'assurance-chômage, mais en se limitant au chômage résultant de l'incendie; et ce seul fait, en dehors des explications motivées qu'il a pu donner dans le livre (et aussi dans de nombreuses critiques de la littérature générale sur l'assurance-chômage), suffirait à faire comprendre son opinion sur l'assurance généralisée au chômage et des chômeurs. Il s'est placé à un point de vue tout à fait supérieur, qui ne pouvait manquer d'être celui d'un ancien directeur d'importantes sociétés d'assurances : il s'est demandé si les compagnies d'assurances, précisément, ne laissaient pas à tort, en dehors de leur activité, un champ fécond, un champ ouvert à des applications nouvelles, où elles pourraient trouver à employer utilement leurs efforts, où elles seraient susceptibles de rendre de précieux services en échange

1. Rappelons aussi l'opinion du regretté Numa Droz.

d'une équitable rémunération. Et il n'a pas voulu envisager autre chose, en parlant de chômage, que l'assurance du chômage résultant d'un incendie. On comprend immédiatement que c'est parce que, le chômage étant ici sous la dépendance étroite des sinistres incendies, on est sur un terrain connu où les éléments d'information, les calculs, les tables de risques peuvent être mathématiquement établis.

Nous reviendrons rapidement sur cette question de l'assurance contre le chômage par suite d'incendie, car nous serions incomplet autrement : pratiquement, les efforts faits dans cette voie n'ont pas été considérables, les résultats obtenus sont bien minces, alors cependant qu'on se trouve sur un terrain autrement solide qu'en matière de chômage ordinaire et général. En tout cas nous avons tenu à invoquer cette autorité d'un spécialiste sur la quasi-impossibilité qu'il y a, pour l'instant, à créer de vraies sociétés, de vraies associations d'assurance contre le chômage professionnel d'origine variée.

Les arguments en faveur de notre opinion nous sont fournis en abondance par ceux-là mêmes qui sont le plus partisans de l'assurance, ou de ce qu'ils appellent l'assurance, qui n'est que la prévoyance. C'est ainsi que M. Varlez, toujours consciencieux, en se préoccupant des tendances qui se font jour en Allemagne vers l'assurance obligatoire contre le chômage, ne se prive point de dire : « Mais que de difficultés barrent la route! L'importance du risque n'est pas bien connue encore, la définition des mots « chômage indem- « nisable » n'est pas nettement établie; la délimitation du cas d'intervention ne pourrait se faire encore avec précision. Le caractère volontaire ou involontaire du chômage n'a pas de symptômes extérieurs faciles à contrôler, etc. » On ne pourrait mieux dire, et mieux faire la critique des prétentions que l'on a d'établir une assurance véritable dans son domaine. Du reste, il suffirait, pour juger des difficultés rencontrées en la matière, de relever les aveux que l'on fait de la pauvreté des statistiques de chômage (et nous renvoyons à ce propos à ce que nous avons dit plus haut).

Dans un discours à un Congrès de Stuttgart, Mlle Imle a annoncé qu'elle voulait imposer des cotisations aux patrons et aux ouvriers (cela n'a rien de nouveau); mais elle ajoutait que la Bourse du Travail devrait percevoir des patrons, et peut-être des ouvriers, « des cotisations adéquates au risque ». Or c'est précisément reconnaître que le risque est ici une chose variable, sur lequel les données font défaut. Nous sommes en dehors du domaine de l'assurance véritable. L'expérience fameuse de Saint-Gall a été une preuve des difficultés de l'organisation méthodique d'une assurance contre le chômage : il faudrait de toute nécessité ne pas réunir côte à côte dans une même assurance, une masse confuse de travailleurs de tous métiers, le pourcentage pouvant subir, dans ces métiers divers, les variations les plus fantastiques. Et l'on a prononcé le mot de caisse de charité, que nous voudrions pouvoir nous approprier, pour qualifier les soi-disant caisses d'assurance qui ne sont pas établies (et ne pourraient sans doute point l'être) sur des bases *scientifiques*.

Sans doute on passe par-dessus les difficultés quand, comme M. Jay par exemple, et aussi jusqu'à un certain point M. Cagninacci, on vient affirmer qu'il faut parfaire le cycle des assurances sociales au moyen de l'assurance contre le chômage. Au reste, M. Jay admet la transformation de l'assurance-chômage en une arme de guerre contre le patron, quand il dit qu'elle « mettrait l'ouvrier en état de disposer du temps, et de suspendre son offre aussi longtemps que l'entrepreneur peut susprendre la sienne ». C'est pour le coup, avec cette conception, que nous sortons du domaine de l'assurance scientifique, de l'assurance vraie; en même temps d'ailleurs, — ce qui est peut-être secondaire ici, — qu'il semble bizarre d'imposer une cotisation aux patrons en faveur de ces caisses de *combat*.

Il est bien curieux de voir que beaucoup parmi ceux qui ont reconnu que le chômage n'était pas assurable, au moins actuellement, et au sens vrai du mot, font bon marché de cette constatation, sous prétexte (ce qui est évident) qu'il faut lutter contre le chômage. C'est le cas de M. Cagninacci. Il saisit parfaitement que qui dit assurance évoque tout de suite l'idée d'une institution indemnisant des individus du dommage souffert au moyen des primes fournies par ces assurés. Il reconnaît qu'il y a là une question de chiffres, ce que nous avons désigné sous le nom, peut-être ambitieux, d'organisation scientifique. Il s'autorise ensuite des calculs de M. Jay, que nous nous permettrons de trouver tendancieux, pour affirmer que l'ouvrier est incapable de verser des primes couvrant les risques. Ce lui est du reste une occasion de citer comme argument une phrase de Proudhon, fausse entre tant d'autres! sur le coût de l'assurance grandissant au fur et à mesure que la somme assurée est plus faible! Et c'est de là qu'il fait découler l'impossibilité de constituer l'assurance-chômage sur les bases d'une assurance ordinaire. Nous en avons assez dit pour montrer que ce n'est pas le motif déterminant que nous invoquons en la matière. Il est bien vrai qu'il s'empresse de faire remarquer que les trade-unions anglaises arrivent cependant à garantir leurs membres contre le chômage (et contre bien d'autres choses) au moyen des cotisations, c'est-à-dire des primes, versées par eux. En fait cela ne suffit pas pour que nous estimions, en Angleterre même, nous trouver en présence d'une assurance véritable : la différence véritable avec ce qui se passe dans presque tous les pays, c'est que nous sommes en face d'associations de prévoyance se suffisant à elles-mêmes, et non point de ce qu'un auteur a appelé, comme nous le disions, des caisses de charité. On prétend que, quand on l'applique aux risques sociaux, la notion même d'assurance doit perdre de sa rigueur; que c'est quelque chose de très complexe, où l'on trouve des primes versées, mais aussi une part d'assistance; nous sommes donc amenés à la conclusion que nous laissions pressentir tout à l'heure, à laquelle sont arrivés MM. Beauregard, Thury et d'autres, et le mot de charité revient sous notre plume : cela, au risque de tomber sous le reproche que M. Gide a adressé aux économistes de « faire de la charité un domaine à part[1] ».

Ce qui montre bien qu'on se débat dans l'impossible en prétendant trouver une assurance véritable dans ces organismes qui vivent en grande partie de subventions, c'est que les défenseurs de ces derniers arrivent à dire que « dès que le bénéficiaire a fait un effort personnel..., nous entrons dans le domaine de l'assurance ». A ce compte-là, les fourneaux qui demandent 10 centimes pour un repas, les ateliers d'assistance par le travail,

1. MM. de Lavergne et Henry sont, eux aussi, particulièrement favorables à l'application de l'assurance proprement dite au chômage.

où l'on exige bien un effort personnel, relèveraient du domaine de l'assurance! Ce n'est pas pour faire des distinctions byzantines que nous insistons sur tout cela : c'est que nous craignons la pratique des subventions d'État, de départements ou de communes, qui se développe constamment sur des terrains nouveaux; c'est que nous ne pouvons admettre cette idée que les assurances de chômage, les organismes qu'on désigne sous ce nom le méritent effectivement; cela prête à une équivoque regrettable, en détournant peut-être de l'assurance vraie, ou tout au moins des caisses de prévoyance se suffisant à elles-mêmes, et qui sont autrement dignes d'intérêt; cette équivoque enfin empêche certainement de s'intéresser comme on le devrait aux vrais remèdes contre le chômage.

M. Cagninacci, exprimant lui-même les sentiments de beaucoup d'écrivains favorables à cette soi-disant assurance, a reconnu que l'assurance en matière de chômage est de nature toute particulière : ce n'est plus ici de l'assurance-vie ou incendie. On ne procure pas au sinistré l'équivalent exact du dommage subi, on n'a que l'ambition de lui fournir strictement de quoi subsister durant la période d'interruption de travail. A notre avis, ce n'est pas là la base d'une différence caractéristique. De même que cela se fait pour l'assurance-maladie, que pratiquent maintenant quelques sociétés particulières, on prévoit une sorte d'indemnité forfaitaire et journalière ; et du reste, ce ne serait pas contraire au caractère de l'assurance de spécifier que l'assuré, au cas de sinistre, touchera l'équivalent de son salaire normal, la prime étant établie et sur des bases exactes et aussi par rapport au montant de ce salaire.

Au sujet des difficultés, nous serions presque tenté de dire des impossibilités, que présente l'assurance-chômage, nous devrons (pour ne pas allonger inutilement ce chapitre) renvoyer aux commentaires fort intéressants faits au Congrès des Institutions de Prévoyance de 1900, par M. L. Marie, qui est un technicien de l'assurance privée. Il a montré combien le risque de chômage est difficilement assurable, comment les sociétés ouvrières créées pour faire de l'assurance peuvent être tentées de secourir la grève, c'est-à-dire la lutte contre le patron. Il a exposé lui aussi l'incertitude ou, plus exactement, la non-existence des statistiques permettant d'évaluer les risques.

Il ne suffit pas de s'écrier, comme un des auteurs qui ont le plus étudié la question, « qu'il est inadmissible qu'à notre époque, où tous les risques sont assurés, il en reste un très grave,... et qui échappe à l'assurance ». On reconnaît que les sociétés capitalistes ont échoué, et que les spéculateurs (comme on dit) se sont écartés sans doute pour longtemps. Mais il ne faudrait pas oublier que c'est l'initiative privée, le spéculateur, le capitaliste, qui est le vrai pionnier; et son refus de s'occuper de la chose montre qu'elle manque de base. Cet insuccès de l'initiative privée n'est pas une raison pour que l'État ou les communes puissent réussir. Et c'est un peu hasardé de croire que, les statistiques manquant, ce sera l'assurance même qui les rendra possibles : en langage familier, cela s'appellerait mettre la charrue devant les bœufs. Manifestement on ne saurait critiquer plus sévèrement les soi-disant caisses d'assurance contre le chômage qu'en disant comme Crosson du Cormier : « L'ouvrier doit penser à acquérir des droits à une indemnité de chômage, calculée par rapport aux primes versées, et non à des secours plus ou moins aléatoires qui lui permettent d'absorber parfois l'épargne de ses confrères, qui peut-être ne trouveront plus rien dans la caisse de chômage, si le travail vient ultérieurement à leur faire défaut ». Le même auteur dit encore que « les institutions actuelles ont beaucoup de l'institution charitable. » Il n'a pas continué dans la voie logique qu'indiquaient ses prémisses; et c'est au contraire ce que nous osons faire, en considérant que la lutte contre le chômage doit s'engager dans une autre direction que l'assurance : à moins que celle-ci puisse être établie dans les conditions où se fait l'assurance-vie ou l'assurance-incendie.

Nous pourrions prendre encore argument dans

ce sens en nous reportant au rapport du Dr Livio, dont nous avons parlé plus haut : il ne pense pas que l'on puisse compter au nombre des remèdes « préventifs » contre le chômage l'assurance « qu'offre l'esprit de spéculation des sociétés financières » ; il avoue que la difficulté du contrôle peut rendre pareille tentative désastreuse. Ce qui, du reste, ne l'empêche point de considérer que cette difficulté n'est aucunement gênante pour les mutualités.

Il est bien certain qu'en principe, avec une mutualité, les reproches que nous faisons à l'assurance-chômage, c'est-à-dire les craintes que nous émettons sur sa possibilité de réalisation, s'atténuent sensiblement : on admet en effet que, dans une mutualité, le contrôle se fait entre les assurés par une sorte d'*intercontrôle*, si l'on veut bien nous laisser forger ce mot. D'autre part, on conçoit des mutualités homogènes, c'est-à-dire pratiquant l'assurance pour des ouvriers qui appartiennent à une même profession, et pour lesquels les risques doivent être les mêmes ; il n'en resterait pas moins d'ailleurs que, en l'état présent, ces risques sont fort indéterminés.

Un de ceux qui se sont le plus occupés d'assurance, M. Rochetin, que nous citions tout à l'heure, a envisagé particulièrement les avantages des groupements en mutualités ; et il a posé cette remarque préalable, peu encourageante, que, jusqu'à présent, on n'aurait point fait de véritable application pratique des théories préconisées en matière mutuelle. Il trouve qu'on s'est éparpillé en groupements trop isolés pour que des forces réelles pussent en résulter. On a craint de se fédéraliser et de tirer parti des avantages collectifs, qui sont pour lui les seuls que procure la mutualité. Mais en exposant ses idées, qui ont le plus haut intérêt et beaucoup d'autorité, et en présentant des projets de fédération assurant cette force qui manque selon lui, il n'a envisagé les mutuelles pour l'assurance que contre le chômage résultant d'incendie; et cela pour les raisons techniques que nous avons indiquées, et qu'il a pu développer et exposer beaucoup mieux que nous dans l'ouvrage de lui cité en bibliographie.

M. Varlez s'est inscrit en faux pour ainsi dire contre ces reproches adressés à la mutualité, spécialement en la matière : dans son ouvrage, il insiste sur ce que, si l'assurance mutuelle contre le chômage n'existe que dans quelques métiers, elle s'étend sans cesse et dans tous les pays. Mais il hasarde plutôt des prédictions qu'il ne donne des constatations de faits; et nous ne pourrons point trouver des exemples nombreux et convaincants des bienfaits de l'assurance mutuelle dans ce domaine du chômage.

Qu'on ne s'y trompe pas : nos critiques n'ont qu'un seul but, c'est de tenter de ramener les esprits vers la façon qui nous semble réellement logique et scientifique de traiter le mal du chômage. Nous ne sommes nullement hostile aux mutuelles, en principe, bien loin de là; nous estimons que c'est par elles, tout comme par les sociétés d'assurance capitalistes, ou de spéculation (comme on voudra les appeler), qu'il serait possible de trouver une solution méthodique au problème; si, bien entendu, le chômage constituait un risque assurable. On sait que la mutualité a été mise en pratique de la façon la plus heureuse (avec des modalités du reste très notablement variées) pour l'assurance-incendie ou l'assurance-vie. Et c'est pour cela que nous tenons à rechercher ce qui peut être tenté dans le champ de l'assurance-chômage, en combinant une assurance véritable, débarrassée de toutes les tares de subventions, d'assistance, qui ont motivé les reproches que nous et beaucoup d'autres adressons aux tentatives faites et aux législations votées dans tant de pays.

Pour ce qui est des assurances capitalistes, basées sur l'esprit de spéculation, nous serons forcément bref : nous avons dit déjà deux mots des échecs auxquels on a abouti, et ils sont la meilleure preuve de l'impossibilité dans l'état actuel des choses, étant donné que nous ne voulons pas nous livrer à la besogne ingrate des prédictions. En fait quelques tentatives timides de sociétés commerciales les ont pleinement découragées; et nous citerons tout à l'heure la mieux connue qui a échoué, bien qu'elle se soit limitée à ce risque tout particulier et très réduit du chômage par suite d'incendie.

Les tentatives des compagnies d'assurances ont été si rares, que nous devons signaler celle qui a été faite en 1893 par la Norddeutsche Versicherung und Renten Bank; cette société s'étant fondée à Hambourg pour assurer contre les pertes d'emploi dans le commerce, l'industrie ou même les administrations publiques. Les assurés devaient verser, comme entrée de jeu, une prime de 3 p. 100 de leur traitement, puis une prime mensuelle de 2 p. 100, et d'avance; c'étaient des conditions assez dures. Quant à l'indemnité (qui ne pouvait être acquise que quand on avait versé les cotisations durant au moins six mois), elle était de 60 p. 100 du salaire, et la compagnie la versait durant 6 mois. Bien entendu, il était indispensable que le chômage, la perte d'emploi ne fût pas la conséquence d'une faute grave, ni d'un acte volontaire. Cette tentative a échoué piteusement.

Nous devons signaler également une autre tentative qui a été faite, en Allemagne aussi, à Stuttgart, par l'Union centrale d'assurances contre le chômage involontaire. Cette tentative ne remonte pas loin, elle date de 1897. Pour se donner une sécurité et une certaine stabilité, l'Union centrale dont il s'agit (*Zentralverein*) avait limité les adhésions à son organisme aux ouvriers et employés gagnant de 480 marks au moins à 9 000 marks au plus par an. Pour pouvoir s'assurer à cette société, il fallait avoir été employé depuis une année sans interruption dans son métier ordinaire, et depuis six mois au moins dans la même maison. La cotisation formant prime était égale à 2 p. 100 du salaire; mais elle était élevée à 3 p. 100 pour les hommes dépassant la cinquantaine, et pour les femmes et les manœuvres. Les recettes se complétaient d'un léger droit d'entrée de 3 marks. Le contrat était consenti sous réserve que l'adhérent-assuré s'engageait à chercher une place et à suivre les conseils de la société à cet égard; il ne s'agissait bien entendu que d'un chômage non provoqué. L'assurance permettait à l'assuré de toucher, pendant le trimestre qui suivrait son congédiement, sa mise en chômage, une indemnité représentant 80 p. 100 du salaire le premier mois, 50 p. 100 le second, 40 p. 100 le troisième. On avait prévu la formation d'un conseil, composé d'assurés et de représentants de la compagnie, qui devait trancher certaines questions difficiles : par exemple, ce conseil avait le droit de décider que des indemnités seraient versées intégralement ou partiellement, même en cas de grève, si le conflit paraissait, dans une certaine mesure ou complètement, le fait des chômeurs. L'Union n'avait essayé d'assurer que les meilleurs risques, comme on peut en juger d'après ce que nous avons dit. Un échec complet s'est produit pour cette Union centrale, comme pour la Banque d'assurance de Hambourg.

En France nous trouvons quelques sociétés privées qui ont tenté d'organiser l'assurance contre le chômage. C'est le cas de la Mutuelle parisienne, création toute récente, qui a limité d'ailleurs très strictement les cas de chômage pour lesquels elle consent à verser des indemnités. Pour avoir droit à ces indemnités, il faut que les salariés soient privés de leurs appointements ou salaires par suite d'un cas de force majeure autre que maladie, accident, ou faits de grève. On leur verse alors une indemnité quotidienne, seulement après le cinquième jour de chômage; cette indemnité est égale à la moitié de leur salaire journalier pendans les deux premiers mois. Elle est réduite de moitié pendant le dernier mois, le versement, dans son ensemble, ne pouvant se prolonger pendant plus de 3 mois. De plus, dans le courant d'une année, l'allocation ainsi versée ne peut jamais dépasser ce qui correspondrait à une suspension de travail durant 3 mois consécutifs. Pour se prémunir contre les fraudes, la société exige que la déclaration de chômage soit certifiée par l'employeur, qui indiquera l'époque probable de la reprise du travail. Le contrat doit être signé pour au moins dix ans, s'il s'agit d'une adhésion individuelle; pour quinze ans, s'il s'agit d'une adhésion collective. A la fin du contrat, le solde du compte de chaque assuré est établi par la ventilation entre ses cotisations majorées de la participation aux bénéfices sociaux, et les indemnités qui ont pu être payées; ce solde lui est remis, ou à ses héritiers s'il est mort auparavant. Toutes ces combinaisons sont prises pour protéger la société contre les fraudes et contre un trop lourd fardeau résultant de cette sorte d'assurance. Et c'est précisément parce que cette assurance est établie sur des bases réellement scientifiques et prudentes, que la Mutuelle dont il s'agit ne nous semble avoir réuni que fort peu de sociétaires. Nous n'osons dire que cela a été un échec complet. Il existe aussi, ou du moins il a existé à un certain moment une Mutuelle du Foyer que citent MM. de Lavergne et Paul Henry. Elle assurait le chômage involontaire avec exclusion du chômage saisonnier. Les primes proportionnelles au salaire déclaré, variables d'après la durée de service de l'assuré, garantissaient une indemnité du trentième du salaire mensuel, payable pendant un trimestre; mais seulement à partir du sixième jour suivant la déclaration de chômage. Cette société a disparu.

Dans ce domaine, nous ne pouvons mieux faire que d'invoquer l'autorité de M. Rochetin, et d'examiner rapidement le projet fort détaillé et très étudié qu'il a dressé pour ouvrir le champ de l'assurance-chômage (ainsi réduite) à l'activité des capitalistes, c'est-à-dire de ceux à qui l'on doit toutes les transformations viables dans l'industrie et le commerce. Notre auteur a passé au crible toutes les questions qui se posaient à cet égard : il s'est demandé s'il vaudrait mieux recourir à la mutualité ou à la prime fixe, si l'assurance pourrait comprendre tout à la fois les ouvriers et le patron. Et il est arrivé à une conclusion nettement favorable à la mutualité. Il estime que l'assurance-chômage est parfaitement praticable dans ces conditions, et dans les limites très strictes que suppose ce titre d'assurance contre le chômage par suite d'incendie. Il est curieux que, tout en ayant de vastes ambitions qui ne s'appuient sur aucun document sûr, les partisans de l'assurance contre tout chômage n'aient pas essayé de réussir d'abord dans ce domaine modeste où ils ont pour eux l'opinion d'un professionnel autorisé, s'il en fut jamais. On trouve sans doute que, si l'on ne peut avoir tout, il vaut mieux ne pas poursuivre une partie du résultat; on estime que ce serait mesquin de se limiter à un seul risque de chômage; et pourtant il est à craindre que la trop grande ambition n'amène un échec total. La chose est d'autant plus curieuse que souvent, dans les journaux où l'on prétend prendre la défense de la classe ouvrière (mais où l'on se garde bien de l'éclairer), on s'indigne, à la suite d'un incendie, en opposant la situation des ouvriers privés un certain temps de leur gagne-pain à celle du patron, indemnisé par l'assurance de ses pertes (on néglige de dire que lui non plus n'est pas couvert des risques résultant de la cessation des opérations commerciales ou industrielles).

Une compagnie française, à laquelle, du reste, cela n'a pas porté bonheur (le *Globe*), a pratiqué l'assurance contre le chômage par suite d'incendie; elle percevait dans ce but une prime spéciale, en sus de la prime incendiaire. Et elle payait en cas de sinistre, non seulement le loyer aux propriétaires de la construction détruite, mais encore au patron, négociant ou industriel, les bénéfices qui auraient pu être réalisés si l'exploitation n'avait pas été suspendue, et aux ouvriers la perte de salaire qu'ils subissaient par suite de ce même sinistre. Par esprit de concurrence, plusieurs vieilles compagnies imitèrent le *Globe*, en se limitant aux deux premières responsabilités; il se fonda une société spéciale pour le risque chômage-incendie; mais tout disparut d'une façon ou d'une autre. Ce qui porta préjudice à toutes ces entreprises, c'est que, dans le but de se prémunir contre les surprises, dans un domaine où la part d'inconnu était assez grande, elles étaient loin de vouloir assurer la grande majorité de ces cas. Aujourd'hui on ne trouve plus que de bien rares compagnies qui assurent le risque du loyer et du manque à gagner de l'exploitant; et encore moyennant une surprime élevée, qui garantit seulement une sorte d'indemnité forfaitaire représentant un tant pour cent, arrêté à l'avance, du loyer ou des capitaux engagés dans l'exploitation industrielle ou commerciale susceptible de chômer par suite d'incendie.

M. Rochetin a pris acte de ces insuccès pratiques pour conclure que l'assurance à primes est impossible, même pour ce chômage restreint; mais il n'en demeure pas moins convaincu que la mutualité est parfaitement apte à lutter contre le chômage-incendie. Il a dressé des bases et des statuts fort intéressants d'une assurance de ce genre. Avec sa combinaison, le payement intégral du salaire serait assuré aux ouvriers et employés pendant le premier mois, puis la moitié durant le second et le quart pendant le troisième. Il est évident que cette gradation décroissante est logique; bien entendu, toute indemnité serait supprimée à qui aurait retrouvé une occupation; d'où une surveillance qui serait bien un des points délicats en l'espèce. Chaque ouvrier pourrait s'assurer individuellement, un patron pourrait faire profiter tout son personnel de la garantie. Les cotisations seraient fixes et on appliquerait les tarifs des compagnies d'assurance-incendie. Du reste, l'auteur du projet arrivait à cette évaluation, basée sur les dommages causés moyennement par un incendie, que les indemnités pour chômage n'auraient à se verser que dans la moitié des cas d'incendie.

Si intéressante que soit cette question, nous n'y insisterons pas davantage : elle sort certainement un peu du domaine des réalités. Du reste certaines des sociétés que nous avons signalées comme ayant échoué étaient bel et bien des mutuelles. Néanmoins, il était intéressant de citer pareil projet, pour bien accuser l'opinion des techniciens, que l'assurance véritable n'est pas applicable au chômage ordinaire; et pour confirmer encore les restrictions que nous avons faites au sujet du nom que l'on donne à ces caisses de prévoyance, de secours, d'assistance même, auxquelles le plus souvent la législation seule et les interventions administratives permettent de subsister. Nous passons donc condamnation sur tout ce qu'il y a de défauts de principes dans les tentatives poursuivies, pour ne plus les examiner maintenant qu'au point de vue des faits.

V

LES DIVERSES NATURES D'EFFORTS FAITS CONTRE LE CHÔMAGE

On pourrait être désireux d'exposer tout à fait méthodiquement les assurances ouvrières contre le chômage tentées ou pratiquées actuellement, en les présentant par catégories, pour réunir toutes celles qui partiraient d'un même principe, seraient organisées sur les mêmes bases, quel que fût le pays duquel elles relèveraient. Malheureusement, tout en paraissant parfois se ressembler beaucoup, elles offrent des différences notables; et l'adoption d'une classification n'empêcherait point la nécessité d'entrer dans les détails d'organisation des caisses ou associations qu'on trouve dans l'ensemble d'un pays, et qui, elles, sont le plus ordinairement taillées sur un même patron général. D'ailleurs, les tendances nationales ont une action considérable sur la forme d'association, de société, de caisse, etc., adoptée pour venir en aide aux chômeurs; du jour où la France veut pratiquer une de ces méthodes obligatoires qu'affectionne le « caporalisme » allemand, elle est obligée d'y apporter des atténuations, tout au moins de forme, afin de ne pas heurter directement l'esprit d'indépendance (ou de fronde) qui est caractéristique du Français.

Aussi avons-nous pensé qu'il serait tout à la fois plus logique et plus clair, que cela permettrait mieux les comparaisons, mettrait mieux en lumière les résultats acquis ou non, de suivre séparément dans les divers pays les procédés, les méthodes, les organisations combinés, essayés sous le nom d'assurance contre le chômage. Ce caractère pour ainsi dire « national » des institutions d'assurance contre le chômage, a été mis en lumière par M. Varlez, quand il a fait remarquer que, « en franchissant le Rhin, on constate qu'on entre dans un monde nouveau pour ce qui concerne toute la matière des assurances ».

Quoi qu'il en soit, avant de se lancer dans l'examen successif des divers systèmes, et pour avoir un fil directeur, une pensée un peu généralisatrice en la matière, il est bon de poser quelques catégories tout à fait d'ensemble : cela permettra ensuite de constater plus aisément quels sont les courants dominant à l'heure actuelle dans les différents pays; cela donnera également le moyen de constater que c'est tel ou tel principe qui dirige les efforts faits dans tel pays; et si l'on relève des résultats tout à fait insuffisants ou mauvais, on aura quelque droit et en tout cas la possibilité de rattacher ces résultats au principe même suivi.

Il faut mettre complètement à part (en faire une catégorie bien nette) ce qu'on a appelé parfois l'assistance privée autonome. Nous voulons parler des efforts des unions professionnelles ouvrières, trade-unions, syndicats fondant des caisses spéciales ou non; recueillant par eux-mêmes et seulement auprès de leurs adhérents, des cotisations qui jouent plus ou moins le rôle de primes d'assurance, tout en servant parfois à payer d'autres secours que ceux du chômage. En tout cas, c'est bien l'application du *self help* : il peut être plus ou moins bien organisé, pécher par ses bases techniques; mais ceux qui se trompent en subissent eux-mêmes les conséquences. Nous verrons tout à l'heure que c'est l'Angleterre qui, par excellence, a organisé ce genre de secours contre le chômage. Mais l'Allemagne n'est pas sans posséder quelque chose d'un peu analogue; pour la France, ses associations ouvrières n'ont fait que fort peu dans cette direction; en partie parce que leurs budgets sont minuscules, et que l'on aime bien à compter sur l'intervention des fonds publics.

C'est pour répondre à cette tendance d'esprit, et souvent aussi pour permettre aux politiciens de tenir davantage l'électeur ouvrier sous son influence, par l'espoir des subventions, que l'on pratique l'assurance ou assistance subsidée. Les subventions peuvent provenir des communes, des départements, ou d'autorités plus ou moins locales; ou, au contraire, être versées par l'État : le principe est toujours le même (et nous ajouterons : les inconvénients). Tantôt les subsides seront accordés tout à fait au petit bonheur, sans le moindre contrôle; tantôt la collectivité, l'autorité locale ou supérieure versant les subsides, les proportionnera à l'importance même des sacrifices consentis par les associations ouvrières qui se chargent de distribuer la totalité des secours de chômage; dans ce dernier cas, au moins en principe, l'administration municipale ou autre surveille les caisses qu'elle subventionne de la sorte. Nous retrouverons ces combinaisons en Belgique, notamment dans le système très célèbre auquel la ville de Gand a donné son nom, et dans bien d'autres contrées; mais avec des modalités très variables suivant les pays. Cette pratique oblige l'ouvrier qui veut se voir garantir d'une indemnité de chômage, à devenir membre de l'association recevant les subsides publics. Nous verrons, en Danemark particulièrement, qu'il n'est pas toujours commode d'assurer de la sorte une distribution équitable et égale des secours d'État par exemple à tous les chômeurs.

C'est le système des primes, des subventions, des subsides, des encouragements, dont on fait tant usage en France, en vue d'amener les intéressés à des efforts dans leur intérêt personnel. Et il y aurait là toute une question de principe, qui nous entraînerait beaucoup trop loin. En tout cas, cette catégorie des caisses et organismes d'assurance contre le chômage, avec subventions des fonds publics, peut comprendre les types les plus divers de caisses ou d'associations, et aussi bien des mutuelles que des caisses plus ou moins charitables. C'est encore à la même catégorie qu'appartiennent les caisses d'assurance facultative, comme nous en trouverons à Berne, qui vivent des cotisations, mais aussi des concours patronaux, et surtout des subventions municipales.

La troisième catégorie, c'est celle de la caisse ou association obligatoire. Nous demanderons la permission d'y insister un peu plus que sur les autres, à cause du caractère dangereux que présente, à notre avis, le principe de l'obligation. On sait que, sous l'influence du socialisme grandissant, de son besoin d'interventionnisme, de suppression de la liberté individuelle, ce principe s'infiltre partout. En fait (et c'est un motif pour redouter la pratique des subventions), on arrive d'autant plus facilement à l'obligation qu'on voit échouer d'abord le système des primes, subsides, accordés aux individus ou aux associations d'individus pour les encourager à pratiquer ce que l'on juge utile à leurs propres intérêts. Et nous trouvons une manifestation de cet état d'esprit et de cette façon de raisonner dans le jugement émis par un des théoriciens de l'assurance-chômage en Suisse. M. Reichesberg, après les expériences de Berne surtout, s'est prononcé en faveur des caisses d'assurance obligatoires, parce qu'il considère qu'on ne peut agir sur le monde des chômeurs qu'en les obligeant à la prévoyance (si ces deux mots ne jurent pas de se trouver accouplés !).

Et pourtant, l'obligation elle aussi a fait faillite, comme nous le verrons en exposant la célèbre expérience de Saint-Gall, que les partisans « quand même » de l'obligation affectent volontiers d'ignorer.

Tout comme pour la maladie ou les accidents, tout comme pour les retraites, nombreux sont, hélas ! les gens qui estiment que l'État, autrement dit le législateur, a le droit et le devoir d'imposer sagesse et prévoyance à l'ouvrier ; en supprimant son libre arbitre ; en lui enlevant la possibilité de pratiquer la prévoyance comme il l'entend, sous la forme qui répond le mieux à ses besoins spéciaux, à ses goûts, à la situation de sa famille ;

en détruisant la floraison déjà considérable des œuvres d'initiative personnelle, qui sans doute ne disposent pas d'une baguette de fée pour faire disparaître en un instant toutes les misères, mais qui les atténuent peu à peu et donnent à chacun la sensation et la satisfaction de l'effort accompli. L'obligation enthousiasme même ceux qui, comme M. Schantz, ne sont pourtant pas partisans de l'assurance-chômage, mais voudraient une autre médication obligatoire au chômage, l'épargne obligatoire. Il est vrai que ceci se passe en Allemagne, et que les tendances d'esprit auxquelles nous faisions allusion tout à l'heure n'y rendent pas une obligation pénible comme elle le serait en France.

Et le fait est que le principe de l'obligation pour les diverses formes de lutte contre le chômage, a conquis bien des individus ou même des associations dans cette contrée. Dans divers congrès plus ou moins socialistes, on a émis le désir de voir introduire « l'assurance officielle contre le chômage »; ce qui peut amener facilement à l'idée d'obligation. Et M. E. Franck, qui est sans doute beaucoup mieux placé que nous pour « tâter le pouls » à l'opinion publique en Allemagne, affirme que les sympathies générales vont dans son pays vers une assurance obligatoire.

Parmi les Français qui se sont occupés de la

question, beaucoup sont opposés à l'obligation, bien qu'ils se défendent de suivre les enseignements de l'économie politique tout court, et qu'ils se réclament de cette économie politique *nationale* qui est la négation même de toutes les lois générales formant la base indispensable d'une science économique.

Nous n'invoquons pas, contre le principe de l'obligation en la matière, l'opposition des patrons; car on dirait ou serait tenté de dire qu'ils se désintéressent des maux qui peuvent frapper leurs collaborateurs ouvriers. Il est pourtant intéressant de rappeler que, à un Congrès tenu en 1903 à Berlin, de nombreux représentants des associations patronales sont venus faire remarquer que les obligations déjà existantes ont porté au chiffre le plus élevé qui puisse être admis les charges financières pesant sur l'industrie allemande[1]. Et vraiment, l'ouvrier n'est pas intéressé à ce que ces charges écrasent l'industrie dont il vit. A la fin de 1902, l'Union des Entrepreneurs du bâtiment d'Allemagne a manifesté son sentiment à peu près de la même manière. Toutefois, dans les petites villes, les corps de métiers ont souvent « considéré une loi d'Empire comme la seule solution possible de cette question difficile du chômage »; mais cela veut dire tout uniment

1. Beaucoup plus récemment des données affligeantes ont été relevées à cet égard.

qu'ils voudraient voir porter par l'ensemble du pays une charge qu'ils craignent de sentir peser trop lourdement sur leurs épaules, si la solution adoptée est locale.

Naturellement, en France, il se trouve aussi des interventionnistes pour réclamer l'obligation. C'est ce que traduisait nettement M. Jay au Conseil Supérieur du Travail, où il est souvent venu apporter les affirmations les plus étonnantes sur les rapports des patrons et des ouvriers. Pour lui « l'assurance ouvrière sera obligatoire ou ne sera pas ». M. Crosson du Cormier appuie cette opinion en disant (sans que nous comprenions fort bien) que tout autre système laisse de côté les plus intéressants parmi les chômeurs. Si ces ouvriers chômeurs sont particulièrement intéressants parce qu'ils n'ont pas de quoi verser une cotisation, même minime, à une association jouissant de l'avantage des subsides de l'État ou des municipalités, comment l'obligation de se soumettre à une caisse d'assurance contre le chômage fera-t-elle naître pour eux les ressources représentant le versement à cette caisse? C'est donc qu'on voudrait, non seulement l'obligation de l'assurance, mais encore l'obligation pour le patron de fournir à cette caisse *tous les fonds* nécessaires à son fonctionnement (en dehors des fonds qui seraient demandés au trésor public ou aux budgets locaux). Cela peut nous ouvrir des horizons nouveaux sur ce qu'on entend dans certains milieux par l'obligation de l'assurance.

En fait, nous n'aurons pas à donner des exemples nombreux d'organisme d'assurance obligatoire, sauf le projet britannique ; mais l'insuccès même que nous constaterons en cette matière devrait ouvrir les yeux de ceux qui prétendent, là encore, que la coercition donne de meilleurs résultats que la liberté. Et étonnons-nous, en passant, que M. Schiavi, résumant le Congrès de Milan, ait pu dire que la « science s'est trouvée d'accord avec le travail... pour recommander, comme remède au chômage, les caisses obligatoires, de préférence à tout ».

VI

LES TRADE-UNIONS ANGLAISES ET LA LUTTE EN GRANDE-BRETAGNE CONTRE LE CHÔMAGE

C'est seulement sous la forme de *self help*, ainsi que nous l'avons dit, par l'activité d'unions professionnelles recevant des cotisations ou primes librement consenties, que s'était manifestée jusqu'à ces temps derniers en Angleterre l'assurance, ou la prévoyance contre le chômage. Et il est assez curieux de voir M. Varlez constater que, dans ce pays, les ouvriers consacrent à l'assurance dans leurs trade-unions, des sommes plus considérables que les travailleurs d'aucun autre pays; et ajouter ensuite que « cependant, jusqu'ici, on ne s'y occupe pas d'assurance officielle contre le chômage ». Nous nous étonnons qu'un esprit avisé comme le sien n'ait pas compris que l'une des choses était la conséquence toute naturelle de l'autre, l'initiative individuelle ayant partiellement résolu le problème, et en tout cas lui apportant une solution autrement bonne que ne le pourrait faire une organisation officielle, même obligatoire! Il est vrai qu'on en est arrivé récemment à l'intervention officielle, par esprit d'imitation en grande partie.

On ne sera pas surpris, étant donnée la profession de foi que nous avons faite sur le *self help* et sur les inconvénients, pour tout le monde, des subventions accordées par les budgets locaux ou généraux, que nous considérions l'organisation des syndicats anglais comme un idéal — idéal relatif —, autant qu'on ne veut pas chercher à lutter plus directement contre le chômage au moyen de placement savamment organisé. Aussi bien, lors même que le placement permettrait aux travailleurs d'être toujours informés exactement des points où la marchandise-travail fait défaut, et que le chômage pourrait par suite être évité, grâce à une répartition des bras sensiblement proportionnelle aux besoins, ces caisses des trade-unions n'en rendraient pas moins des services. Le travailleur doit pouvoir profiter des indications qui lui seraient données par les organismes de placement, c'est-à-dire être en état de se mobiliser; il lui faut pour cela de l'argent, afin de payer son voyage personnel tout au moins; et les associations sont nécessaires, dans bien des cas, pour lui avancer ou donner quelque chose d'équivalent au viaticum inventé en Allemagne.

Nous n'avons pas à faire l'historique du développement de ces secours de chômage, de ces pseudo-assurances-chômage constituées par les trade-unions anglaises : ce serait pour ainsi dire faire toute l'histoire de ces associations. C'est qu'en effet elles ont voulu venir en aide à leurs membres, ou plus exactement organiser une sorte de mutualité de portée générale entre tous les participants, en demandant des cotisations suffisamment élevées pour assurer la distribution d'indemnités ressortissant à des caisses-maladies, à des caisses-accidents et à des caisses-chômage. Il est intéressant de rappeler sommairement que la première tentative dans cette voie a été faite par un syndicat naturellement important, composé d'ouvriers touchant de bonnes payes, et par suite en état de verser des cotisations (mettons des primes) suffisantes pour garantir plus ou moins effectivement les risques divers que le syndicat prétendait couvrir pour ses adhérents. C'est en 1831 que la Trade-Union des Mouleurs en fer créa l'assurance-chômage pour ses membres. Il fallut une trentaine d'années pour que le même mouvement se reproduisît dans neuf autres syndicats. Il est bien manifeste que le versement de primes ou cotisations suffisantes, quand ce ne serait que pour la seule assurance-chômage, suppose chez les ouvriers qui pratiquent cette forme d'aide mutuelle des salaires relativement élevés : on peut plus facilement faire une retenue sur de hauts salaires que sur des salaires minimes, où le strict nécessaire tient la grosse place. Bien entendu, il existait quelques trade-unions en Angleterre avant cette date de 1831, puisque le Syndicat des Mouleurs en fer a été fondé lui-même en 1790, et que le Syndicat des Imprimeurs (de Londres) remonte à 1785. Mais il ne semble pas que leur organisation ait prévu, avant 1831, la distribution de secours méthodiques de chômage. La chose aurait pourtant sans doute été possible pour le Syndicat des Imprimeurs, car, dans ce corps de métier (et évidemment sous l'influence de l'emploi de la machine), les salaires ont été de tout temps plus élevés que dans les autres corps de métiers; ce qui laissait la possibilité de demander des cotisations plus élevées aux membres du syndicat.

Le mouvement en faveur des secours de chômage s'est accentué considérablement vers la dernière partie du XIXe siècle, par suite d'une meilleure compréhension des nécessités de la vie industrielle, et aussi certainement d'une élévation continue des salaires; vers 1895, il existait beaucoup plus de 400 syndicats ouvriers qui avaient organisé ce qu'on appelle l'assurance-chômage. Aujourd'hui, il n'est pas hasardé de dire qu'elle est pratiquée par tous les syndicats : et la généralisation de cette pratique dans les métiers les plus divers prouve que l'assurance personnelle, sans le secours des subventions, est possible, si les ouvriers ne s'abandonnent pas en comptant sur cette forme de charité, qui ne leur donne du reste qu'une illusion de sécurité. Il faut que le travailleur s'impose évidemment un sacrifice ; mais avec l'association ce sacrifice est possible, car il est réduit à un taux qui le rend abordable pour des bourses modestes. Il a fallu aussi (et c'est une modification de tendances qui s'impose aux ouvriers des autres pays) que le travailleur comprît qu'il avait plus d'intérêt à réserver ses efforts pécuniaires en vue de secours contre le chômage ordinaire, plutôt que de les employer pour ainsi dire uniquement à soutenir des grèves entamées au petit bonheur, sans connaissance ni compréhension de la situation du marché du travail, et surtout du marché industriel, et le plus ordinairement par esprit d'hostilité systématique vis-à-vis du patron. Au reste, il y a une grande part de vérité dans ce qu'a dit M. Varlez au sujet de l'influence indirecte que l'existence des secours de chômage peut avoir sur le maintien des salaires à un taux satisfaisant. L'ouvrier, grâce au secours de chômage, évite la triste nécessité d'aller offrir ses bras pour une rétribution inférieure ; il ne vient pas augmenter tout à coup l'offre de travail, et faire baisser le prix courant.

Bien entendu, ce qui constitue la puissance effective des syndicats anglais dans la lutte contre le chômage, c'est qu'ils comptent un grand nombre de membres : grâce à cela, la proportion des chômeurs est toujours assez limitée par rapport aux cotisations payées et au nombre de ceux qu'on appelle les assurés; autrement dit, la proportion des risques est assez faible pour que les primes n'aient pas à s'élever démesurément. Cependant, pour montrer que cette forme d'assurance n'est pas l'idéal, nous devons faire remarquer que les effectifs des syndicats, et, par suite, des assurés, sont très variables d'une année à une autre : conséquence de la baisse des salaires, qui correspond forcément à une période de crise, à un moment où le chômage a des chances de prendre de l'intensité, et où les secours vont absorber une partie plus importante des cotisations ou des réserves (formées elles-mêmes des cotisations antérieures). Le fait est que la réduction des salaires, qui avait commencé de se produire en 1901, avait fait perdre à peu près 75 000 membres aux trade-unions à dater de 1901, et jusqu'à la fin de 1904. Ultérieurement, une hausse s'est manifestée, qui a permis aux syndicats ouvriers de regagner quelque 21 000 membres à la fin de 1905 par rapport à 1904. Il est manifeste que la participation aux syndicats, et par conséquent aux secours ou assurances contre le chômage, est sous l'influence directe de la hausse ou de la baisse des salaires : dans le courant de 1905, alors que dans l'industrie textile 18000 membres nouveaux adhéraient aux trade-unions — parce que les salaires montaient —; en sens inverse, dans l'industrie du bâtiment, où les salaires baissaient, les unions perdaient 20000 membres.

Quoi qu'il en soit, ces organisations rendent d'immenses services à la classe ouvrière; et il serait évidemment utile qu'on les imitât ailleurs, sans espérer, bien entendu, trouver là une solution complète ou parfaite à la triste question du chômage.

Au commencement de 1906, les trade-unions anglaises comptaient un effectif de près de 1900000 personnes, dont plus de 135000 femmes (en 1901, elles étaient arrivées à un total de 1940000 individus). Cela réparti entre 1136 unions. Ce qui est admirable vraiment, c'est que le fonds de réserve des 100 principales de ces unions atteignait le total des 120 millions de francs, en dépit des dépenses courantes et considérables que font les associations durant le cours d'une année. La réserve avait presque doublé depuis 1896. Il faut bien dire que le taux d'augmentation était devenu un peu faible depuis 1901, par suite de cette crise des salaires, de cette diminution des effectifs que nous avons signalées plus haut.

Nous devons dire que, si l'on considère les choses à la fin de 1908, on arrive à trouver une augmentation très sensible du nombre des adhérents des unions, par suite d'une hausse générale des salaires. L'augmentation des effectifs correspond à plus de 25 p. 100 par rapport à 1904 et à 59 p. 100 par rapport à 1892. A la fin de 1908 on comptait 1165 unions, groupant 2378000 membres; chiffre qui avait d'ailleurs été dépassé en 1907.

Nous avons dit que les unions, pour payer les secours de chômage, et aussi les secours divers par lesquels s'exerce leur champ d'action, ne comptent que sur leurs cotisations en dehors des cotisations hebdomadaires, qui sont fixées par les statuts; il y a bien également les droits d'entrée, les amendes, le produit de la vente des statuts, des brochures, des cartes de membres, et enfin les revenus des fonds placés, ou même des propriétés que possèdent parfois les unions : mais la source originelle de tout cela, c'est l'association non subsidiée. Et on voit que le développement des associations s'est fait sans avoir besoin de la soi-disant impulsion que donnent les primes ou subventions accordées sur les fonds du budget. Nous noterons (ce qui confirme que les cotisations ou primes ne sont pas établies sur des bases scientifiques, qui feraient du reste défaut si on les voulait appliquer) que souvent les revenus peuvent être augmentés par des contributions extraordinaires : elles sont levées pour certaines années, lorsque l'industrie est dans un état de dépression, lorsque les chômages sont importants, lorsque les grèves sont fréquentes, car nous nous trouvons aussi en face d'un fonds de grève : en un mot, quand il se présente des besoins extraordinaires eux-mêmes, auxquels il faut faire face.

Le fait est que les dépenses sont essentiellement variables. Elles étaient de 30 millions environ en 1896; elles ont dépassé 51 millions en 1904, et ont approché de 52 millions en 1905. Pour y répondre, les recettes de 1896, qui étaient de plus de 41 millions, suffisaient largement; mais on a dû successivement porter ces recettes à 53 millions à peu près en 1904 et à plus de 55 en 1905. De la sorte, il y a toujours un excédent permettant l'augmentation des réserves, — ce qui est de bonne politique.

Si nous considérons les 100 principales unions, qui sont les mieux organisées et peuvent être prises comme modèles, nous les voyons distribuer dans les 10 années 1896-1905 un total de plus de 410 millions de francs. Dans cet ensemble, les secours de grèves représentent 59 millions; les secours de chômage (avec lesquels sont parfois confondus les secours de grèves, sans départition possible) s'élevaient à 93 millions, et il restait (en déduisant les frais d'administration et divers) 175 millions et demi pour les secours de maladie, d'accidents, de vieillesse, les retraites, quand exceptionnellement l'on en donne.

Pour ce qui est plus particulièrement des secours de chômage, nous dirons qu'ils sont essentiellement variables, suivant l'union et aussi l'industrie : l'indemnité se limitera souvent à 10 shillings par semaine, ou 12 fr. 50 et montera au contraire parfois jusqu'à 15 shillings pour les unions plus fortunées. Ce secours n'est fréquemment accordé que pour quelques semaines; mais il arrive que les statuts admettront qu'il soit versé pendant bien plus longtemps, parfois durant une année. En dehors des secours hebdomadaires (et c'est fort important, notamment au point de vue de la recherche du travail), les unions payent souvent des secours de voyages, ou encore d'émigration; elles viennent aussi en aide de façon spéciale à ceux qui sont atteints par une faillite du patron ou par un incendie de l'usine (ce qui nous ramènerait sur ce terrain de l'assurance-chômage-incendie, que nous avons touché). Il semble que les indemnités diverses de chômages les plus élevées sont payées par les imprimeurs, puis par les ouvriers en cigares, les peintres en bâtiment, les mouleurs en fer, les fileurs de coton. Cette importance des secours de chômage coïncide sensiblement avec l'ancienneté même des syndicats qui les accordent, ce qui est logique.

Sur les 13 millions et plus distribués en secours de chômage en 1905, par les 100 unions groupant à elles seules la plupart des syndiqués anglais, l'industrie du bâtiment en a donné pour son compte plus de 3 millions et demi, tandis que la part de l'industrie des mines et carrières est de moins d'un million; c'est ensuite 700 000 francs seulement pour l'industrie textile, etc. Sans insister sur les variations des secours de chômage considérés globalement dans les diverses industries (secours dépendant de l'état de l'industrie en général, et dont les variations font saisir sur le vif combien la fortune de l'employeur est solidaire de celle de l'ouvrier), nous dirons du moins que le coût moyen du chômage par membre, dans les 100 principales unions pour lesquelles les renseignements sont complets, a été d'un peu moins de 10 francs en 1905; il a pu atteindre près de 14 francs en 1904; mais on l'a vu souvent s'abaisser à 4 francs, comme en 1899. On voit, d'après ces chiffres, que l'importance du chômage est en réalité plus faible que ne tendraient à le faire croire les statistiques que les syndicats ouvriers français publient, et que l'on prend trop comme base d'une appréciation exacte de l'intensité et des mefaits du chômage. Sans doute, les publications du Board of Trade anglais ont accusé souvent une proportion de chômeurs de 6 et 7 p. 100, sur les effectifs des syndiqués des grandes unions; mais, souvent aussi, cette proportion tombe à 2 et 3 p. 100; et, en tout cas, le chômage ne semble pas se prolonger pendant ces durées invraisemblables qui ont été considérées comme des vérités intangibles dans certains milieux parlementaires.

Si nous examinons les comptes des 100 unions principales durant l'exercice 1908, nous voyons que leurs recettes ont été de 68 millions 350 000 francs. Les dépenses se sont élevées à 80 029 000 francs. La plus grande partie de l'augmentation considérable de dépenses que l'on peut noter (dépenses qui dépassent largement les ressources de l'année) vient des secours de chômage et de grève pour les industries de la construction des machines et des navires, de la métallurgie, de la filature de coton, et du travail du chanvre. Tout naturellement l'insuffisance des recettes annuelles, à couvrir les secours divers, a dû être compensée par des emprunts au fonds de réserve ; et celui-ci, qui atteignait 141 millions à la fin de 1907, était retombé à 129 millions à la fin de 1908. Néanmoins l'importance de ce fonds de réserve, même après une année aussi mauvaise, prouve que les unions, quand elles sont bien administrées, peuvent, si leurs membres le veulent et tiennent à être prévoyants, remédier partiellement au mal du chômage, sans charger lourdement leurs adhérents. Durant l'année 1908, les secours de chômage ont fait dépenser 25 millions 49 000 francs, contre 15 millions 215 000 francs pour les secours de grève, et 28 millions 630 000 francs pour d'autres secours sur lesquels nous n'avons rien à dire. Nous rappelons que la somme sus-indiquée sous le titre de secours de chômage, couvre tout à la fois des secours de voyage, des allocations en cas d'incendie des ateliers, de faillite du patron, d'arrêts momentanés des usines, de crises industrielles, d'émigration, etc. Le coût moyen du chômage par membre, dans les unions principales que nous examinons, s'est élevé en 1908 à 2 fr. 50. C'est un chiffre tout à fait exceptionnel puisque, en 1899 par exemple, il avait atteint 4 francs, et même, en 1905, 13 fr. 85.

Ce serait sans doute exagéré, étant donnée l'envergure de l'étude que nous avons prétendu faire, que de parcourir les diverses unions pour montrer, suivant les métiers, les ressources et les dépenses relatives au chômage dans ces associations. Pour une mauvaise année comme 1901, qui est à prendre particulièrement en considération, nous constaterions que tel syndicat ne craint pas de dépenser, dans le courant de l'exercice, plus que le montant même des ressources propres de cet exercice; et cela grâce aux réserves que ces unions ont pu sagement constituer. Nous venons de voir qu'il en a été de même en 1908. Nous verrions également que, durant une année comme 1901, les secours de chômage peuvent arriver à représenter jusqu'à près de 50 p. 100 des secours et dépenses diverses de l'union; pour une certaine association de tisseurs au métier mécanique, la proportion a même pu atteindre en cette année 51,94 p. 100, et 52,96 pour cette vieille association des Imprimeurs de Londres que nous avons eu occasion de mentionner.

L'exemple des trade-unions anglaises est certainement éloquent et peut être fécond : il indique le chemin à suivre si l'on veut lutter effectivement contre le chômage, par ce qui peut le plus ressembler à une assurance. C'est une voie toute d'initiative personnelle, de responsabilité, de liberté. Les résultats pécuniaires et les conséquences pour la population ouvrière en sont considérables; et nous doutons fort, surtout en présence des résultats obtenus en France par l'assurance subsidiée, par les diverses formes d'associations jouissant des encouragements pécuniaires de la collectivité, que l'assurance subventionnée amène jamais à un pareil développement des assurances ouvrières contre le chômage; nous doutons surtout que l'habitude prise par les ouvriers de compter sur l'aide des budgets locaux ou généraux, puisse leur donner peu à peu la coutume salutaire de ne compter que sur eux-mêmes.

C'est à cause même de ce succès de l'initiative particulière en Angleterre, et des efforts puissants et fructueux faits par les trade-unions, qu'il paraît invraisemblable qu'on ait pu songer à une intervention gouvernementale pour organiser artificiellement une lutte contre le chômage. Et cependant, depuis plusieurs années, voici que la Grande-Bretagne s'est mise un peu à la remorque des autres pays en cette matière. Les premières expériences qu'elle avait faites dans la voie de l'interventionnisme n'avaient donné que des résultats bien minces; ce qui n'empêche (chose toute naturelle en ce domaine où la logique ne règne point) qu'elle ne renouvelle d'autres expériences dans la même voie.

Comme le disait fort bien il y a quelque temps notre collègue M. Hubert-Valleroux, il a suffi d'une crise commerciale et industrielle, d'un ralentissement exceptionnel des commandes résultant principalement de la crise financière subie par les États-Unis, pour que certains Anglais, les gouvernants en particulier, aient cru nécessaire de recourir à cette providence vers laquelle on se tourne si facilement, l'État. Nous reconnaissons que, en matière d'assistance (le plus souvent les secours au chômage prennent la forme déguisée de l'assistance), les Anglais n'ont pas attendu l'époque actuelle pour se lancer dans l'interventionnisme : on connaît la Loi des pauvres, qui a établi le droit à l'assistance pour tout Anglais. Comme les ouvriers aiment peu à recourir à cette loi, parce qu'elle entraîne des déchéances, une sorte de diminution morale, en 1905 le Gouvernement a cru nécessaire de présenter au Parlement un Bill qui est devenu la Loi sur les « sans-travail » (Unemployed Workmen Act). Elle vise les individus s'affirmant désireux de travailler, mais que des circonstances exceptionnelles, indépendantes de leur volonté, empêchent temporairement de trouver du travail. C'est la répétition de la notion du chômage involontaire. La loi a décidé l'établissement, par les soins de l'administration centrale, de comités locaux appelés Comités de détresse; les membres en sont pris parmi les conseils chargés de faire exécuter la Loi des pauvres; les cadres sont complétés par quelques personnes que choisit le gouvernement. Ces Comités de détresse devaient s'enquérir des conditions de travail existant dans leur district, et examiner la situation de toutes personnes demandant des secours. Celles-ci devaient résider dans la localité depuis 12 mois au moins, être honnêtes (ce qui n'est pas toujours facile à reconnaître), désireuses d'obtenir du travail, et temporairement incapables de s'en procurer, en même temps que dans une situation qui ne leur permît pas ou qui logiquement ne les rendît pas susceptibles d'invoquer la Loi des pauvres. Le comité devait s'efforcer de procurer du travail à ces personnes; de plus, à l'aide d'un comité central surveillant l'action des comités locaux, réunissant des renseignements, établissant un Office de placement, on devait au besoin aider les sans-travail à émigrer au dehors ou à l'intérieur du pays, à se déplacer, ce qui est certainement un excellent remède contre le chômage. On comptait, pour subvenir aux dépenses, sur les souscriptions privées ; et, au cas d'insuffisance de ces souscriptions, les taxes locales devaient intervenir pour remédier au défaut de recettes. Tout cela était plein de bonnes intentions ; malheureusement, ou heureusement, les bonnes intentions ne suffisent point en matière sociale et pratique. Et pourtant, dès 1906, le Parlement avait voté un subside de 5 millions de francs aux Comités de détresse.

Le résultat de tout cela fut à peu près nul. Tout d'abord on a pu constater, à la suite d'une enquête, qu'on avait exagéré considérablement le nombre des chômeurs et l'importance du chômage ; ce qui confirme les observations un peu pessimistes que nous avons faites au commencement de ce livre, et que le lecteur a peut-être été tenté d'attribuer à un manque de sensibilité. D'autre part des chantiers de travaux avaient été ouverts par les municipalités en même temps que par des Comités de détresse. Et l'exemple, hélas classique ! des Ateliers nationaux de 1848 montre ce que valent ces chantiers de chômage. Les travaux étaient entrepris au hasard ; on gaspillait l'argent et les matériaux ; et tout cela ne profitait guère qu'aux paresseux et aux incapables, les vagabonds de tous les comités se hâtant d'arriver là où des chantiers pour chômeurs avaient été ouverts, notamment à Londres. Si nous avions la possibilité de développer toutes les observations faites sur ces sortes d'ateliers nationaux, nous aurions là une confirmation de toutes les opinions, dites théoriques, dont les économistes appelés eux-mêmes orthodoxes se font justement les défenseurs. On a essayé également des travaux agricoles; et là aussi on est arrivé au résultat acquis par ailleurs, notamment dans ces colonies agricoles qui se rencontrent normalement dans certains pays, comme moyen de lutter contre le chômage ou la misère.

Et c'est en présence de l'insuccès complet de cette loi d'intervention contre le chômage et au profit des chômeurs, qu'une nouvelle loi, également d'intervention, a été votée en 1909, pour entrer en vigueur en 1910.

C'est ce que nous pouvons appeler la Loi sur les Bourses du Travail. S'il s'agissait réellement de bourses de travail telles que les avait conçues notre vénéré maître M. de Molinari, nous ne pourrions qu'approuver la chose; aussi bien il n'y aurait pas e à recourir à une intervention législative pour cela. Il aurait suffi à peu près complètement de l'initiative privée pour créer des organismes commerciaux, et faciliter le placement de la marchandise-travail. Mais on a voulu recourir à l'État, à une organisation artificielle, qui manque de souplesse, et qui ne répond nullement à la conception d'une véritable bourse de travail; celle-ci est en effet un instrument de placement et de renseignements au sujet des régions où le travail est bien payé, et de celle où, au contraire, le travail est en surabondance et les bras n'ont pas besoin de s'offrir. Un député aux Communes, M. Bamburry, a qualifié parfaitement la tentative faite par la loi de 1909 : « Ce que je vois d'assuré, a-t-il dit, c'est la création de nouveaux fonctionnaires et la construction de nouveaux bâtiments; donc une charge nouvelle pour les contribuables. » On a renoncé à créer des chantiers pour s'occuper seulement du placement des chômeurs; on a divisé le Royaume-Uni en 12 circonscriptions représentées chacune par un bureau central, qui est en rapport avec des bureaux locaux. Les demandes d'emploi ou les offres d'emploi sont adressées au bureau le plus proche; celui-ci, s'il n'y peut satisfaire, les envoie au bureau central dont il relève; et à son tour ce bureau central sait, ou doit savoir, quels sont, dans son ressort ou dans un autre ressort, les endroits où on a besoin de bras, où du travail est offert. Il a donc la possibilité de diriger les chômeurs ou de les faire diriger par les bureaux là où ils seront susceptibles de trouver de l'occupation. Des fonds sont mis à la disposition de l'administration pour lui permettre de payer au besoin le voyage des ouvriers, et rendre plus facile l'obtention du travail. Il n'y a là en somme pas autre chose qu'une organisation méthodique de bureaux de placements officiels communiquant les uns avec les autres ; ce qui, nous le reconnaissons, est certainement un avantage dont les fonctionnaires des bureaux de placement pourraient tirer parti au profit de leur clientèle gratuite. Malheureusement les fonctionnaires de ces bureaux ne sont que des fonctionnaires ; ils ne sont point poussés par l'intérêt individuel à trouver de places à ceux qui s'adressent à eux, ni même à se renseigner au mieux des besoins. On s'est imaginé que toute cette organisation officielle suffirait à empêcher une offre d'emploi de rester sans réponse. On a prévu des règlements minutieux, en cas de grève ou de lock-out en particulier ; on a arrêté des mesures pour demander confidentiellement aux associations patronales ou ouvrières de signaler le cas à l'agent de la Bourse de travail. Les ouvriers désireux d'accepter les emplois offerts par un patron souffrant d'une grève, doivent être informés de cette circonstance. Tout cela encore ce sont de bonnes intentions. On a fait de la publicité, on a étudié les moindres questions, même la disposition des enseignes annonçant l'existence des bourses de travail. Mais en fait les premiers résultats constatés ne permettent pas d'estimer que ces Bourses de travail aient apporté une contribution bien précieuse à la suppression du chômage. Des placements sont faits assurément, toutefois en proportion relativement très faible par rapport aux demandes d'emploi. D'autre part, il est bien certain que l'ensemble des chômeurs ne vont pas tous s'adresser aux Bourses du Travail pour trouver de l'occupation. Enfin et surtout il est impossible (et le passé le démontre à tous égards) que l'organisation administrative se tienne au courant du marché du travail dans tout le pays, comme le ferait un organisme particulier, désireux de toucher une commission, poussé par l'intérêt personnel à placer les ouvriers s'adressant à lui, et à satisfaire aux demandes des patrons réclamant de la main-d'œuvre.

Ce qui nous met bien en droit de supposer que l'organisation des Bourses du Travail officielles ne donne pas les résultats que l'on en attendait, et que la désillusion s'accuse déjà, c'est que, presque immédiatement, le gouvernement a jugé nécessaire de présenter au Parlement un projet d'assurance contre le chômage liée à une autre assurance, (celle contre la maladie) et que l'on donne comme devant, lui, résoudre complètement le problème. Il ne s'agit encore que d'un projet, au moment où nous écrivons ces lignes. Comme il est très vraisemblable qu'il sera voté, sauf de légères modifications, par suite de l'esprit qui règne en ce moment en Grande-Bretagne, nous tenons à en donner les dispositions essentielles, pour montrer dans quelle voie on s'engage quand on quitte la seule voie logique, celle de l'initiative privée.

Laissons de côté dans le projet anglais tout ce qui concerne l'assurance contre l'invalidité ou la maladie. Pour l'assurance contre le chômage, les ambitions sont assez modestes; elle s'appliquerait simplement à deux catégories d'ouvriers : les mécaniciens et les ouvriers du bâtiment. Pour un ensemble qu'on évalue à 2 millions 400 000 individus, on prévoit une contribution des patrons à la caisse d'assurance atteignant quelque 1 million 100 000 livres. La contribution des ouvriers serait de 200 000 livres, et celle de l'État de 750 000 livres. Au cas de chômage, il serait alloué à chaque ouvrier et par semaine 7 shillings, indemnité pouvant se prolonger pendant cinq semaines. L'ouvrier renvoyé pour mauvaise conduite ou refusant l'occupation que lui offrirait la Bourse du Travail, serait exclu du bénéfice de l'assurance. De même celle-ci ne s'appliquerait point au cas de grève et de lock-out. On estime que ce projet sensationnel serait précieux dans son application pour le monde ouvrier. L'expérience que nous avons déjà des tentatives interventionnistes nous laisse fort sceptique. En tout cas, nous ne sommes pas en présence d'une réalité pratique qui ait fait ses preuves.

VII

CE QUI SE FAIT EN ALLEMAGNE ET CE QUE CELA DONNE

Nous eussions peut-être dû donner quelques détails sur les assurances-chômage telles qu'elles sont pratiquées aux États-Unis : nous y aurions trouvé de nouvelles preuves de l'activité effective des syndicats ouvriers, quand ils savent s'organiser et fonctionner dans un but d'appui mutuel pour chacun de leurs membres. On peut dire que, dans la Confédération américaine, tous les syndicats pratiquent l'assurance-chômage au profit de leurs membres, et à peu près dans les mêmes conditions que les unions anglaises. Pour des renseignements à cet égard, il suffirait de se reporter à quelques enquêtes faites par le Département Fédéral du Travail. Si, d'ailleurs, nous dépouillons, même sommairement, les relevés de ces enquêtes, nous y constatons que les dépenses annuelles par syndiqué ressortent à une douzaine de francs, ce qui correspond bien, eu égard à la différence de monnaie surtout, aux dépenses analogues des unions anglaises. Dans une des plus anciennes unions américaines, l'indemnité de chômage ressort à environ 5 dollars par semaine; le secours annuel (nous entendons à répartir sur toute la durée d'une année) ne peut pas excéder 80 dollars. Mais c'est précisément parce que les errements suivis par les syndicats américains ressemblent considérablement à ceux des associations anglaises, que nous n'avons pas estimé utile d'y insister. On n'y pourrait trouver qu'une nouvelle preuve de l'utilité des œuvres d'initiative privée en la matière.

A lire M. Varlez, qui est fort enthousiaste, on pourrait croire que ces œuvres ouvrières d'assurance mutuelle ont pris en tous pays un développement admirable : elles auraient fait partout des progrès si rapides qu'on aurait peine à y croire. Aussi bien n'auraient-elles plus alors besoin de subventions! Il prend sans doute ses désirs pour des réalités. Cependant nous allons voir que, en Allemagne, cette forme d'assurance a une importance qui n'est point négligeable; en même temps que nous trouverons d'autres tentatives, d'un ordre tout différent, dont l'existence même prouve que l'assurance mutuelle ouvrière et indépendante n'a pas été pour résoudre complètement le problème.

Si l'Allemagne est, à cet égard, très sensiblement en retard sur la Grande-Bretagne, la faute en est naturellement pour beaucoup à la législation, qui a longtemps gêné la fondation des syndicats professionnels; il est évident que l'Angleterre bénéficie maintenant d'un apprentissage qui remonte loin, ses organismes ouvriers n'étant plus dans les périodes de début, où l'on n'a que trop de tendances à faire abus d'une liberté nouvellement acquise. Bien que nous ne puissions pas nous livrer à d'amples développements historiques, nous avons tenu à faire cette remarque, pour être équitable. Dès 1902, on pouvait compter quelque 60 *Gewerkschaften* à tendances socialistes, et où l'assurance, les secours de chômage divers avaient pris un développement intéressant. Ces Unions avaient consacré en cette année 1902 près de 1 600 000 marks aux assurances dont il s'agit. Mais si ces syndicats sont ceux qui viennent de la façon la plus effective au secours des chômeurs, il ne faut pas oublier que d'autres les ont précédés dans cette voie, et ils méritent sans doute d'être examinés les premiers.

En 1866, alors pourtant que les ouvriers ne pouvaient guère s'organiser dans une société où la liberté individuelle était très surveillée, c'est-à-dire étroitement bornée, Hirsch et Dunker avaient réussi à créer les premiers des sortes de caisses d'assistance, où ils s'inspiraient certainement du fonctionnement déjà si heureux de mainte trade-union anglaise. Ce furent les *Gewerkvereine*, qui vivent toujours, et dont l'activité est très intéressante. Ces associations, souvent désignées sous le nom de leurs fondateurs, comptent plus d'une centaine de mille membres : mais leurs progrès se sont sensiblement ralentis, par une forme très naturelle de concurrence, du jour où les syndicats socialistes, ou du moins social-démocrates, pour prendre la vraie désignation et la vraie caractéristique, sont venus appeler à eux une bonne partie de la population ouvrière.

Le programme des associations H. D. (comme on dit aussi par abréviation) comprend depuis 1868, non seulement les secours de chômage, mais les diverses caisses de retraites, d'assurances contre la maladie, la vieillesse, et la création, au moins aussi importante, d'organes de placement, de renseignements sur le marché du travail. Et ce qui montre que le plan avait été bien conçu par les créateurs (dont l'un était simplement un libraire), c'est que, dès 1869, une Fédération de ces associations avait été fondée, qui devait faciliter considérablement et rendre surtout plus effectif le fonctionnement des organismes de renseignements et de placement. Nous trouvons depuis longtemps, dans ces caisses ou associations, le principe de tous les secours qui sont pratiqués sensiblement de la même manière dans les diverses sociétés, unions, etc. Ce ne sont pas seulement des secours de chômage que le syndicat accorde à ses membres et, fréquemment, la remise de cotisations (bien lourdes à payer en temps de chômage); c'est aussi des secours, indemnités de déplacement, que cela s'appelle *viaticum* ou autrement : voilà ce qui contribue puissamment à mobiliser le travail, c'est-à-dire le travailleur, qui se voit au bon moment à la tête d'un modeste capital lui permettant de quitter le point où le travail manque, pour se rendre là où l'on demande des bras. Parmi les vieilles caisses de ce genre (et de cette nuance *politique*), nous aurions à citer la caisse des menuisiers. Mais les organisations sont à peu près les mêmes pour tous les corps de métiers. Naturellement, on spécifie toujours dans les statuts un stage durant lequel le syndicaliste n'aura pas droit aux secours de chômage; c'est indispensable pour la formation d'une réserve : ce stage sera, par exemple, de six mois dans certaines unions, alors qu'il atteindra le chiffre énorme de cinq ans pour d'autres professions. Il est à supposer que ces différences ont été motivées par la connaissance, non scientifique ni mathématique, mais instinctive et approximative, qu'ont les catégories d'ouvriers formant ou administrant telle ou telle union, des risques à couvrir; et par suite de l'importance de la réserve qu'il faut constituer pour y parer. Il serait évidemment intéressant de rechercher combien de membres stagiaires sont frappés par le chômage avant que d'avoir droit à l'indemnité, et de constater si, malgré tout, ils comprennent assez bien leurs intérêts, entendus à longue échéance, pour persévérer dans leurs efforts en continuant de faire partie de leur caisse. Mais cela nous entraînerait beaucoup trop loin. D'ailleurs le grand nombre de membres que comptent les unions et caisses en Allemagne, est là pour nous montrer que l'ensemble de la population ouvrière s'éclaire de façon très heureuse à cet égard. Qu'on remarque que les subventions d'État n'ont pas été nécessaires (en admettant qu'elles aient une utilité quelconque) pour les amener à pratiquer cette assurance, dont l'utilité est évidente, bien qu'elle ne soit basée que sur des approximations.

Si nous prenons comme exemple d'union appartenant aux Hirsch Dunker, l'association des mécaniciens et ouvriers de Berlin, qui compte plus de 43 000 membres, nous voyons que le stage préliminaire est ici de quatre années; d'autre part le secours n'est versé qu'à partir de la seconde semaine de chômage, et ce versement ne se continue que pendant treize semaines au maximum. Cette durée varie dans les diverses caisses, de même du reste que la quotité, qui est souvent en relation avec l'âge ou le sexe de l'assuré, son état de célibataire ou d'homme marié, le temps depuis lequel il fait partie de la caisse; nous ne tenterons pas de donner un chiffre quelconque sur le montant de la cotisation, qui est non moins variable. A noter comme détail intéressant que nous retrouverons dans l'ensemble des diverses unions professionnelles pratiquant l'assurance, que les statuts des caisses limitent le montant des secours de voyage, du viaticum; mais de façon un peu originale, de par sa logique même. Le secours se présente ici sous la forme de tant par kilomètre parcouru : cela tourne aux environs de 0,02 mark par kilomètre; et on ne l'étendra pas au delà de tant de kilomètres. Parfois, ce sera moins d'un millier de kilomètres; parfois, au contraire, cela atteindra 4 000 kilomètres, dans des professions où les intéressés savent bien qu'il faut effectuer de longs voyages, parce qu'ils ne trouveront pas du travail dans tous les centres qu'ils pourront traverser.

Depuis 1869, ces associations H. D. ont rendu certainement de grands services, car elles ont distribué, rien que jusqu'en 1892, plus de 2 200 000 marks. Elles ont naturellement continué depuis lors, sous réserve de ce que nous disions plus haut au sujet de la concurrence que leur font les autres associations, d'une couleur politique différente. Dans le courant d'une année, à l'heure actuelle, elles distribuent dans leur ensemble quelque 70000 secours de viaticum, représentant à peu près 180000 marks. Bien entendu, il ne faut pas considérer les renseignements statistiques publiés n'importe où, et à n'importe quel point de vue, sur les associations ouvrières, comme d'une sûreté absolue; ils sont fournis fort irrégulièrement, au moins par certaines associations; et cela vient fausser les chiffres d'ensemble. Un peu plus loin nous donnerons quelques indications (sous ces mêmes réserves) qui pourront mieux édifier sur la valeur pécuniaire des secours que les syndicats professionnels allemands distribuent à leurs chômeurs.

Il est intéressant de noter que ces unions H. D. procèdent d'un esprit nettement libéral qui nous est tout à fait sympathique : elles en ont fait preuve à maintes reprises, et notamment lorsque le Syndicat des Ouvriers métallurgistes, dont nous avons parlé tout à l'heure, a tenu en 1902, à Berlin, un Congrès où l'on s'est occupé de ce qu'on peut appeler les questions de principe.

Les délégués à ce Congrès revendiquaient, pour les ouvriers, le droit d'organiser l'assurance-chômage sans intervention aucune des communes pas plus que de l'État; ils voulaient arriver à voir tous les travailleurs jouir des avantages d'une organisation qu'ils avaient pu juger à la pratique; mais ils s'opposaient de toutes leurs forces à l'assurance obligatoire. Et cela non pas seulement en se fondant sur les droits imprescriptibles de la liberté individuelle, qui ne suffisent pas à persuader tout le monde; mais parce qu'ils étaient convaincus (comme nous le sommes) que l'organisation administrative ne peut point faire fonctionner de façon heureuse ni techniquement, ni financièrement, une assurance contre le chômage. Du reste, en revendiquant pour la classe ouvrière la propre responsabilité de ses actes et de ses risques professionnels, ils revendiquaient aussi la pleine liberté d'association, de réunion et autre. Nous recommandons tout particulièrement la lecture des comptes rendus de ce Congrès qui sont à opposer aux idées émises dans le Congrès tenu à Stuttgart en 1903 : on y trouvera les meilleurs arguments, et contre l'assurance obligatoire (de laquelle nous n'aurons pas à parler beaucoup, puisque nous ne nous occupons guère que des choses, des organisations qui ont été mises en pratique), et contre cette pratique des subventions qui est à la base de la législation nouvelle sur la matière.

Ce libéralisme ne se retrouve point, il s'en faut, dans les associations, unions, syndicats social-démocrates; et encore moins dans les organismes analogues de nuance confessionnelle, dont nous ne pourrons manquer de dire un mot. Pour ce qui est des social-démocrates, leur adhésion au principe de l'assurance-chômage, basée sur leurs efforts personnels, date de 1875, moment où les disciples de Lassale se sont aperçus, au Congrès de Gotha, que la pratique de cette assurance avait contribué à donner beaucoup d'importance, d'influence, de cohésion aux syndicats libéraux du type H. D. Il serait intéressant, malheureusement beaucoup trop long dans une étude où l'on prétend comparer toutes les tentatives faites pour assurer le risque de chômage, de suivre le progrès de ces assurances-chômage dans les rangs des social-démocrates. On vit successivement arriver à cette organisation les imprimeurs, puis les gantiers, les chapeliers, les porcelainiers, les sculpteurs, les brasseurs, les cigariers, les mouleurs; et naturellement le mouvement se précipita du jour où les syndicats ne se trouvèrent plus soumis à cette surveillance tracassière qui fut si longtemps de règle en Allemagne... et parfois ailleurs. Les idées nouvelles n'avaient pas été admises sans discussion dans le milieu socialiste; on avait dit et répété que cette façon de faire revenait à accepter les conditions de la société actuelle (cette fameuse société à laquelle nos réformateurs prétendent toujours substituer quelque chose de bien meilleur!). On craignait de ne faire que transporter sur les épaules de l'ouvrier des charges qui, logiquement, devaient incomber à l'État, c'est-à-dire à l'ensemble des contribuables; ou plus exactement, dans la pensée des gens qui parlaient ainsi, des *possédants*. A remarquer que c'est la liberté relative des syndicats qui a élevé les organisations ouvrières à la compréhension des avantages de ce *self help* qu'on pratique si couramment dans le milieu anglais, et qu'avaient inauguré les libéraux de la classe ouvrière allemande. De même que les syndicats allemands ont senti l'intérêt qu'il y avait à raisonner les grèves, à ne point les faire au hasard, à en diminuer autant que possible le nombre; de même ils sont arrivés à comprendre que les ouvriers sont les premiers intéressés à régulariser le marché du travail, notamment par des secours permettant à tel travailleur d'abandonner un marché surchargé de main-d'œuvre pour se rendre sur un autre où elle fait défaut. Nous devons pourtant avouer tristement que cette compréhension très nette des avantages de la liberté et de l'effort personnel s'est affaiblie en Allemagne, comme nous le verrons en parlant des tendances actuelles de bien des syndicats social-démocrates : et cela sous l'influence des mesures néfastes inaugurées au temps de Bismarck, de ce développement du socialisme d'État dont la plus belle manifestation sont les assurances obligatoires.

A l'heure présente, le développement de l'assurance-chômage dans les syndicats socialistes est considérable ; et c'est raison de plus de regretter le mouvement rétrograde qui les ramène partiellement à la conception de l'assurance obligatoire et d'État. Presque toutes les fédérations socialistes ou les unions ont organisé le secours de chômage et le viaticum. Il faut songer qu'en 1891 (époque où commence l'enthousiasme pour ces organismes de luttes contre le chômage), les *Gewerkschaften* social-démocrates ne distribuaient pas, dans leur ensemble, plus de 65 000 marks de secours de chômage et un peu plus du double comme viaticum, frais de déplacement à la recherche du travail. Or, maintenant, le seul viaticum représente un budget annuel de près de 700 000 marks, et les frais de secours pour chômage atteignent environ 1 700 000 marks. En moyenne, ces deux sources de dépenses correspondent sensiblement au quart des dépenses totales des associations; mais il y a des années où la proportion s'étend à 35, 40 et même parfois à plus de 50 p. 100! années de crises industrielles naturellement.

Ici comme pour les syndicats H. D. les conditions de secours, de stage, de cotisation, sont essentiellement variables; et nous n'insisterons pas longuement là-dessus, parce qu'on peut se reporter à cet égard à des études toutes spéciales; puis parce que les statuts de ces sortes d'associations doivent toujours être établis en conséquence du milieu où l'on se trouve. Généralement, le temps de sociétariat nécessaire pour recevoir l'une ou l'autre forme de secours est de 52 semaines, mais il peut être quelquefois bien moindre; le taux de secours journalier de chômage est toujours prévu au-dessous de la valeur normale du salaire; le viaticum est plus souvent une somme fixe par jour qu'une taxe kilométrique. Le secours du chômage ne commence à être accordé souvent qu'au bout d'une semaine, parfois au bout de 15 jours, ou au contraire après une période très courte de 3 journées sans travail.

Sans passer en revue les diverses associations professionnelles qui pratiquent cette forme d'assurance, nous signalerons comme exemple typique la Fédération des Ouvriers métallurgistes, dont les membres sont au nombre de plus de 170 000, et qui dépense toujours au moins 600 000 marks en secours divers de chômage. L'organisation et surtout le fonctionnement des Caisses d'assurance des Typographes seraient bien intéressants à examiner d'un peu plus près.

Nous avons dit que les idées interventionnistes ont gagné du terrain dans les milieux syndicaux social-démocrates allemands, surtout parmi ceux qui sont bruyants et qui se livrent à des démonstrations extérieures. Ces idées se sont manifestées notamment dans le Congrès tenu en 1902, à Berlin, par l'Association nationale. On voudrait voir l'assurance-chômage annexée pour ainsi dire aux caisses d'assurance-maladie [1], et à peu près organisée sur

1. Des projets actuels tendent à réaliser cette conception.

les mêmes bases générales; ce seraient du reste les syndicats qui entendraient conserver la distribution des secours. Il y aurait également à signaler tout le mouvement qui se fait ou s'est fait en Allemagne en faveur de l'obligation. Nous devons reconnaître que la résolution qui a été votée en cette même année, au congrès du parti socialiste d'Allemagne tenu à Munich, n'a pas été aussi nettement en faveur de l'obligation : mais les termes employés, tout flottants qu'ils sont, laissent bien entendre qu'on compte plus sur l'autorité supérieure pour uniformiser et généraliser l'assurance-chômage, que sur le libre jeu des initiatives privées parmi les gens intéressés à ce que le mal du chômage se fasse sentir aussi peu cruellement que possible. On a invoqué, pour l'obligation ou pour la généralisation d'une sorte d'organisation officielle du chômage, le fait que bien des gens ne s'affilient pas d'eux-mêmes aux caisses existantes dont relève leur métier, ou que beaucoup d'ouvriers sans métier déterminé ne trouvent point une caisse organisée pour eux, et d'ailleurs ne touchent pas des salaires leur permettant de s'assurer. C'est toute la querelle entre les interventionnistes et les partisans de l'initiative individuelle et de la liberté personnelle qui pourrait renaître à ce propos. Nous ne la renouvellerons pas, mais nous ferons remarquer que les quelques tentatives d'assurance obligatoire faites de-ci de-là, n'ont donné que de piteux résultats : nous les signalerons en temps et lieu. D'autre part, en Allemagne, l'organisation obligatoire de l'assurance n'a pas pris corps, et nous préférons serrer de près les faits dans ce domaine si vaste : nous n'en finirions pas si nous voulions passer en revue tous les projets qui ont été lancés dans ce pays : nous renverrons au livre de M. Varlez les gens curieux de connaître ce côté tout théorique de la question, en même temps qu'à celui de MM. P. Henry et de Lavergne. La multiplicité même et la complication de ces projets font sentir que l'on est en plein dans l'artificiel.

Nous serons très bref sur les associations confessionnelles, et spécialement chrétiennes, qui ont voulu elles aussi organiser la lutte contre le chômage par l'assurance, et dans le but principalement (de la part des initiateurs du mouvement, du Dr Hitze par exemple) de combattre l'influence prise par les associations social-démocrates. Pour les services qu'elles rendent, les sommes qu'elles consacrent à l'assurance-chômage, de même que pour le nombre de leurs membres, on est encore bien plus dans l'incertitude qu'en ce qui concerne d'autres nuances. Il est possible que leur effectif soit de quelque 150 000 personnes. Ce n'est qu'assez récemment qu'ils se sont décidés à constituer des subdivisions par groupes professionnels, qui seules permettent un peu de logique dans l'établissement des cotisations, dans les prévisions des statuts au point de vue des secours, de leur durée, etc. Ces associations confessionnelles, ou à tendances religieuses, si l'on préfère, sont nettement favorables à l'institution d'une assurance obligatoire et administrative; et elles y sont d'autant plus poussées que leur organisation et leur fonctionnement doivent laisser considérablement à désirer. A Dusseldorf comme à Frenkenthal ou ailleurs, les diverses unions de ce genre se sont prononcées très nettement pour l'organisation obligatoire et centralisée administrativement de l'assurance-chômage.

Nous ne pouvons oublier complètement les syndicats absolument libres : non pas que ces vieux organismes aient fait beaucoup en matière d'assurance-chômage, ni qu'on soit appelé à les voir se développer; en fait, ils se confondent de plus en plus avec les syndicats de telle ou telle couleur politique. Mais il est curieux de signaler qu'eux non plus n'ont pas été indifférents à cette organisation individuelle de l'assurance, de la lutte contre le chômage, par les intéressés prenant en main directement leurs intérêts. Leurs modes de procéder sont du reste tout à fait analogues à ce que nous avons trouvé dans les autres Unions.

Nous avons dit tout à l'heure qu'un ferment de décomposition avait été apporté à cette remarquable conception et à cette pratique heureuse des syndicats ouvriers, faisant de l'assurance de leurs membres contre le chômage une partie de leur champ d'activité : ferment dû à l'intervention gouvernementale. Ce qui n'empêche pas ces organisations ouvrières d'être encore des plus puissantes; et bon nombre d'entre elles sont des adversaires irréductibles de la mainmise administrative sur leur œuvre. Tout ce qu'elles ont fait et obtenu est une preuve que ce sont les syndicats, associations ouvrières, qui sont à même d'organiser au mieux la lutte contre le chômage; et aussi que l'ouvrier peut trouver en général dans son salaire (grâce à la mutualité, à l'association) de quoi remédier aux interruptions de travail; à condition naturellement que ces entreprises de vraie solidarité réunissent sinon le consentement unanime, du moins un nombre très important d'adhésions. Il va sans dire que cette solidarité et le rôle vrai des caisses de chômage doivent être bien compris par l'adhérent à une association de ce genre, pour qu'il consente à verser une cotisation relativement élevée, qui dépasse couramment 25 à 30 marks; et cela en se soumettant par avance à cette clause que nous avons signalée, d'un stage souvent très long avant que de pouvoir recevoir des secours de chômage, — en échange de ses versements prolongés. Si bien même que certaines gens, comme Berndt, ont dit que les ouvriers, en créant ces caisses, avaient surtout eu en vue de renforcer l'esprit syndicaliste. Nous n'y voyons pas d'inconvénients, du moment où le syndicat n'est pas un instrument de lutte et de grève quand même contre le patron; mais un organisme destiné à faciliter l'existence, les gains, de l'ouvrier, à lui permettre de passer sans conséquences funestes par les à-coups qui se présentent encore trop souvent dans la vie industrielle. Beaucoup des syndicalistes veulent, par les secours de chômage, soustraire le plus possible de gens à cette fameuse « armée de réserve du Capital », dont Karl Marx a fait un des dogmes de son Évangile. A coup sûr, et en réduisant les choses à des proportions vraies et économiques, le viaticum, la possibilité d'attendre et d'aller chercher du travail là où il y en a, ont une influence heureuse et légitime sur le taux des salaires et sur les baisses brusques, comme sur les hausses subites, auxquelles il pourrait être soumis. Il nous semble que cette pratique des caisses de chômage, organisées par les ouvriers à leurs frais et sous leur responsabilité, tend à leur donner conscience de bien des choses qu'ils ignoraient, et à faire leur éducation économique; il est probable que cela a été pour beaucoup dans l'habitude que les syndicats allemands ont prise de ne point déclarer ou laisser déclarer les grèves sans étude préalable de la question. Et c'est en somme ce que laissait comprendre Legien, secrétaire de la Commission générale des *Gewerkschaften*, quand il disait que « ces organisations recherchaient les moyens d'aplanir les difficultés économiques ».

Avant d'en finir avec ces syndicats de toute nuance pratiquant en somme la même idée d'assistance mutuelle, nous rappellerons que souvent le secours moyen accordé à chaque chômeur effectif atteint par an (sans le viaticum) quelque 20 marks : ce qui montre bien que l'ouvrier trouve une aide réelle dans ces œuvres qu'on peut considérer comme sa création propre.

Si l'Allemagne nous montre une organisation des plus intéressantes et des plus heureuses, basée sur le *self help*, elle n'est pas non plus sans nous fournir quelques exemples de caisses plus ou moins administratives : et nous ne regrettons pas de constater (pour y trouver une confirmation de toutes nos opinions) que les résultats n'en sont pas fort encourageants.

L'assurance-chômage par les communes a eu et a encore des défenseurs enthousiastes, qui s'étaient un peu empressés de conclure au succès après les tentatives faites en Suisse, et que nous pourrons juger à leur valeur. Nous aurions à rappeler (si, encore une fois, nous ne voulions nous limiter surtout aux tentatives réalisées) le projet grandiose et ambitieux de M. Sonneman, qui voyait déjà la généralisation de l'assurance communale et obligatoire dans toutes les agglomérations un peu importantes. Parlons donc de la Caisse de Cologne, qui, elle, est une caisse libre; cela ne l'empêche point d'être passée par des instants difficiles, et de constituer une institution d'assistance au moins autant qu'autre chose. Elle a été créée en 1896, et en imitation de la Caisse de Berne (dont il aurait peut-être été plus logique de parler en premier, si nous n'avions eu de bonnes raisons de faire passer l'Allemagne avant la Suisse). Cette caisse est célèbre en Allemagne, et, comme le reconnaissent les plus déclarés partisans de l'intervention administrative, c'est la seule œuvre d'une certaine importance en dehors des organisations syndicales. On est très fier de l'avoir vue grandir comme elle l'a fait; mais il faut se rendre compte des conditions tout artificielles dans lesquelles elle s'est développée. Nous devons noter qu'elle a été créée comme annexe d'un bureau de placement municipal : cette association lui a rendu de grands services, sans empêcher son insuccès réel, et c'est encore un argument en faveur de la thèse que nous soutenons de la supériorité du placement comme arme contre le chômage. A remarquer, d'autre part, que les statuts de cette caisse ont été modifiés par trois fois, parce qu'on n'a point trouvé une combinaison qui en puisse faire vraiment une œuvre vivant avec ses ressources propres, s'équilibrant pour assurer les ouvriers du sexe masculin durant le chômage d'hiver : c'est donc dire que son champ d'action est bien restreint, et que lors même qu'elle aurait réussi, elle n'eût point démontré que son principe était d'une application pratique contre le chômage en général. Aussi bien, son caractère s'est accusé tout de suite, puisque sa création a été due en grande partie à des philanthropes, et que, dès le début, la municipalité lui accorda une subvention fort importante de 100 000 marks. Bien que nous déclarant hautement l'élève de cette école économique qu'on qualifie souvent (et injustement) d'école dure, nous ne voudrions pas laisser croire que nous blâmons les efforts de la philanthropie; mais nous voulons qu'elle soit éclairée; et au surplus la philanthropie est tout à fait en dehors du domaine de l'assurance, et elle ne donne jamais une solution aux problèmes; elle se contente d'atténuer temporairement, et par des expédients, les misères qui peuvent se produire par suite de crises économiques auxquelles on n'a pu ou su remédier économiquement.

Sans indiquer les diverses phases successives par lesquelles est passée l'organisation de la Caisse de Cologne, nous dirons que, pour pouvoir s'assurer à cette caisse, l'ouvrier doit avoir au moins dix-huit ans, vivre depuis au moins une année à Cologne, et naturellement ne pas être frappé d'une incapacité permanente de travailler. Il doit, de plus, payer une cotisation hebdomadaire qui courra depuis le commencement d'avril et aura été versée durant 34 semaines. Ces cotisations se payent par timbre d'assurance, ce qui n'a pas grande importance; mais ce qui en a, c'est que le taux en a été élevé peu à peu parce que la caisse ne pouvait faire honneur à ses engagements, et que naturellement on ne l'avait pas fondée sur ces bases scientifiques et solides que l'on nous reprochera peut-être de trop recommander. Pour les ouvriers sans métier déterminé (ce qui correspond à cette désignation anglaise si commode de *unskilled labour*, pour laquelle nous n'avons pas d'équivalent exact en français), le taux a monté de 25 à 30, puis à 35 pfennige par semaine. Pour les ouvriers du *skilled labour*, les taux successifs ont été de 35, 40 et 45 pfennige : cela ne suffit pas toujours à répondre aux besoins de la caisse. Il ne faut pas que le chômeur soit en retard de plus de 4 semaines dans le payement de sa cotisation, car autrement il perd tout droit à un secours; du reste, des adoucissements à cette disposition peuvent être accordés exceptionnellement par une décision du Conseil de la Caisse.

Eu égard au caractère de la caisse, que nous avons laissé pressentir, elle a eu dès le principe d'autres ressources que ces cotisations : et M. Varlez lui-même a fait remarquer que, aux débuts, les membres d'honneur — on sait ce que cela veut dire — furent plus nombreux que les membres effectifs. Et même en dehors de ces membres, de la municipalité et des donateurs ordinaires, on a compté parmi ceux qui font vivre la caisse les gens auxquels on a donné le nom spécial de

« patrons », réservé à quiconque a fait don en une fois de 300 marks. Les membres d'honneur ne versent que 5 marks par an, comme minimum, s'entend. On voit par tout cela combien on est loin d'une assurance !

Pour tempérer la tendance que les assurés auraient eue sans doute de se considérer comme chez eux, dans cette caisse qu'ils ne font point vivre en réalité, on a organisé le conseil d'Administration de la caisse en donnant une légère majorité à ceux qui en font les frais; ce conseil est composé en effet du bourgmestre, du Président de l'Office de Placement, de douze membres élus par les assurés et de douze autres élus par les « patrons » ou les membres honoraires, la Présidence ne pouvant appartenir qu'à un patron ou à un membre honoraire : cela ne répond guère aux conceptions de nos réformateurs socialistes français, qui entendent que les ouvriers seuls aient l'administration des caisses qui sont alimentées par des ressources d'origine patronale; mais cela répond à des notions de justice. Il y a du reste un comité des assurés et, de plus, une assemblée générale, qui comprend tous les membres indistinctement de la caisse; quant à former une organisation de la sorte, on peut du moins suivre l'exemple donné à Cologne. C'est le comité dont nous avons parlé qui a le droit de refuser de passer de nouveaux contrats d'assurance, si l'on considère que le fonds disponible est hors d'état de répondre à de nouvelles obligations. Ce n'est pas une précaution exagérée, puisque, en 1902 et en 1903 notamment, on a été forcé de procéder au « petit bonheur », sans bases exactes et mathématiques. Cela tient aussi en partie à ce que les assurés sont, pendant longtemps, venus en nombre bien faible : ce qui démontrerait que le régime des subventions et des dons le plus large, n'est pas pour attirer les ouvriers à l'assurance, comme le fait le syndicat fonctionnant librement avec sa pleine responsabilité et sur ses ressources propres.

Avant de donner quelques indications sur les résultats effectifs du fonctionnement de cette caisse subsidiée, disons ce que l'assuré peut en attendre. Trois jours après le moment où il a fait connaître à la caisse qu'il est sans travail, l'ouvrier assuré touche une indemnité, qui ne lui est d'ailleurs pas versée les dimanches et jours de fêtes, ces mêmes jours n'étant pas compris dans les 3 jours d'attente que nous venons de mentionner. Durant les 20 premières journées, cette indemnité est de 2 marks; elle est abaissée ensuite à 1 mark, et les secours ne peuvent se prolonger en tout plus de huit semaines, entre le 10 décembre et le 9 mars. Le contrôle des chômeurs a lieu deux fois par jour, ce qui suffit à peu près à les empêcher de travailler effectivement tout en se présentant encore comme des « non occupés »; du reste, on s'efforce immédiatement de leur trouver de l'occupation, et le chômeur est obligé de l'accepter du moment que cela correspond à peu près à sa profession; aux ouvriers célibataires, on peut leur offrir, dans ces conditions, du travail en dehors de Cologne même. A noter qu'on ne peut obliger l'ouvrier à prendre une place devenue vacante pour cause de grève, car cela le mettrait dans une fausse position; d'autre part, il faut que le salaire qui lui est offert soit à peu près équivalent à celui qu'il touchait dans son métier. Pendant un certain temps, cette clause restrictive à propos du salaire n'était pas insérée dans les statuts de la caisse. Bien entendu, en principe, on ne paye pas d'indemnité à l'ouvrier qui chôme par sa propre faute ou par suite d'une grève, — ce qui revient sensiblement au même, — la caisse devant se mettre soigneusement en dehors de tous les conflits du travail. De même, l'indemnité cesse d'être versée si l'ouvrier refuse du travail convenable, s'il ne continue pas cette besogne après l'avoir commencée, s'il fait de fausses déclarations, s'il quitte Cologne.

Si nous ne ménageons pas les critiques quand nous croyons devoir en faire, nous tenons du moins à reconnaître que beaucoup d'ingéniosité a été dépensée dans toute cette organisation. Mais il n'en sera que plus caractéristique de constater les difficultés auxquelles elle s'est heurtée, et qui font qu'elle ne vit que d'une existence tout artificielle :

on ne saurait vraiment invoquer son exemple pour désirer voir se multiplier les caisses de ce genre. Les partisans eux-mêmes de l'interventionnisme municipal ou autre, du régime des subventions en cette matière ne peuvent se dissimuler les défauts de fonctionnement de la Caisse de Cologne, mais sans vouloir en tirer les conséquences logiques. M. Cagninacci, par exemple, reconnaît que cet établissement « parut languir quelque temps; mais qu'il semble reprendre une certaine activité ». Ce n'est pas très enthousiaste. M. de Las Cases avoue que la ville et les membres honoraires ont contribué au moins autant que les ouvriers à l'entretien de la caisse. C'est à l'intervention de la municipalité qu'est dû le succès de l' « œuvre ». Encore faudrait-il voir s'il y a eu succès. Il note, d'autre part, la diminution des « apports de la bienfaisance »; le mot est prononcé; mais il ne s'en inquiète pas outre mesure, tout simplement parce qu'il sait que « la ville garantit par ses subsides le fonctionnement de l'œuvre ». Et il ajoute que tout ce que l'on peut espérer, c'est « une atténuation du reproche que l'on fait à cette œuvre d'être seulement une institution charitable ». L'impression n'est pas plus favorable si nous lisons le rapport très complet qui a été fait sur toutes les méthodes imaginées pour venir en aide aux sans-travail, rapport dû à M. Schloss et destiné au Board of Trade. L'auteur insiste sur ce que cette caisse de

Cologne devrait être tenue comme ayant fait complètement faillite, si on l'envisage au point de vue « affaires ». En calculant le fonctionnement de l'établissement sur des bases financières et pour ainsi dire commerciales, on arrive à constater des pertes atteignant parfois 405 p. 100 des primes versées, et ne descendant jamais au-dessous de 120 p. 100. Et M. Schloss fait comme nous des réserves considérables sur le titre d'assurance qu'on donne à des organisations de ce genre.

Nous pouvons compléter l'édification du lecteur par un exposé sommaire des résultats obtenus. Au bout de quatre années de fonctionnement, la caisse n'avait pas pu attirer plus de 220 à 230 assurés; et c'est seulement quand on donna aux ouvriers une plus grande part dans l'administration de cette caisse, qui est à peu près seulement une institution charitable, que l'afflux des « clients » se fit sentir; ce qui était du reste assez bizarre, c'est que sous peine d'être acculé à la faillite complète, ou plutôt, car ce terme commercial est hors de mise, à l'épuisement de toutes les ressources fournies par les divers subsides, on dut s'empresser de limiter les admissions dès qu'elles commencèrent de se faire moins rares. On est arrivé finalement à assurer environ 1 800 ouvriers. Et comme ils versent en tout quelque 21 000 marks de cotisations, et que les secours qu'on leur accorde représentent près de 43 000 marks, on conviendra que dans ces conditions l'affiliation à cette soi-disant caisse « d'assurance » est un bon placement. Aussi bien, jamais la part des cotisations dans les débours résultant des secours payés n'a été élevée : elle est tombée parfois à 23 p. 100, et en dépit de l'augmentation des cotisations elle n'est point de plus de 50 p. 100 à l'heure actuelle. Nous reconnaissons que la proportion des chômeurs est très forte; mais cela prouve que, même pour jouir de ces subsides qui font vivre la caisse, seuls ici consentent des sacrifices ceux qui sont sûrs de les retrouver au double. On peut se dire que cela résulte de ce que l'assurance à la caisse est facultative; nous verrons toutefois que les assurances du type obligatoire n'ont pas donné de meilleurs résultats.

A noter que les membres donateurs, qui étaient primitivement au nombre de 455, ont diminué graduellement et sont arrivés à ne plus être que 270 à peine, parce qu'ils ont constaté que leurs sacrifices n'avaient point amené de solution au problème du chômage. La caisse coûte en moyenne à la municipalité, par suite à l'ensemble des contribuables, un peu plus de 20 000 marks. Les dépenses d'administration diverses ressortent à quelque 4 000 marks, ce qui n'est pas très exagéré, étant donné que l'on comprend là-dedans les contributions aux dépenses du bureau de placement. Et celui-ci rend certainement des services, allège les frais de secours de la caisse : en effet, le nombre des journées de travail fournies aux chômeurs, qui était seulement de 2 200 au commencement du fonctionnement de la caisse, s'est élevé à 25 000; pendant ce temps, le nombre des journées payées sur la base d'indemnité indiquée, s'est élevé de 1 400 à 30 000 et même 38 000. Il y a là une sorte de démonstration du rôle considérable, de premier ordre, que le placement doit jouer dans la lutte contre le chômage. Nous aurions voulu fournir plus de détails sur le fonctionnement de cette caisse : ils sont intéressants en eux-mêmes, mais leur valeur est relativement infirmée par les reproches, trop justifiés, que nous avons pu faire à cet organisme. Nous aurions vu, par exemple, que le montant des secours de chômage est de moins de 21 marks pour un quart à peu près des chômeurs; de 41 à 51 marks pour un autre quart; supérieur à ce chiffre pour un cinquième de la population secourue. Nous eussions constaté également que bien des assurés réclamant des secours ne voient pas leurs réclamations acceptées, pour quelqu'une de ces raisons d'exclusion que nous avons citées : ce qui devrait mettre la caisse dans une situation favorable. Nous aurions encore eu à faire remarquer que chaque année on a découvert un certain nombre de « fraudeurs », qui n'avaient aucun droit à être considérés comme des chômeurs dignes de secours. On peut malheureusement supposer que la surveillance n'est pas suffisamment effective pour empêcher toute fraude. Il est assez curieux de noter que les chômeurs relevant de l'assurance se sont montrés plutôt moins nombreux dans la classe des *unskilled* que dans celle des *skilled*, des ouvriers ayant un métier bien déterminé.

En somme, la situation d'une caisse de ce genre est défavorable. M. Varlez l'a avoué nettement; d'autres ont bien dit que l'œuvre ne pourra jamais se passer du concours de la ville. Cela les amène, du reste, à conclure en faveur de l'assurance obligatoire; en dépit des expériences si éloquentes faites dans cette voie, et alors qu'il est si logique de conclure en faveur de la liberté et de l'initiative privée, qui ont donné de bons résultats dans les syndicats, et de ce placement que l'on n'a pas pu encore voir à l'œuvre complètement, mais qui a rendu cependant tant de services.

Comme nous sommes dans un domaine où l'on se laisse entraîner par une foi généreuse, oublieuse des réalités, cet échec de la Caisse de Cologne n'a pas été pour empêcher d'autres villes allemandes de songer à l'assurance municipale, tels Leipzig, Stuttgart, Munich, Francfort; quelques-unes ont été jusqu'à la réalisation : c'est de celles-là seulement que nous avons à parler.

A la vérité, les subventions de la municipalité sont encore demeurées virtuelles à Leipzig, et les 100 000 marks promis n'ont point été versés; mais nous ne nous en trouvons pas moins en face d'une véritable œuvre de bienfaisance, qu'on affuble toujours de ce titre de caisse « d'assurance ». Ce sont des particuliers qui ont fourni le premier fonds de garantie, s'élevant à 60 000 marks; d'autre part, on compte en dehors des membres fondateurs, qui donnent 500 marks par an, sur les protecteurs, qui versent seulement un minimum de 5 marks. La Ville a fourni gracieusement un bureau de placement. L'organisation de cette caisse ressemble considérablement à celle de la Caisse de Cologne. Les assurés sont seulement des ouvriers du sexe masculin qui ont au moins seize et au plus soixante ans; ils payent des cotisations qui sont de 30, 40, 50 ou 60 pfennige par semaine, suivant la catégorie dans laquelle ils sont rangés, et ils n'ont droit à un secours qu'après 42 semaines d'affiliation. Ici, du reste, il ne s'agit plus seulement du chômage d'hiver. Il faut, pour profiter de la caisse, vivre à Leipzig, ou, après une décision spéciale du Bureau de la caisse, dans les faubourgs de la ville.

L'indemnité n'est versée à un chômeur que si son chômage ne provient ni de sa faute, ni de sa participation à une grève; le payement ne commence qu'après le quatrième jour de la cessation du travail; et il ne peut durer plus de 42 journées. Quant à la quotité de l'indemnité, qui est versée par jour ouvrable, elle est de 1,20 m. pour un travailleur célibataire ou marié sans enfants; s'il est marié et a un enfant de moins de quatorze ans, le taux est porté à 1,35 m.; puis à 1,55 m., pour celui qui a au moins deux enfants. En cas de séparation d'époux, le chiffre est abaissé de 0,20 m. La Caisse de Leipzig est de création assurément très récente; mais elle ne semble devoir rencontrer le succès à aucun point de vue. Les adhérents n'y viennent qu'en petit nombre, et les donateurs se lasseront d'autant plus qu'ils ne verront pas leurs efforts appréciés à leur valeur. D'ailleurs, ce sont seulement les ouvriers qui peuvent obtenir beaucoup en échange d'un très faible sacrifice qui se font inscrire; nous entendons ceux qui se considèrent comme très exposés au chômage, pour une raison ou une autre. Les syndicats attaquent violemment ces caisses; le plus souvent ils entendent se tirer d'affaires seuls, ce qui est un très bon sentiment; par contre ils se plaignent fréquemment aussi de ce qu'on ne vient à l'aide de l'ouvrier qu'au moyen d'institutions charitables. C'est toujours la question du droit au secours qu'ils revendiquent pour les leurs. Et c'est d'ailleurs pour cela que bien des gens opposés à ces caisses réclament hautement l'assurance par l'État, et l'assurance obligatoire.

Avant d'en finir avec ce côté de la question, nous signalerons d'un mot la Caisse d'assurance municipale qui s'est formée tout récemment à Munich. La municipalité a voté un premier subside de 35 000 marks, subside annuel qui se prolongera d'abord durant trois années. Les principes adoptés correspondent assez bien à ces institutions suisses dont les succès n'ont pourtant pas été des plus encourageants. La caisse est administrée par un Comité spécial nommé par la municipalité et composé de 20 membres, mais la moitié de ceux-ci appartiennent aux associations ouvrières. La caisse vient en aide et aux syndiqués, et aux travailleurs indépendants qui ont payé durant un certain temps leur cotisation hebdomadaire à la caisse. On secourt seulement ceux qui sont allemands ou naturalisés, et qui vivent depuis une année à Munich; le secours est d'un mark par jour durant 3 semaines. Les autres dispositions sont analogues à ce que nous avons vu ailleurs. Cette caisse fonctionne depuis trop peu de temps, pour qu'on puisse en tirer un enseignement quelconque; mais il est évident qu'elle aura les mêmes défauts que les autres institutions que nous venons de passer en revue.

Pour être à peu près complet sur ce qui se fait en Allemagne au point de vue de l'assurance-chômage (ou de ce qu'on appelle ainsi), et tout en nous limitant à une esquisse rapide, nous signalerons quelques organisations secondaires qu'on assimile plus ou moins à des caisses d'assurance. Tel est le cas de l'Union des Employés de Leipzig, ou de l'Union berlinoise des Agriculteurs, qui font simplement des avances remboursables; aux fabriques Ringhoffer, ou Henri Lanz, ce sont uniquement les patrons qui accordent des secours aux ouvriers chômant, et l'on avouera que la caractéristique assurance fait encore plus défaut ici que dans les caisses où l'ouvrier subit une certaine retenue. Quelques maisons, comme la Maison Mohn d'Altona, ont créé une caisse obligatoire; mais c'est le patron qui comble le déficit quand il s'en produit; parfois, la caisse constitué une épargne sur laquelle l'ouvrier ne peut retirer qu'une certaine somme au cas de chômage, et alors les retraits sont admis au cas de chômage volontaire ou involontaire. Nous sommes là sur le terrain de l'épargne, auquel nous avions fait allusion en parlant des idées de M. Isaac; et encore bien moins qu'ailleurs, il ne s'agit vraiment point d'assurance. Du reste, pour ce qui est particulièrement de l'épargne obligatoire, elle nous semble à éviter, comme toutes les mesures obligatoires, supportées impatiemment par ceux-là mêmes qui en sont les bénéficiaires.

Nous signalerons finalement la tentative faite par la Société de coopération Produktion, de Hambourg. On a voulu, dans cette tentative, recourir aux ristournes, aux bonis coopératifs, pour organiser une caisse contre le chômage, qu'on fait encore relever du principe de l'assurance. On est arrivé tout simplement et plus modestement (ce qui prouve les dangers financiers d'une entreprise véritable d'assurance) à organiser une épargne tout individuelle, et obligatoire, en vue du chômage. Les dividendes, bénéfices provenant des achats en coopération, sont portés sur le livret individuel du coopérateur. Jusqu'à 125 francs les épargnes sont mises de côté et intangibles, sauf pour répondre à des besoins, payer des achats faits à la coopérative, au cas de chômage, de maladie, de mort. Cette épargne vient donc assurer en partie certaines ressources, mais d'application bien déterminée, si le chômage se fait sentir. Un fonds de détresse est créé de la sorte, qui n'aidera que fort imparfaitement le chômeur à sortir de peine, puisque, notamment, il contribue à l'immobiliser là où le travail fait défaut. Et cela nous remémore cette nécessité qu'il y a, en la matière, de rechercher à donner de la mobilité au travailleur.

VIII

LA LUTTE CONTRE LE CHÔMAGE EN SUISSE

Nous avons parlé de l'assurance-chômage en Allemagne avant de parler de ce qui avait été fait dans la même voie en Suisse; parce que, dans ce dernier pays, nous ne trouvons, on peut dire, rien de ce mouvement individuel ou mutuel (ce qui est souvent la même chose) que nous avons vu se produire dans les milieux ouvriers de la Grande-Bretagne, des États-Unis ou de l'Allemagne. Et pourtant, au point de vue historique de même qu'au point de vue de l'influence exercée sur les autres contrées, par des expériences d'ailleurs parfaitement malheureuses, la Suisse mériterait une place autre. M. Varlez signale, dans son intéressant livre, ce qu'il nomme les répercussions du système suisse dans les pays étrangers; il n'en reconnait pas moins (car son enthousiasme n'empêche point la meilleure bonne foi) que, de toutes les organisations créées ou qui paraissaient devoir se créer à l'imitation des premiers essais, il ne subsiste à peu près plus rien. C'est l'échec complet de ce mouvement, comme M. Sonneman l'a constaté « avec douleur » à un Congrès des Bureaux de placement allemands. On a conclu dans le camp interventionniste que « les communes suisses ont manqué à la mission qui leur avait été assignée ». Pour quelqu'un qui aurait moins d'illusions, de parti pris, et nous demandons la permission d'être celui-ci, il est assez logique de tirer de ces échecs la conséquence toute simple que la mission que s'étaient donnée les communes suisses était impossible à remplir; que les organes de lutte contre le chômage créés de la sorte ne sont pas le moyen par lequel on peut espérer diminuer et surtout faire diparaître le chômage.

Il est évidemment un peu décourageant pour le lecteur qu'on vienne lui dire, avant même de lui exposer le fonctionnement de tel ou tel organisme, que ce qui a été tenté n'a abouti qu'à la faillite; mais cela a cet avantage qu'il s'étonnera peut-être moins, au cours de l'exposé, des critiques multiples que nous serons forcé d'adresser à tant de détails ou de principes de ces organisations suisses.

C'est en 1891, et surtout en 1892, que l'on commença de s'occuper de cette assurance en Suisse. Lors du congrès d'Olten, les social-démocrates de Suisse avaient envisagé une solution interventionniste du problème du chômage : ou bien ce serait une assurance publique, ou bien des caisses plus ou moins privées, mais jouissant de subventions; on sait que cet amour de l'interventionnisme s'est manifesté de façons bien différentes en Suisse depuis un certain nombre d'années. On a tout d'abord institué une caisse facultative, puis on a continué un peu plus tard par une organisation obligatoire, en se figurant que l'obligation était la suprême sagesse en matière d'œuvres sociales, et que l'échec premier provenait simplement de ce qu'on laissait aux gens la liberté de recourir ou non à une caisse faite pour les secourir dans le besoin. Cette première caisse fondée sur le principe de la liberté, mais subsidiée, est celle de Berne, qui a commencé de fonctionner en avril 1893, à la suite d'un hiver rigoureux où le système des travaux pour chômeurs (travaux communaux) s'était montré sous son vrai jour. On avait au début songé à pratiquer à Berne un système analogue à celui que l'on trouve aujourd'hui en France, en Danemark et ailleurs : celui des subventions accordées sur les fonds publics à des œuvres privées. Et l'occasion s'était présentée de suivre cet errement en faveur de la Société des Manœuvres de Berne, qui s'était formée en 1892 : c'était une sorte d'association mutuelle, mettons une assurance ouvrière, où chacun des 700 membres versait par mois la valeur d'une heure de travail, et avait droit au secours de chômage au bout de 6 mois de ces versements pour constituer le fonds de secours; mais le peu d'importance de cette association ne vaut pas que nous y insistions. En tout cas, le Conseil communal de Berne ne voulut pas disposer d'une partie des fonds publics en faveur d'une association correspondant à un seul corps de métier : cette raison de sa détermination ne nous semble pas excellente, car, en subventionnant tous les ouvriers chômeurs, il n'en devait pas moins faire acception de personne, et favoriser une catégorie de citoyens aux frais des autres.

Toujours est-il qu'après des études que nous n'avons pas à exposer, on décida, en avril 1893, de créer une Caisse municipale générale, formant une branche du service de placement, qui devait naturellement lui aussi aider à lutter contre le chômage, en cherchant des emplois aux chômeurs. On avait procédé d'abord timidement, en ne faisant cette création que pour deux années; mais on l'a prorogée ensuite peu à peu, au fur et à mesure du reste que le succès semblait s'éloigner davantage : et cela parce que les interventionnistes ne voulaient point s'avouer vaincus. On avait prévu, primitivement, que l'ouvrier assuré verserait une cotisation de 0 fr. 40 par mois, et on était bien obligé, tout en se lançant dans l'aventure sans aucuns relevés effectifs de la proportion de chômeurs, de prévoir une subvention municipale importante : elle devait être de 5 000 francs. On admettait à s'assurer des gens de n'importe quel âge; si bien que, en 1899 par exemple, la proportion des gens de plus de soixante ans sur le total des assurés était de un neuvième : on comprend si cela devait charger lourdement la caisse, les gens âgés trouvant moins facilement du travail que les jeunes. C'est en partie cette situation qui a fait modifier les statuts de la caisse, en cette année 1899; elle ne pouvait tenir ses engagements, en dépit de la subvention publique et des dons de patrons; et il fallut la réorganiser, tout en augmentant le secours de chômage, afin d'attirer des assurés en nombre plus important. On avait commencé par relever la cotisation à 50 centimes; mais il a été nécessaire ensuite de la porter à 0 fr. 70, toujours par mois, et seuls ont pu désormais s'assurer les ouvriers suisses de moins de soixante ans et un jour, vivant à Berne. La subvention municipale fut enfin élevée à 7000 francs, puis à 12 000 francs, et certaines années elle a dépassé considérablement ce chiffre. On remarquait rapidement la proportion élevée des chômeurs, et l'on en tirait argument pour affirmer que seule une caisse obligatoire pouvait rencontrer le succès; parce que du moins, avec l'obligation, on ne voyait pas uniquement s'assurer ceux pour lesquels les chances de chômage étaient très élevées, entraînant pour la caisse le payement d'indemnités considérables. Pour abaisser un peu la proportion des chômeurs, l'Administration municipale n'a trouvé rien de mieux que d'adopter partiellement l'obligation, en rendant l'affiliation obligatoire pour une partie des assurés : il s'agissait des employés municipaux, qui ont été forcés de s'assurer à cette caisse, bien que naturellement leurs chances de chômage soient très faibles. C'était un moyen détourné d'augmenter les ressources de la caisse en abaissant relativement ses charges. Les premières années, les patrons avaient apporté des dons assez importants, quelque 1 200 francs par an, à la caisse; mais leur zèle se ralentit peu à peu lorsqu'ils s'aperçurent qu'une combinaison de cette sorte était une simple institution d'assistance plus ou moins déguisée, et qu'elle ne donnait guère de résultats dans la lutte contre le chômage.

Quelles sont les charges de cette caisse? En principe, et d'après les statuts primitifs, a droit à un secours l'assuré qui a cessé d'être occupé depuis une semaine, et cela seulement durant l'hiver, entre le commencement de décembre et la fin de février; encore faut-il qu'il soit assuré depuis 6 mois et qu'il ait pendant ce temps payé régulièrement ses cotisations; il perd tout droit sur la caisse s'il est en retard de 3 mois sur ses cotisations. Depuis la réforme des statuts, le stage donnant droit aux secours a été porté à huit mois. Et, de toute manière, il faut prouver qu'on a été employé dans le courant de l'année au moins 6 mois chez un patron, et moyennant salaire, sauf le cas de maladie ou de service militaire. On voit que des précautions avaient été prises pour limiter les cas où la Caisse aurait à payer l'indemnité de chômage. Cette indemnité avait été fixée primitivment à 0 fr. 95 par jour pour les célibataires et à 1 fr. 50 pour les gens mariés; nous devons reconnaître qu'elle a été relevée à 1 fr. 50 et 2 fr. depuis la réforme des statuts; mais n'est-ce pas curieux que de voir relever les indemnités versées par une caisse dite d'assurance, au fur et à mesure que ses ressources s'accusent comme plus insuffisantes? On voulait naturellement accroître de la sorte le nombre des assurés, pour démontrer aux incrédules que cette caisse était appréciée du monde ouvrier. Au point de vue de l'organisation, nous ajouterons que l'indemnité de chômage est payée sur le taux indiqué durant un mois; au delà, la Caisse fait ce que lui permet la situation de ses fonds. De plus le secours ne peut jamais se continuer plus de 10 semaines (autrefois le temps maximum était de 2 mois). Nous retrouvons dans les statuts de cette caisse des dispositions analogues à celles que nous avons rencontrées ailleurs, au sujet du contrôle des chômeurs, du manque de travail par incapacité, qui ne donne pas droit à l'indemnité, etc. On a tenté à un moment, et en dehors des placements par le Bureau, d'employer une partie des chômeurs à des travaux municipaux; mais cela a donné lieu à des difficultés multiples, par exemple pour les salaires, etc., ce qui n'est pas pour nous étonner.

Les diverses constatations que l'on peut faire en parcourant les comptes rendus successifs de la caisse, ne sont pas encourageants, il s'en faut de beaucoup, et à tous égards. Le nombre des assurés n'est point considérable, surtout étant donné qu'on se trouve dans une ville de l'importance de Berne : on est arrivé à quelque 600 à 700 assurés, dans les meilleures années (nous entendons meilleures au point de vue de la fréquentation de la caisse). De 1895 à 1900, le nombre des adhérents n'avait guère augmenté que de 200 unités. Chaque année, on est obligé de procéder à de très nombreuses radiations, parce que multiples sont les ouvriers qui payent irrégulièrement leurs cotisations : l'appât de la subvention municipale, des avantages du bureau de placement, des emplois que les patrons s'ingénient à réserver aux chômeurs (tout en diminuant leurs dons en argent) n'est pas suffisant pour retenir les adhérents à la caisse. Aussi ne faut-il pas s'étonner que la proportion des chômeurs soit toujours élevée; car, ainsi que nous l'avons vu dans d'autres institutions du même genre, ne s'assurent que ceux qui savent devoir tirer gros avantage de cette assurance, par la quasi-certitude où ils sont de faire rapidement et largement appel aux secours de chômage de l'institution. A chaque instant, le nombre des assurés se déclarant en chômage et réclamant l'appui effectif de la caisse, représente un pourcentage énorme de 60, 68, 70 p. 100! Cette proportion ne descend pas au-dessous de 40 p. 100. D'ailleurs, les assurés appartiennent presque exclusivement à la catégorie des manœuvres dépendant des entreprises de construction.

Si nous considérons le fonctionnement de la caisse pendant une période de dix années, nous verrons que les indemnités totales versées arrivent à former une somme de près de 130 000 francs, tandis que les cotisations versées par les soi-disant assurés ne dépassent pas 22 000 francs! Il faut une année exceptionnelle, où le chômage d'hiver n'a pas été notable, pour que les cotisations ou primes d'assurance représentent presque le quart des dépenses faites par la caisse pour venir en aide aux chômeurs. La subvention municipale est arrivée à former les 70 p. 100 des recettes de cette institution dite d'assurance; dans ces conditions, on ne pourra pas s'étonner que (en nous rencontrant avec les partisans déterminés de l'intervention en matière d'assurance) nous insistions sur le caractère dominant d'assistance de cette caisse. M. Schloss, avec son tempérament anglais, mesurant, avec raison, le succès des entreprises à ses résultats effectifs, a signalé l'échec commercial de cette entreprise, qui ne peut être considérée comme une « self supporting institution ».

Il y a donc faillite du système de l'assurance facultative, mais subventionnée, et largement subventionnée. Pourtant, que n'a-t-on fait pour limiter les responsabilités de la caisse, pour augmenter ses ressources, pour lui demander le concours d'assurés ne venant pour ainsi dire jamais à la distribution des secours! M. Varlez reconnaît que « cette caisse est une caisse de bienfaisance surtout, où les membres ouvriers ne supportent qu'une part bien faible du coût de l'assurance ». MM. Henry et de Lavergne, après avoir dit que cette caisse a donné des résultats assez satisfaisants, reconnaissent qu'elle n'a apporté que peu remède aux conséquences du chômage.

Ainsi qu'il arrive chaque fois que l'on voit échouer des mesures partiellement interventionnistes, on en a conclu non pas aux mauvais effets de l'interventionnisme, mais à l'insuffisance de l'intervention en l'espèce; et les docteurs en socialisme, comme M. Reichesberg, ont pris argument de cet insuccès indéniable pour proclamer les avantages précieux et décisifs de l'obligation. Nous allons voir ce qu'elle a donné à Saint-Gall.

Cette caisse obligatoire, qui a abouti à un échec lamentable, mais qu'il eut été facile de prévoir en se basant sur les principes économiques, a été l'objet d'études multiples ; nous devons néanmoins y insister quelque peu. D'autant que ces études n'ont pas suffi à éclairer les partis pris, et que les partisans de l'obligation ne continuent pas moins d'en vanter la merveilleuse efficacité et d'en réclamer de nouvelles applications. Nous comprenons du reste fort bien l'idée, ou l'illusion, qui fait demander l'obligation : c'est le désir de réunir dans une même institution un très grand nombre d'assurés, afin de faire peser les risques sur une surface très vaste, de les répartir sur un nombre considérable de têtes ; cela allège d'autant la charge individuelle, et assure des recettes très suffisantes (en principe) pour payer les secours et indemnités. Malheureusement l'obligation, précisément parce qu'elle viole cette liberté individuelle dont on dit tant de mal et qui a fait tant de bien, pousse chacun à essayer de fuir l'enrégimentement auquel on veut le soumettre de force ; les gens consentiraient peut-être les mêmes sacrifices (l'exemple des trade-unions est là pour nous en convaincre) s'ils étaient libres de décider d'eux-mêmes, et de réellement les consentir par un acte de leur libre arbitre.

Le principe directeur de la Caisse de Saint-Gall est l'affiliation obligée de tous les ouvriers suisses ou étrangers habitant la commune. C'est par un texte du 19 mai 1894 que le Grand Conseil du canton de Saint-Gall avait donné pouvoir aux autorités municipales et communales d'introduire un système d'assurance, qui serait obligatoire pour tous les salariés du sexe masculin dont le gain quotidien ne dépasserait pas 5 francs; ceux qui gagnaient davantage avaient simplement la faculté de s'assurer s'ils le désiraient et dans les mêmes conditions. D'autre part la loi spécifiait que tout individu qui prouverait faire partie d'une association procurant une indemnité de chômage au moins équivalente au secours distribué par la caisse obligatoire, serait exempté de l'obligation. On avait également prévu la possibilité de l'établissement d'une assurance obligatoire ou non au profit des femmes. La loi avait arrêté d'autres conditions générales auxquelles on devrait se soumettre dans l'établissement de la caisse; on s'imaginait avoir ainsi prévu toutes les imprudences coûteuses ou par trop audacieuses! Par exemple personne ne serait susceptible de recevoir l'indemnité de chômage, que s'il était prouvé qu'on était dans l'impossibilité de lui offrir un travail correspondant à sa profession accoutumée ou à ses forces, et avec un salaire équivalent au salaire normal de la région. Le droit à indemnité ne s'ouvrirait que quand l'assuré aurait payé les primes fixées par les statuts pendant une période préalable d'au moins 6 mois; et l'on pouvait imposer un stage plus long aux étrangers. De plus, les dépenses d'administration devaient être supportées par le budget de la police. C'étaient seulement les autres dépenses qui étaient couvertes par les primes, par les souscriptions ou les dons, par des subventions des municipalités ou des communes, limitées à un taux assez faible par personne assurée et par an; enfin on prévoyait comme ressources complémentaires des subventions du canton, à fixer dans le budget général, et des subventions du gouvernement fédéral (s'il voulait bien en donner). On imitait en somme, plus ou moins consciemment, les dispositions et principes adoptés dans les caisses des syndicats, trade-unions; mais à cette différence près que l'adhésion à l'assurance n'était plus librement consentie, et que par conséquent les assurés ne se sentaient pas *chez eux* et cherchaient à exploiter cet organisme administratif; à cette différence aussi que l'administration même de la caisse était entre les mains de fonctionnaires, qui n'étaient aucunement intéressés à surveiller les fraudes susceptibles de se produire dans une organisation de ce genre.

Si nous examinons le fonctionnement de plus près (beaucoup d'auteurs ayant laissé un peu dans l'ombre cette malheureuse tentative interventionniste), nous voyons que la commune de Saint-Gall ne put entraîner dans sa tentative les municipalités de Tablat et de Straubenzell; et elle se lança seule, le 1er juillet 1895, dans une expérience dont la durée était fixée à deux années. Mais elle ne devait pas se prolonger si longtemps, la démonstration des défauts de cette conception s'étant fait sentir bien vite. Les primes hebdomadaires à payer par les assurés variaient suivant leurs salaires : 12, 20 ou 30 centimes, suivant que le salaire était de 3 francs au moins, de 3 à 4 francs, ou enfin de plus de 4 francs. Étaient exemptés du payement de la prime les assurés recevant l'indemnité de chômage, et par suite se trouvant dans la situation de chômage; puis les malades produisant un certificat médical; enfin les blessés qui ne recevaient pas d'indemnité en conséquence de la législation sur la responsabilité des accidents. Le délai de stage avait été porté pour les étrangers à 12 mois (ce qui ne montre pas un internationalisme très marqué!). L'indemnité de chômage se présentait sous la forme d'un versement quotidien qui ne pouvait se répéter pendant plus de 60 jours ouvrables d'une année quelconque; elle était fonction du montant même de la prime d'assurance dont nous venons d'indiquer le taux variable. Les trois tarifs correspondants étaient de 1 fr. 80, de 2 fr. 10, et de 2 fr. 40. La municipalité avait porté au maximum permis l'importance de sa subvention.

Des clauses secondaires avaient été prévues pour protéger la caisse de dépenses particulièrement élevées : non seulement l'indemnité n'était jamais versée pour les chômages ne dépassant pas 5 jours (calculés sur un espace de 3 mois); mais encore, dans les moments de crise industrielle, le Comité d'Administration pouvait réduire l'indemnité à verser aux célibataires à une somme d'un franc seulement; et si les fonds venaient à par trop s'épuiser, on pouvait, de plus, faire porter la réduction sur les assurés recevant le tarif le plus élevé (et ayant payé les plus fortes primes); enfin, on pouvait abaisser toute la série des indemnités. Ces prévisions ne laissaient pas supposer qu'on avait grande confiance dans le fonctionnement pécuniaire de la caisse. Bien entendu, on ne versait pas d'indemnité à ceux dont le chômage était causé par une réelle mauvaise conduite, par une grève, ou à ceux qui avaient refusé du travail sans motif légitime, qui étaient incapables de travailler par suite d'accident, de maladie ni enfin aux gens sous les drapeaux. A noter que les compositeurs d'imprimerie étaient exemptés de participer à la caisse, leur Union leur versant des indemnités de chômage. On avait de plus exempté (nous employons le mot volontairement au lieu de « exclu », parce que l'obligation n'était pas appréciée par la plupart des gens) les commissionnaires, portefaix, parce qu'il était malaisé de se renseigner sur leurs salaires ou leur situation de chômeurs. Les employés des postes et des chemins de fer n'avaient pas davantage à s'affilier, car on considérait qu'ils étaient à l'abri de tout chômage véritable, un renvoi ne se produisant qu'en cas de mauvaise conduite.

Nous ne serons démenti par personne en disant que cette caisse obligatoire, ou cette obligation, si l'on veut, fut mal reçue de tous ou à peu près. On avait beaucoup de peine à amener les assujettis à se faire inscrire sur les registres de contrôle; et pourtant la résistance était punissable d'amendes ou même de prison. Au bout de six mois 150 réfractaires avaient été relevés, et 350 à la fin de la première année. Et on constatait qu'un nombre relativement énorme de gens se donnaient comme touchant des salaires très minimes, afin d'avoir à payer des primes plus faibles; il leur était indifférent de se faire ainsi porter dans une catégorie n'ayant droit qu'à des secours de chômage très faibles, ils voulaient surtout éviter autant que possible de payer ce qu'ils tenaient pour un impôt. Il va sans dire que le payement des primes se faisait avec la plus grande difficulté. C'était encore bien pire de la part des étrangers, qui se sentaient mis un peu hors la loi par la clause que nous avons indiquée; dans le courant de la première année, 538 sur 1 027 avaient cessé leurs versements; ils recouraient à l'émigration hors de la ville pour fuir ce que nous avons appelé un impôt. On avait estimé à 3 000 le nombre des assurés possibles; or, à la fin de la seconde année ou à peu près, il y avait 1 396 assurés qui devaient à la caisse plus de 5 000 francs de primes arriérées. Nous ne voulons pas insister sur les détails du fonctionnement normal de la caisse; mais il est intéressant de remarquer que celle-ci, réunissant dans une sorte d'association amorphe les métiers les plus divers, sans se baser sur autre chose que sur les gains pour les primes ou les indemnités de chômage, répartissait ses secours de façon fort irrégulière entre les divers corps de métiers. Effectivement, parmi les journaliers, on en comptait 33 p. 100 de secourus, bénéficiant de l'assurance, tandis que, dans certains autres métiers que l'on tient pourtant pour saisonniers, le chômage ne frappait que 15 p. 100 des assurés; sur l'ensemble des assurés la proportion tombait à 3 p. 100. En moyenne, du reste, les chômeurs touchaient longtemps les indemnités, quand ils étaient admis à les recevoir, puisque la moyenne des versements atteignait 35 jours et plus par homme secouru. La première année, les primes versées s'étaient élevées à environ 22 000 francs, alors que les indemnités payées atteignaient à peu près 24 000 fr.; mais le déficit était faible parce que pendant six mois au moins (suivant les clauses indiquées) les secours de chômage n'avaient pas joué. La deuxième année, les dispositions générales avaient leur plein effet; et, pour un encaissement de 16 000 francs, on avait à débourser en indemnités de chômage presque 39 000 francs. On ne s'étonnera pas si la caisse avait reçu de la Municipalité de Saint-Gall une subvention totale de 23 000 francs et du Canton, plus de 6 000 francs. Tout naturellement, il avait suffi d'un fonctionnement de deux années pour entraîner un déficit relativement considérable, qui montrait éloquemment les résultats de l'obligation dans l'organisation d'une caisse de chômage. Les gens soumis à cette obligation tâchaient d'y échapper par tous les moyens, et quand ils avaient été saisis malgré tout et enrégimentés, ils tentaient de ne point payer leurs primes. En fait, un quart des ouvriers de Saint-Gall ne furent jamais assurés; l'exemple de ceux qui avaient été inscrits n'était pas pour les encourager, car 15 p. 100 n'avaient aucun droit à des secours quand ils étaient frappés par le chômage, principalement parce qu'ils n'avaient pas terminé leur temps de stage. Et pourtant, il ne faut pas oublier que les ouvriers avaient bel et bien voix au chapitre dans le fonctionnement de la caisse : le Comité d'administration comprenait 2 membres choisis par le Conseil municipal, mais aussi 7 ouvriers appartenant à la catégorie des assurés : de ces 7 assurés, 4 étaient nommés par la Fédération du Travail et pris parmi ses membres, un autre était nommé par elle, mais en dehors des unionistes, et 2 autres étaient nommés par le Conseil municipal.

Les ouvriers montraient la plus vive hostilité à la caisse, et nous en trouvons des preuves dans des études dues au Dr Reichesberg, au Dr Hoffmann, et aussi dans les rapports officiels. Les travailleurs fuyaient (et avec raison) cette solidarité, dont les meneurs socialistes font tant état dans leurs discours. Et c'est au moins autant sur les désirs des ouvriers que pour débarrasser la municipalité d'un enfant qui lui coûtait cher, que, en novembre 1896, on décida la cessation de cette entreprise si malheureuse. Bien entendu, les ouvriers et les écrivains socialistes n'avaient pas négligé cette occasion de réclamer l'intervention des patrons sous forme du payement d'une contribution obligatoire; de son côté, M. Jay a prétendu que l'échec de cette caisse obligatoire provenait simplement de ce qu'on avait directement demandé la cotisation aux ouvriers, au lieu d'obliger les patrons à la prélever sur les salaires. Certainement, cela aurait assuré plus effectivement la rentrée de ces primes, mais les défauts de la conception seraient demeurés les mêmes. On ne s'est pas livré à des suppositions tendancieuses, en prétendant que la Caisse de Saint-Gall attirait les mauvais éléments, ne profitait qu'aux mauvais ouvriers (aux dépens des bons); le rapport officiel de la deuxième année dit parfaitement qu'une foule d'individus tiraient tout ce qu'ils pouvaient de la Caisse, puis quittaient

Saint-Gall pour se débarrasser du payement des primes. Ce rapport accuse du reste l'existence d'une véritable clientèle régulière pour la caisse, et dont la formation était d'autant plus facile qu'on ne faisait pas observer les clauses défensives qui avaient été arrêtées au début. On voyait des gens payer brusquement toutes leurs cotisations arriérées, afin de pouvoir toucher pendant le temps maximum l'indemnité de chômage. La surveillance de la répartition des indemnités était confiée à un comité composé uniquement d'ouvriers; et ils étaient très libéraux avec ces fonds qui, pour la plus grosse part, ne sortaient point de leur poche. On distribuait bel et bien des indemnités à des individus qui n'y auraient point eu droit d'après les statuts de la caisse. On ne faisait aucune enquête pour vérifier l'état de chômage des gens secourus; à bien plus forte raison ne cherchait-on pas pourquoi ils avaient perdu leur emploi; des gens venaient de villes environnantes où le travail abondait, pour vivre à Saint-Gall des subsides de la caisse, etc. C'était une clientèle assez assidue des cabarets. Bon nombre de secourus se refusaient, sous des prétextes variés, à accepter la besogne qu'on leur offrait.

Cet échec caractéristique n'a pas convaincu les partisans quand même de l'assurance obligatoire; et si nous voulions nous lancer dans l'examen de leurs projets, innombrables seraient ceux que nous aurions à passer en revue. Des gens comme M. Herkner ou M. Hoffmann déclarent gravement que le système paraît avoir de l'avenir « dans un pays démocratique comme la Suisse ». Il est vrai qu'ils veulent un mélange d'assurance syndicale et d'assurance communale : ce qui peut se traduire plus brutalement par le mot de subvention; il s'agit d'imposer aux contribuables des subventions en faveur d'une catégorie d'individus.

Aussi bien, et sans parler de tentatives d'assurance obligatoire qui ont complètement avorté dans l'œuf à Zurich et à Bâle, nous devons une mention spéciale à une caisse d'assurance contre le chômage d'origine professionnelle, un peu analogue par conséquent à ce que nous avons trouvé en Angleterre, aux États-Unis ou en Allemagne; mais où le principe des subventions s'est infiltré, comme dans tant d'autres pays dont nous avons à parler. Il s'agit de la caisse créée en 1901 à Bâle par l'Union des ouvriers de cette ville. Pleine de bonnes intentions, l'Union a cherché à lutter contre ce qu'on peut appeler les faux chômeurs; elle s'efforce aussi de prévenir les abaissements de salaires résultant du chômage; elle veut tenir le public au courant de celui-ci, des mouvements des salaires. D'ailleurs, dans ses statuts, elle admet à faire partie de sa caisse aussi bien les non syndiqués, pourvu qu'ils vivent et travaillent dans la ville. Elle a montré immédiatement qu'elle comptait ne pas « faire d'elle-même », mais au contraire réclamer les secours du budget public et des autorités administratives. En premier lieu, elle se réserve de demander à ces autorités de procurer aux chômeurs un travail suffisant et convenablement rétribué (c'est toujours l'idée des ateliers plus ou moins nationaux). Et dans les ressources naturelles de la caisse, elle prévoit les subventions de la Municipalité; elle n'oublie pas non plus les contributions des membres honoraires, les collectes, en même temps, il est vrai, que les subsides des syndicats. Comme de juste, les versements, ou ce qu'on appelle les primes des assurés, jouent leur rôle dans l'ensemble des ressources. La base de la prime est, comme à Berne, une certaine proportionnalité au salaire gagné par l'assuré (ce qui a de réels inconvénients); cette prime est respectivement de 0 fr. 40, 0 fr. 50 et 0 fr. 60 suivant que le salaire est de 4 francs au plus, ou de 4 à 5 francs, ou enfin de 5 francs, et plus. Le montant de l'indemnité n'est pas fixé à l'avance : il est déterminé par le Comité du fonds de secours, de concert avec le Comité des assurés. On s'est prémuni contre une certaine exagération de la proportion des chômeurs, en n'admettant à l'assurance que des hommes âgés de moins de cinquante-cinq ans. Pour pouvoir demander une indemnité de chômage, il faut avoir chômé d'abord 15 jours; et si le chômeur, une fois qu'il a signalé sa situation à la caisse, trouve un travail qu'il ne considère que comme temporaire et pis aller, on ajoute au délai d'attente un jour pour chacune des journées où il travaillera ainsi à une occupation d'occasion. Si, après expiration du délai d'attente imposé, le chômeur n'a pas trouvé d'emploi dans son métier, il reçoit l'indemnité; toutefois, s'il se livre alors encore à un travail occasionnel, il ne reçoit l'indemnité qu'un jour sur deux. Toute cette organisation est un peu compliquée, mais on se rend compte qu'on l'a combinée ainsi pour diminuer les dépenses de la caisse. Pour être secouru il faut, comme d'ordinaire dans les caisses citées antérieurement, avoir payé régulièrement ses cotisations durant 6 mois; si l'on est en retard de plus de 3 mois, on paye d'abord une amende de 1 franc, et si l'on est frappé de chômage le délai d'attente dont nous avons parlé est augmenté d'autant de semaines qu'on était en retard.

On a prévu le cas où un sixième des membres se déclareraient simultanément, ou à peu près, en chômage : on convoquerait alors une assemblée extraordinaire pour décider s'il faudrait élever le taux des cotisations; en cas de manque de fonds, on a prévu que les secours seraient donnés en nature. Tout cela montre une grande ingéniosité. Mais on ne peut pas dire que le titre de Caisse « d'assurance », pris par la Caisse de Bâle, soit vraiment justifié. Les cotisations des assurés ne représentent pas 45 p. 100 des indemnités versées.

Beaucoup de membres ne remplissent pas exactement leurs obligations; il est vrai que les subventions et les dons sont là pour parer à ces méconvenues, et bien au delà. Sur un budget de recettes de 9 000 francs à peu près, les ouvriers donnent moins de 2 400 francs, les membres honoraires quelque 1 300 francs, l'État 1 500 francs, le budget cantonal 3 000 francs, et la Société coopérative 1 000 francs. Ici encore, ce qui domine, n'est-ce pas le caractère de bienfaisance que l'on trouve en somme à la base de toutes les organisations où la subvention joue un rôle plus ou moins important? Et pourtant les dirigeants ont en 1907 reconnu que la caisse « ne prospère pas ».

Telle est la situation pour la Suisse, résumée brièvement, mais avec ses caractères essentiels. Nous avons dit que les projets ne manquent pas; on y parle beaucoup d'assurance obligatoire, et surtout de subventions.

Au surplus une loi du 16 décembre 1909 a prévu, pour le canton de Bâle-Ville, la création d'une caisse officielle de chômage, et d'autre part l'allocation de subventions à des caisses privées; c'est le gouvernement cantonal qui a été autorisé à organiser la caisse officielle, sur la base de l'affiliation volontaire des ouvriers ou ouvrières ayant une résidence ininterrompue de six mois dans le canton; sont exclus de cette caisse ceux qui sont déjà membres des caisses privées subventionnées par l'État, les ouvriers et ouvrières n'ayant pas dix-sept ans, ceux qui sont incapables de travailler ; enfin ceux qui n'ont pas travaillé pendant trois mois au moins dans le territoire du canton. L'administration de la caisse se fait sous le contrôle d'une commission administrative, comprenant un bon nombre de membres désignés par les assurés eux-mêmes. C'est le Trésor qui prend à sa charge les frais de création et d'organisation de la caisse. De plus il alloue les subsides nécessaires au paiement des secours aux membres, en tant que les cotisations ou les autres ressources sont insuffisantes; les assurés sont tenus de verser à la caisse des cotisations mensuelles dont le taux est fixé par le Conseil d'État, cotisations graduées suivant la profession, le salaire ou les conditions de vie, et réduites au cas où un assuré n'a fait appel que pendant peu de temps aux ressources de la caisse. Quand ils sont affiliés depuis six mois au moins, les assurés ont droit, en cas de chômage involontaire, et s'il est impossible de leur procurer du travail, à des allocations journalières dont le taux est fixé dans les mêmes conditions. Le secours ne peut excéder en principe les deux tiers du salaire. Il ne commence qu'au bout du quatrième jour après déclaration de chômage. Un crédit annuel de 35000 francs au maximum a été immédiatement ouvert. Nous n'insisterons pas longtemps sur cette caisse, qui est loin d'avoir fait encore ses preuves. Pour recevoir les subventions qui ont été également prévues par la loi, les caisses privées doivent en faire la demande, et exister depuis six mois au moins. Il faut de plus qu'elles comptent au moins 50 membres assurés résidant dans le canton. La Bourse du Travail du canton et les diverses branches de l'administration doivent fournir du travail aux chômeurs assurés soit par la caisse officielle, soit par une caisse subventionnée, de préférence aux autres chômeurs. Quant au taux de la subvention accordée à ces caisses privées, il se règle sur la base du montant des cotisations ordinaires versées par les assurés et du montant des allocations effectivement payées. On oblige à la constitution d'un fonds de réserve; et dès qu'il atteint une certaine somme, la subvention baisse de droit. Nous ne voyons pas pourquoi cette nouvelle organisation, nouvelle surtout dans des détails de forme, est susceptible de donner des résultats bien meilleurs que tous les organismes que nous avons déjà passés en revue.

Quelques-uns nous trouveront sans doute bien sévère pour cette forme d'interventionnisme mitigé ; vraiment, les résultats qu'elle donne un peu partout ne sont pas pour nous faire changer d'opinion; et nous allons chercher si en Belgique, par exemple, cette pratique a eu les effets qu'on en attendait.

IX

LES FONDS DE CHÔMAGE BELGES

Parlant de la Belgique, M. Crosson du Cormier dit que « le mouvement syndical n'y a pas pris, dès le début, le bel essor dont les syndicats anglais et américains nous fournissent l'exemple ». Il aurait pu supprimer les mots de « dès le début »; car, en réalité, ce n'est point le *self help* et l'initiative privée, travaillant avec ses propres moyens et ses propres forces, que nous trouvons en Belgique; non seulement il faut faire quelques réserves sur l'expansion de l'assurance-chômage entendue au sens le plus large, ou le plus inexact, du mot; mais encore ce mouvement n'est fait que de subsides publics, appuyant de la manière la plus large les sacrifices des syndiqués ou ouvriers.

Sans doute, dès 1900, on insistait complaisamment sur ce que la Belgique possédait 146 syndicats, qui disposaient des caisses parant, essayant de parer plutôt aux risques de vieillesse, d'accidents, de chômage, formant un fonds de secours mutuels. Sans doute aussi, une enquête de 1901 avait interrogé les unions professionnelles existant dans le pays, et constaté que 40 avaient un but d'assistance contre le chômage, plus ou moins mitigé, dans certains cas, de mutualité. Mais il faut voir comment ces caisses fonctionnaient, ce qu'on appelait le parti ouvrier le mieux organisé étant justement celui qui jouissait des plus larges subsides; et cette floraison de l'assurance-chômage (qu'on exagérait du reste quelque peu dans ses efforts) n'était qu'une imitation des institutions plus ou moins d'assistance que nous avons rencontrées ailleurs. En interrogeant les statistiques dressées en 1902, par exemple, par une commission ouvrière pour l'agglomération de Bruxelles et où certainement les chiffres ont été donnés avec une propension à l'exagération, nous constatons que, dans une année, les 35 syndicats de Bruxelles n'avaient guère distribué que 60 000 francs en secours de chômage. Les résultats acquis sont assez minces, si l'on considère le montant des subventions publiques distribuées un peu de tous côtés aux chômeurs ou caisses d'assurance plus ou moins syndicales; et surtout si l'on songe qu'on a voulu nous donner en France l'organisation belge, tout particulièrement le Fonds Gantois, comme le modèle à suivre, comme la solution vraie du problème. En fait, notre législation actuelle en faveur de la lutte contre le chômage et sur le fonctionnement de nos assurances ouvrières, a été influencée puissamment par l'exemple de ce Fonds Gantois, dont nous n'allons pourtant pas constater des effets si merveilleux. Nous devrons exposer sommairement tout cela; mais, pour avoir des détails plus circonstanciés, et naturellement des appréciations plus favorables, on n'aurait qu'à se reporter à l'ouvrage de M. Varlez, qui est le père, peut-on dire, de cette institution. Il l'a décrite complaisamment, et il considère qu'il y a là quelque chose de nouveau; mais l'idée et la pratique des subventions accordées aux caisses ouvrières sur les fonds d'un budget public, ne sont point choses bien nouvelles; tout au plus à Gand a-t-on donné à ces subventions une forme nouvelle.

En dehors même de Gand, dès 1897, le Conseil Provincial de Liége avait inscrit à son budget un crédit de 1 500 francs, à distribuer en subventions aux caisses mutuelles d'assurance ayant au moins deux années d'existence; on avait cherché, ici aussi, des combinaisons ingénieuses pour que ces subventions ne devinssent pas pour les caisses la source de véritables bénéfices aux dépens du public : comme si cela n'était pas le résultat inévitable d'une combinaison de ce genre. Le subside était distribué : un tiers en proportion du nombre des assurés; un tiers en proportion du montant des cotisations, et l'autre tiers proportionnellement aux indemnités de chômage allouées. Cela n'empêche qu'en 1901 la subvention avait déjà servi à verser près de 1 240 francs à des gens dont les efforts personnels se mesuraient par une somme de seulement 1 220 francs. On voit quelle proportion plus que dominante tenait le subside dans le montant des indemnités de chômage : c'était édifiant, mais cela n'a édifié personne. Il est bien vrai qu'ensuite la subvention ne formait plus guère que 53 p. 100 des indemnités versées; mais tout simplement parce que le crédit était épuisé jusqu'à concurrence des 1 500 francs, et que, par suite, il fallait bien que les caisses versassent quelque chose pour paraître jouer leur rôle de façon effective. Aussi bien, le Conseil Provincial releva son subside à 3 000 francs en 1903, ce qui a porté ou maintenu la proportion du facteur assistance, dans cette caisse de soi-disant assurance, à un chiffre légitimant bien ce mot d'assistance que nous venons de prononcer. Nous pourrions ajouter que les combinaisons ingénieuses imaginées pour la répartition de fonds entre les diverses caisses ou associations, n'empêchent point des inégalités que l'on peut qualifier d'injustices ; quoique les caisses n'aient évidemment aucuns droits sur ces fonds appartenant à l'ensemble des contribuables. Une année, on a vu un syndicat qui avait consacré 1 fr. 50 à l'assurance, recevoir du budget une subvention de près de 310 francs; une autre année, un syndicat qui n'avait rien distribué du tout en secours de chômage, n'en recevait pas moins 77 francs de subside : somme très minime en elle-même, mais aucunement justifiée par la nécessité d'un encouragement à un effort personnel des intéressés.

Entre temps, et sans doute parce que l'on trouvait ces divers résultats encourageants, le Conseil Communal de la ville de Gand avait songé à organiser quelque chose de plus ou moins analogue; dans une bonne intention comme toujours, mais sans assez se préoccuper de donner à sa philanthropie une forme habile et pratique. En principe, on limitait d'abord les projets aux employés ou ouvriers ne gagnant pas plus de 1 500 francs par an : on sait combien ces limitations sont arbitraires; et les syndicats ouvriers anglais, qui pratiquent si bien l'assurance, ou du moins les secours chômage, ne songent pas à déclarer que, au delà de tel revenu — du reste assez mince — on n'a plus le droit de songer à prévenir le mal du chômage, et on n'a plus besoin de prévoyance. On prétendit faire une création absolument nouvelle, de soutien et de relèvement social, en répudiant (dans les mots) le principe de la charité. Et, après une année d'études, on arrivait à formuler les principes de l'organisation future : répartition par un comité spécial d'une somme déterminée à l'avance, et constituant une subvention qui servirait à majorer, autant que possible à doubler, les indemnités versées par les syndicats à leurs chômeurs. Qu'on remarque tout de suite que, si M. Varlez repoussait l'idée d'une caisse communale de chômage, il arrivait néanmoins et forcément, dans les faits, aux mêmes résultats. Ajoutons qu'on ne voulait pas paraître créer un privilège pour les syndiqués; et l'on prévoyait une organisation secondaire au profit des chômeurs non affiliés : ici, on faisait porter la majoration sur tous les retraits à la Caisse d'épargne effectués, sur leurs livrets, par ces chômeurs, mais dans la limite de 1 franc par jour et 50 francs par an. Cette limitation constituait une inégalité qui s'augmentait encore de ce fait que, parmi ces derniers, beaucoup pouvaient ne pas avoir de livret de Caisse d'épargne : il est moralement plus malaisé de se constituer une épargne, que de verser une cotisation à une association. Cette combinaison devait donc pousser à l'affiliation aux syndicats, et nous ne sommes pas bien sûr que cela n'ait pas été la pensée des créateurs du Fonds Gantois; au surplus, nous verrons que cette seconde manifestation de l'activité de la caisse communale n'a pour ainsi dire donné aucun résultat; que, en fait encore une fois, les subsides n'ont profité qu'aux seuls syndiqués.

Examinons d'un peu plus près les statuts et l'organisation de cette caisse, que l'on a appelée un peu pompeusement et sans preuves une fondation type, capable de servir de base à des institutions nouvelles, tant « pour les organismes qu'elle a créés que pour les données qu'elle a permis de dégager ». Et l'on va, dans cet enthousiasme, jusqu'à dire que, depuis la création de M. Varlez, le chômage n'est plus un mal incurable. Il est bien sûr que la subvention à des caisses qui groupent les ouvriers par métier, donne des résultats moins dangereux que l'organisation confuse d'une caisse municipale réunissant pêle-mêle toutes les professions; mais si le Fonds de Chômage Gantois a eu tout le succès qu'on pouvait en espérer, cela ne signifie pas qu'il ait réussi pleinement, ni qu'il ait fait disparaître le problème du chômage; ce n'est même pas le cas, du reste, des assurances des trade-unions anglaises, qui donnent pourtant de bien autres indemnités que le Fonds Gantois, et qui ont cette supériorité de ne point faire payer des subsides au profit de certaines catégories de contribuables par des contribuables qui peuvent passer par des crises tout aussi fâcheuses eux-mêmes.

Les statuts du Fonds Gantois ont été arrêtés en octobre 1900, sous réserve de l'élaboration d'un règlement intérieur à préparer de concert même avec les syndicats, qui seraient les véritables administrateurs et maîtres de ce Fonds. Il avait été décidé primitivement qu'il s'agissait d'une expérience qui durerait 3 années, et qui ne pourrait pas coûter à la ville plus de 20 000 francs annuellement. Cette somme était majorée des intérêts de tout ce qui n'était pas versé sur les subventions au commencement de l'année (ce qui constitue une vraie majoration du total de la subvention). Un Comité d'administration était composé de 10 membres nommés par la Municipalité, dont 5 pris parmi les associations ouvrières s'affiliant au Fonds; la Présidence du comité avec voix départageante appartenait au maire ou à un conseiller municipal. C'est ce comité qui fixe, le dernier mardi de chaque mois, le taux de majoration à accorder le mois suivant, d'après l'état de la caisse; d'ailleurs, les recettes de celle-ci peuvent être augmentées de dons, souscriptions, collectes, etc. Il a été décidé que les subsides accordés suivant le principe que nous avons énoncé, ne pourraient porter que sur 50 journées de chômage (quelles que soient les clauses des statuts des caisses ouvrières auxquelles appartiendraient les chômeurs ainsi subsidiés); on n'admet pas davantage une indemnité journalière de plus d'un franc. Le Fonds ne doit pas subventionner les ouvriers qui chôment par suite de grève, maladie on invalidité : disposition que nous avons rencontrée partout sur notre route.

Les organisations ouvrières qui veulent que leurs membres profitent de ces subsides, doivent fournir à l'administration du Fonds, non seulement leurs statuts, etc., mais encore un relevé mensuel détaillé de tous les versements d'indemnités de chômage faits par elle; le comité peut avoir communication de tous les livres des unions professionnelles; les membres du comité, qui ont ainsi connaissance du fonctionnement intérieur de ces associations, doivent s'engager par serment à n'en rien divulguer. Cette soumission à une enquête complète et permanente sur son fonctionnement, est la condition *sine qua non* de l'admission et du maintien d'une association sur ce que nous appellerons les contrôles de subsides du Fonds. Nous n'avons pas besoin de dire que les subventions ne s'appliquent qu'aux ouvriers habitant Gand, ou plus exactement les communes de l'agglomération, cela depuis un mois au moins. On a spécifié que le chômeur qui refuserait du travail offert par l'Administration perdrait tout droit à subside. Nous avons vu que la faculté pour le comité de fixer mensuellement le pourcentage du subside, par rapport à l'indemnité syndicale, permet en principe de proportionner les dépenses aux ressources; d'ailleurs, on a été jusqu'à admettre la possibilité d'une cessation complète des subsides au cas de mauvais état de la caisse.

Nous devons ajouter quelques renseignements complémentaires, étant donné, encore une fois, que l'on a prétendu faire du Fonds Gantois le modèle parfait des caisses syndicales subsidiées. En fait, le payement des majorations promises par le Fonds est d'abord fait par le syndicat intéressé, qui avance les sommes nécessaires; et c'est le mois suivant que le Fonds rembourse ces sommes sur bordereaux justificatifs. Nous allons voir que quelques retouches ont été apportées un peu plus tard aux statuts, qui viennent prouver qu'il faut ne pas lésiner sur les subventions publiques pour amener les ouvriers (avec ces conceptions et ces pratiques interventionnistes) à faire certains efforts personnels.

Pour ce qui est des mesures prises, et des clauses arrêtées au sujet des subventions aux chômeurs non affiliés à un syndicat, de l'encouragement à l'épargne individuelle ou collective, les voici rapidement résumées. Le domicile de stage doit être d'une année (ce qui accuse immédiatement les tendances favorables que l'on a pour les syndiqués); les ouvriers qui veulent jouir des majorations spéciales aux non syndiqués, doivent se faire délivrer à la Caisse d'épargne un livret, qui est estampillé par l'administration du Fonds Gantois avec une mention rendant indisponibles, non susceptibles d'être retirées, les sommes au crédit du déposant; sauf, bien entendu, dans les cas spéciaux indiqués par les statuts du Fonds et répondant aux besoins et circonstances d'un chômage. Le bénéficiaire conditionnel peut faire sur son livret des versements comme il lui convient; mais jamais la somme totale déposée ne doit dépasser 50 francs. On voit déjà combien sa liberté est « ligotée ». S'il veut faire un retrait, il doit notifier au Fonds sa situation de chômeur, donner l'adresse de son dernier employeur, son adresse personnelle, indiquer la cause qui a entraîné son chômage, etc. Et c'est seulement après enquête et constatation du retrait, que le Fonds payera une indemnité basée sur le montant de ce retrait, et suivant le pourcentage qui s'applique pour les subsides au profit des syndiqués. Toute une série de clauses prévoient des délais pour le payement du subside; celui-ci ne peut pas dépasser 6 francs par semaine, et une somme totale de 50 francs : et de plus, la somme retirée servant de base à l'indemnité de chômage doit être demeurée au moins 3 mois placée. Des mesures de surveillance multiples ont été prévues, dans le détail desquelles nous n'entrerons point. A noter que si, en principe, on n'autorise le retrait de l'épargne déposée que dans le cas de chômage; cependant on permet des retraits exceptionnels sans qu'ils donnent droit, comme de juste, à des majorations, pour cause de maladie de l'intéressé ou d'un membre de sa famille, de grève, de besoin exceptionnel d'argent, de manque d'emploi hors des conditions donnant droit à tirer sur la caisse du Fonds.

L'immobilisation des sommes déposées de la sorte cesse si l'intéressé quitte la ville, renonce au bénéfice de l'affiliation à la caisse.

Avant de donner quelques chiffres sur les résultats obtenus avec le Fonds Gantois, nous devons indiquer les modifications d'organisation qui ont été apportées quelque temps après sa création. C'est ainsi, par exemple, qu'on a porté de 50 à 60 jours la durée des majorations sur indemnités de chômage, pour attirer davantage la clientèle ouvrière, en lui offrant l'appât de subventions plus importantes. C'est dans le même esprit qu'a été apportée une autre amélioration aux conditions dans lesquelles le chômeur peut recevoir des secours du Fonds. C'est ce que l'on a appelé le système des Payements différés; un peu compliqué en apparence, mais facile à comprendre, si l'on se rend bien compte qu'il a pour but d'étendre en réalité la méthode des subventions provenant des fonds publics, au delà d'une simple majoration des indemnités de chômage versées par les syndicats ouvriers. La subvention ne forme plus alors seulement une grosse part de l'indemnité totale versée au chômeur par une collaboration des intéressés et du budget public; les fonds provenant de ce budget en arrivent à constituer à eux seuls les indemnités dites d'assurance que reçoit le chômeur. En effet, la combinaison a été imaginée pour le cas où l'association à laquelle le chômeur est affilié, ne distribue pas une indemnité de chômage durant les 60 jours que la majoration officielle pourrait jouer; ou encore pour le cas où son chômage durerait plus de 60 jours, avec ou sans indemnité syndicale pendant une partie de ce chômage prolongé. L'administration du Fonds fait alors le calcul de ce que ce chômeur a effectivement touché comme majoration, par suite du pourcentage de majoration qui avait été arrêté par l'administration; on établit, d'autre part, ce que ce même ouvrier aurait touché si la majoration avait été calculée à 100 p. 100 durant 60 jours sur la base d'indemnité syndicale de 1 franc; et on crédite l'ouvrier de la différence entre ces deux sommes, ce crédit lui étant distribué par acomptes de 0 fr. 50 par jour. On voit que cette large extension de l'action du Fonds a pour résultat de faire payer de vrais secours d'assistance, qui ne se relient plus avec les indemnités syndicales que par suite d'un vrai trompe-l'œil : car autrement on pourrait se demander pourquoi le Comité du Fonds n'aurait pas décidé tout de suite de porter le pourcentage de la subvention à 100 p. 100. Le plus souvent, du reste, cette façon de faire amène le Fonds à payer un subside alors que le Syndicat ne verse plus rien à son pseudo-assuré.

Pour ce qui est du fonctionnement du Fonds vis-à-vis des Indépendants, des Jaunes, on a vu également la nécessité qu'il y avait d'adoucir les dispositions qui régissaient leur participation au Fonds; car on arrivait trop bien au résultat qu'on avait poursuivi sans l'avouer, de réserver les vraies faveurs du budget local aux syndiqués : en fait, les travailleurs indépendants étaient détournés de toute affiliation, par les mesures auxquelles ils devaient se soumettre. On avait eu beau créer des sociétés pour rabattre les milliers de possesseurs de livrets vers le Fonds, on n'y était point arrivé. Et, en 1904, on a décidé de ne plus exiger du candidat aux subventions qu'il indiquât à l'avance la possession d'un livret; d'autre part, le temps pendant lequel il peut recevoir les majorations a été porté pour un non-syndiqué également à 60 jours. On a enfin décidé d'accepter l'affiliation au Fonds de toutes les associations corporatives, mutualités, cercles d'ouvriers, sociétés d'épargne même créées par des maisons industrielles ou commerciales indépendantes, et ayant organisé chez elles une épargne en vue du chômage. L'insuccès auquel on est arrivé néanmoins, et qui a fait prononcer aux interventionnistes les mots de mauvais vouloir, d'apathie, de méfiance de la part des ouvriers indépendants, montre ce qu'il faudrait attendre de cette épargne obligatoire qui constitue l'idéal de quelques-uns, et dont nous n'avons fait que donner le principe général.

Au point de vue des résultats de cette organisation gantoise, nous noterons que le taux des majorations a d'abord été de 50 p. 100, taux que l'on a dû réduire bientôt à 30 p. 100 parce qu'une crise cruelle sévissait dans l'industrie textile. On revint ensuite à 50 p. 100. Il est utile d'insister sur les fraudes et sur leur constatation officielle, parce que les partisans du système soutenaient et soutiennent que les fraudes sont impossibles, étant donné que le payement d'une majoration suppose le versement d'une indemnité par un syndicat, qui est intéressé à ne pas dilapider son argent. Du reste, le simple raisonnement fait comprendre que le syndicat peut parfaitement amener ses adhérents à verser des cotisations importantes, qui leur reviendront ensuite sous la forme d'indemnités de chômage : ce qui, finalement, leur donnera droit à la majoration du budget public. C'est là que serait le bénéfice de l'opération. Nous ne pouvons point prouver que les choses se soient jamais passées ainsi avec le Fonds Gantois; mais c'est du moins une tentation et un danger avec lesquels l'on doit compter, et les fraudes auxquelles nous avons fait allusion ont été patentes. Un autre danger de cette façon de faire, c'est que, à un certain moment, à la fin de 1902 (comme l'indique la *Revue du Travail*), on a limité à 50 p. 100 la majoration pour certaines catégories, en la portant à 70 pour les travailleurs adultes, parce que, autrement et antérieurement, on arrivait à ce que le total de l'indemnité de chômage et de la majoration accordée par le Fonds aux premières catégories, représentait presque le montant de leur salaire normal; les gens de ces catégories n'auraient plus souffert du tout du chômage, gagnant à peu près autant et ne faisant rien. Encore une preuve des dangers de l'interventionnisme, lors même qu'il se colore des meilleures intentions. A noter aussi que le taux de la majoration a atteint à plusieurs reprises 100 p. 100, ce qui nous semble vraiment excessif, pour une subvention payée par la collectivité afin d'encourager une série d'individus à prévoir un mal qui peut les frapper. Et, en dépit de l'opinion très optimiste des rapports officiels, il n'est pas prouvé qu'un ouvrier ne puisse pas recevoir des majorations, sur affirmation non justifiée du syndicat qu'il lui a été versé une indemnité de chômage par son association.

Nous aurions à montrer également que le Conseil communal n'a pas hésité, comme en 1903, à voter un crédit supplémentaire afin de prolonger le secours (on ne peut plus employer d'autre mot) à des chômeurs ayant dépassé le délai normal qui donne droit à une majoration. M. Varlez appuie chaudement cette mesure en disant que, de la sorte, on diminue très probablement dans de fortes proportions les charges de la charité publique;

mais est-ce donc là autre chose que de la charité? Nous comprenons que l'on vienne au secours de malheureux dans le besoin; mais il ne faut pas que l'on prétende faire de l'assurance, et que, comme M. Varlez lui-même, on dise ensuite que les gens qu'on assiste ainsi « veulent vivre en citoyens libres », ne pas devenir « des stipendiés de l'assistance publique ».

Il nous semble inutile de donner des chiffres successifs sur le fonctionnement pécuniaire des Fonds, puisqu'on se tient sensiblement dans les limites des 20 000 francs prévus, et que, d'autre part, on sait le taux général des majorations par rapport aux indemnités syndicales. Dans un exercice moyen comme 1904, par exemple, on arrive à ce que les intéressés dépensent moins de 40 000 francs sur leurs propres ressources, afin de toucher un peu plus de 20 000 francs sur les fonds publics. On avouera que c'est un beau placement, et que des primes atteignant une telle proportion dépassent la limite de simples encouragements. On ne s'étonne pas que, comme les partisans du système l'ont dit en s'en félicitant, un grand nombre de syndicats aient modifié leurs statuts et leurs quotités ou conditions de secours de chômage, pour profiter de la subvention municipale! Au surplus, il faut songer que, si les syndicats gantois versent sur leurs fonds près de 40 000 francs d'indemnités de chômage (en supposant tous ces versements réellement effectués), il y a quelque 18 000 ouvriers pour fournir cette somme.

Nous avons dit que la partie de l'institution de Gand ayant en vue les chômeurs indépendants avait échoué totalement; et cela parce que ceux-ci sont traités moins favorablement que les syndiqués, sont obligés de faire preuve sans supercherie possible d'un effort personnel considérable. Le même résultat s'est produit à Anvers, où l'on a prétendu suivre la voie tracée à Gand, pour les chômeurs syndiqués ou non. Au bout de 2 ans, un seul ouvrier avait notifié son désir de participer aux largesses de la caisse au profit des épargnants; nous ne reparlerons plus de ce côté de la question. Pour ce qui est de l'organisation des Fonds au profit des syndiqués, nous passerons vite, tout simplement parce que nous nous trouvons presque en face d'une copie de ce qui a été fait à Gand; un crédit de 10 000 francs a été voté en principe pour le budget de 1902; le Comité comprend ici, sur 10 membres, 5 délégués des syndicats; quelques détails sont particuliers à ce fonds, comme l'obligation pour les chômeurs de venir signer un registre à des heures déterminées. Et, en dépit de ce que peut dire M. Crosson du Cormier (qui a cité d'autres chiffres à un certain moment), il ne s'agit pas plus à Anvers qu'à Gand d'un « très faible encouragement financier de la ville » (au maximum 25 p. 100). A chaque instant, le taux des majorations du Fonds d'Anvers a atteint 100 p. 100, et on a trouvé qu'il baissait beaucoup quand il descendait à 80 p. 100. Même au cas d'exercices comme 1903, où les syndicats versaient à leurs membres 17 000 francs pour recevoir de la ville près de 9 000 francs, on ne peut pas dire qu'il y ait là un faible encouragement : si un pays suivait les mêmes errements vis-à-vis de toutes les œuvres d'initiative personnelle ou seulement de prévoyance de ses citoyens, nous croyons bien que son budget n'y résisterait pas longtemps. Aussi bien, rien que durant la moitié de 1904, la subvention communale atteignait 8 000 francs et plus, pour un sacrifice propre des syndicats de 11 500 francs.

Si nous parcourions les œuvres plus ou moins analogues, sans être aussi importantes, qui se rencontrent en Belgique, comme par exemple le système de secours aux chômeurs de Bruges, nous y verrions constamment le rôle considérable qu'y jouent des subventions municipales ou autres ; et encore des majorations de 50 p. 100 ne suffisent-elles pas toujours à provoquer quelque effort digne de remarque de la part des syndicats ouvriers ! Nous ne pensons pas qu'il soit intéressant d'insister davantage sur la Belgique et sur les Caisses de Louvain, de Malines, d'Alost, de Verviers, de Courtrai, de Roulers, etc. Leur nombre n'est pas une démonstration suffisante, à notre avis, que la combinaison adoptée soit bonne; et les renseignements que nous avons donnés nous paraissent mettre en lumière les inconvénients de cette soi-disant solution du problème du chômage, et de cette pratique de l'assurance à coups de subventions.

Et quand bien des personnes, examinant ce qui s'est fait à Bruxelles, viennent prétendre que cela procède d'un principe tout différent, que c'est bien là une caisse de bienfaisance, nous avouons ne pas établir une distinction si sensible entre les deux conceptions. Elles nous semblent différer comme diffèrent les unes des autres ces « stations de secours » pour chômeurs que l'on trouve en Allemagne, et dont quelques-uns exigent du secouru un certain effort personnel, un travail aisé, d'une durée restreinte, tandis que les autres accorderont le logis et la nourriture sans demander le moindre effort au passant qu'elles hébergent. Évidemment, la comparaison est un peu forcée, en ce sens que, avec le Fonds de Gand ou d'Anvers, on demande aux chômeurs syndiqués ou non un effort plus sérieux que celui que fera le passant des stations de secours; mais avec ces caisses à subventions relativement énormes, dites d'encouragement, on fait un cadeau dont l'importance éveille forcément, encore une fois, l'idée de charité. Avec la Caisse de Bruxelles, on secourt le chômeur sans se préoccuper de savoir s'il appartient à une caisse accordant des secours de chômage; on demande du reste au syndicat de se porter garant, jusqu'à un certain point, que cet ouvrier est toujours en chômage; et il n'en coûte certainement pas plus cher à la ville que si elle accordait des subventions de majoration comme Gand. Il est bien vrai qu'à Gand, l'ouvrier a fait preuve d'une certaine prévoyance en s'affiliant à un syndicat; mais qu'on ne vienne pas néanmoins nous parler d'assurance en la circonstance.

Nous reconnaissons que la Belgique se montre très fière de l'organisation de ses encouragements à la prévoyance contre le chômage involontaire. C'est ainsi que le Ministère du Travail a publié une note fort complète, relative plus particulièrement à l'année 1909, sur les fonds communaux et provinciaux se consacrant à cette forme d'encouragements. Durant cette année, il n'a pas fonctionné moins de 21 fonds communaux pour 43 communes affiliées, et 364 caisses professionnelles de chômage étaient elles-mêmes affiliées aux fonds communaux. Nous devons d'ailleurs ajouter, à propos de ces fonds communaux, que le Ministère de l'Industrie et du Travail belge a à sa disposition un crédit destiné à accorder des subventions aux bureaux de placement gratuits, et à ces caisses de prévoyance contre le chômage involontaire. Il est généralement de 20 000 francs. Tout dernièrement on a demandé d'en porter la valeur à 100 000 francs. Les subsides de l'État sont un peu distribués suivant l'appréciation de l'administration. Pour ce qui est des subventions des fonds communaux de chômage, il a été distribué 114 000 francs en 1909, ce qui représentait environ quelque 49 p. 100 des sommes distribuées par les syndicats affiliés à titre d'indemnités de chômage. Pour les épargnants individuels, ils ont eu seulement quelque 300 francs; puis 1 245 francs ont été attribués à des épargnants qui se sont réunis en collectivités. D'autre part, un peu plus de 2000 francs ont été remis à des syndicats, et non point à des associations spéciales contre le chômage. Pour se rendre compte des dépenses que cette organisation impose aux communes, il faut songer que, pour un ensemble de subventions de 117000 à 118000 francs, il y a eu plus de 17000 francs de frais d'administration. Nous ne devons pas oublier qu'il existe en Belgique des fonds provinciaux. C'est ainsi que la province d'Anvers accorde des subsides aux unions professionnelles pour les aider à couvrir les frais faits au sujet du chômage involontaire. Ces subsides sont proportionnels à l'importance des caisses. Nous connaissons six provinces qui répartissent des subsides de cette sorte, oscillant entre 2000 et 12000 francs par an.

X

LES CAISSES DE SECOURS, LES SUBVENTIONS ET L'ASSURANCE-CHÔMAGE DANS LES AUTRES PAYS

Quand nous disons les « autres pays », nous en excluons la France, car nous voudrions réserver un chapitre spécial à notre pays : ce qui se justifie, il nous semble, par une foule de considérations. Aussi bien, nous allons retrouver, dans ces divers autres pays, des solutions que nous avons déjà rencontrées dans les contrées dont nous avons parlé, ou que nous verrons adoptées en France même. Et nous demanderons d'être d'autant plus bref dans cet avant-dernier chapitre, que nous aurons peu d'enseignements à tirer; peu d'exemples plus ou moins profitables à relever : étant donné surtout que la pratique de l'assurance-chômage est encore bien nouvelle dans certains de ces pays qui nous restaient à passer en revue.

Qu'on nous permette de nous occuper tout d'abord de l'Italie : non pas à cause de l'importance des résultats acquis ou des efforts faits, mais pour l'originalité de ses efforts, auxquels se rattache intimement ce Congrès du Chômage organisé par la Società Umanitaria, et dont nous avons parlé tout spécialement en commençant. Une création relevant plus ou moins de l'assurance a été faite en Italie, il y a de nombreuses années, et en partie sous l'inspiration des idées qui faisaient leur chemin en Suisse. On était en 1896, et la Caisse d'épargne de Bologne, une œuvre particulière, avait voulu instituer une véritable caisse de chômage, dont les participants, versant une cotisation de 3 à 5 francs, se voyaient octroyer des indemnités fournies par les intérêts d'une somme importante placée en rentes, dans ce but spécial, par la caisse, et prise sur ses bénéfices. Il s'en faut qu'on se trouvât ici dans le domaine de l'assurance ou du *self help*, puisque, dans le courant de la première année, les cotisants, pour un versement total de moins de 5 100 francs de cotisations (nous ne disons pas de primes), reçurent plus de 6 000 francs d'indemnités. L'administration de la caisse sentit qu'elle allait être envahie par des gens avides de profiter de cette aubaine, et appartenant à des métiers saisonniers où se produit régulièrement une interruption de travail ; ce que nous avons tenu, en commençant cette étude, à ne pas assimiler au chômage proprement dit. Et, à partir de 1899, le caractère de la caisse fut complètement modifié; il se rapprocha de la conception que l'on devait adopter plus tard dans le Fonds Gantois, pour les ouvriers isolés versant à la Caisse d'épargne : on traçait en réalité la voie à ce Fonds Gantois.

Cette transformation amena la création de carnets au profit des travailleurs des deux sexes, âgés de quatorze ans au moins, travaillant pour autrui et chez le même patron depuis un an; le propriétaire du carnet y fait des versements, mais les intérêts propres de ces placements sont augmentés des intérêts du fonds spécial auquel nous avons fait allusion tout à l'heure, et qui atteint 350 000 lires, en s'augmentant lui-même de toutes les sommes tombées en déshérence. Cette bonification est répartie à la fin de l'année entre chaque livret, proportionnellement aux dépôts de l'année, sans que la majoration puisse dépasser 40 francs par an, ni le montant même des dépôts. Le possesseur du livret doit être autorisé pour effectuer des retraits; il doit prouver qu'il est en état de chômage involontaire. Autrement, il perd tout droit à la répartition annuelle; de même, bien entendu, les fraudeurs. Les retraites sont limitées du reste à 1 fr. 50 par jour. On ne peut pas dire vraiment que les déposants soient extrêmement nombreux; ce qui s'explique par ce sentiment bien naturel que celui qui a réussi à épargner, désire demeurer maître entièrement de cette épargne. De plus, les déposants sont le plus ordinairement des saisonniers, des gens âgés qui veulent tirer profit des générosités de la caisse. Et nous pourrions ajouter que des fraudes ont été reconnues dans le fonctionnement de la caisse, de la part des bénéficiaires.

Au reste le nombre des adhérents et la valeur des dépôts montent peu.

Nous signalerons encore en Italie une œuvre très intéressante, quoique peut-être pas plus pratique que tant d'autres, et ne relevant que bien peu de l'assurance. Elle se rattache précisément à cette Société humanitaire qui a montré son activité généreuse, mais un peu sans discernement, à notre avis, en organisant le Congrès de Milan. Elle a été fondée en 1892 par un philanthrope, M. Prospero Moise Loria, qui avait voulu d'abord donner le moyen à la ville de Milan de fonder une maison de travail pour les chômeurs. C'est depuis 1902 que fonctionne la société qui lui doit sa fondation et son capital de plus de 12 millions. M. Loria s'est défendu de créer une œuvre de bienfaisance; mais nous craignons que la réalité des choses soit à l'opposé de son espoir; et nous sommes assuré, avec son œuvre, de ne point nous trouver en présence d'une assurance! Le but de la Société humanitaire est de fonder une maison de travail, un office de placement, en même temps qu'un office de renseignements pour les nécessiteux à la recherche d'assistance, de favoriser les coopératives, l'enseignement industriel, etc. Il est certain que cette Société a fait des enquêtes intéressantes sur les conditions du travail, les grèves, etc.; et nous en avons assez dit à ce sujet pour laisser entendre que nous nous réjouissons de voir rassembler des documents sur le marché du travail. Ses bureaux de placement rendent des services, et nous sommes ici dans un domaine qui nous est cher. Elle s'occupe de l'émigration; et là encore elle peut aider à lutter effectivement contre le chômage. Enfin elle a créé une caisse de subsides pour les chômeurs, et cela tout à fait sur les bases adoptées à Gand. On voit que nous n'avions pas tort de dire que nous ne rencontrerions aucun enseignement nouveau en Italie, pas même avec la caisse de Venise.

En Autriche, nous trouverons un peu de ce mouvement de *self help* que nous avons signalé avec tant de satisfaction en Angleterre, et aussi en Allemagne; au moins autant que les populations ouvrières ne se sont pas laissé tourner la tête par l'interventionnisme. On y compte bien un millier d'associations professionnelles qui se sont préoccupées d'organiser la lutte contre le chômage; il existe des *Gewerkschaften*, tout comme en Allemagne; et ils assurent près de 170 000 ouvriers contre les risques de chômage. Leur activité, qui se manifeste par quelque 500 000 couronnes distribuées en indemnités de chômage, prend aussi la forme des secours de voyage, qui nous semblent fort utiles puisqu'ils contribuent à donner au travailleur la mobilité qui nous semble le but à poursuivre. Cela n'empêche que, en dépit des efforts des associations appelées *Arbeiterheildungsvereine*, associations d'éducation ouvrière, qui se sont mollement occupées de la question du chômage, il reste encore un nombre énorme de travailleurs qui ne bénéficient d'aucune organisation leur permettant de passer sans trop de peine par les périodes où ils manquent de travail.

Nous ne pouvons pas oublier, en Autriche, les *Guilds*; elles assistent les sans-travail, les aident souvent dans leurs déplacements à la recherche d'une occupation; mais en parler nous ferait sortir beaucoup plus de notre sujet que les fonds d'assurance mutuelle des syndicats ouvriers, qui aident d'ailleurs parfois leurs membres à émigrer.

Au Danemark, nous rencontrons un grand nombre de syndicats (surtout par rapport à l'étendue et à la population du pays), qui s'occupent avec succès de l'assurance de la mutualité-chômage.

Au reste, nous assistons en Danemark à une évolution qui nous rappelle ce qui se prépare en Allemagne, et qui doit tenir, non pas seulement à la contagion des tendances interventionnistes, mais encore à ce fait que les assurances plus ou moins imparfaites, sans bases solides, pratiquées par les syndicats, ne répondent pas pleinement aux besoins, et ne font qu'atténuer trop peu le mal du chômage. Une loi toute récente, du commencement de 1907, est venue lancer l'État danois et tout le pays dans la pratique des subventions; mais de subventions, qui pour être bien plus élevées que celles que nous verrons en France, n'en sont pas moins considérablement plus faibles que les subsides fournis par les fonds de chômage en Belgique : aussi est-il permis de se demander si l'appât sera suffisant pour lancer les syndicats dans des dépenses leur permettant même avec ce concours de couvrir réellement et complètement tous leurs affiliés contre les conséquences du risque-chômage Il est impossible du reste de savoir si les 400 000 couronnes à peine distribuées annuellement par les syndicats danois, constituaient une aide efficace aux ouvriers contre les souffrances matérielles qui peuvent résulter du manque de travail.

En tout cas, la législation nouvelle et interventionniste est maintenent un fait accompli en Danemark; et si nous ne pouvons pas voir pleinement ce qu'elle est susceptible de donner, du moins nous devons examiner sa consistance. Le principe en est celui des subventions aux caisses de chômage, mais avec un tout autre mode de répartition qu'en France, ou même que dans le pays voisin de Norvège. D'une manière générale, les caisses qui veulent être reconnues, c'est-à-dire, plus prosaïquement, participer aux distributions, doivent transmettre à un fonctionnaire nouveau et spécial, l'inspecteur du chômage, leurs statuts et leurs comptes financiers. Elles doivent compter au moins 50 membres, d'un âge compris entre dix-huit et soixante ans, et nous ne comprenons pas très bien qu'on ait limité ainsi le chiffre minimum des membres, puisqu'on sait bien qu'on est ici en dehors des grands nombres indispensables dans une vraie assurance. Nous ajouterons que cette assurance-chômage est rattachée intimement à une autre forme d'interventionnisme, qu'on appelle l'assurance-maladie : car, seuls, les ouvriers inscrits aux caisses de maladies reconnues ont le droit de faire partie des caisses de chômage recevant des subsides. Ces dernières doivent être professionnelles et s'appliquer à un ou plusieurs corps de métiers déterminés et à un territoire nettement défini, pouvant s'étendre au delà de la commune où la caisse est fondée. Les cotisations doivent couvrir au moins le montant des secours distribués sur les fonds propres de la caisse, les revenus à ce destinés étant administrés de façon bien distincte. Les secours accordés sont fournis en argent ou en nature; ils peuvent comprendre des indemnités ordinaires ou des secours de voyage ou même de logement; ils ne doivent pas être inférieurs à 0 fr. 70, ni supérieurs à 2 fr. 80 par jour, étant entendu que jamais ils ne dépasseront les trois quarts du salaire courant de la profession. La réglementation est donc minutieuse; et cependant on arrive à ce résultat que, avec les subventions, ce que touche un ouvrier représente parfois à peu près son salaire normal de travail ! On a prévu le cas où le chômeur accepte un travail au-dessous du taux courant de sa profession, et alors on permet à la caisse de parfaire par une indemnité partielle le taux normal du salaire. A remarquer ce point qui fait que les caisses de chômage peuvent ainsi contribuer à faire baisser les salaires; il est à rapprocher des efforts faits dans d'autres pays par les syndicats en vue d'employer les caisses de chômage précisément à soutenir le cours des salaires.

Nous ajouterons que la loi a prévu d'autres conditions pour le fonctionnement des caisses désireuses de participer aux subventions. Elles doivent imposer à leurs membres un stage de 12 mois; le secours ne commencera à être versé qu'au moins après 6 jours de cessation de travail; le Ministre compétent peut même autoriser les caisses à porter ce délai à plus de 15 jours; cela du moins pour les chômeurs saisonniers. Les statuts sont tenus de spécifier le maximum des secours payables à un chômeur dans le courant d'une année; il est arrêté de façon fixe que quiconque, pendant 3 années consécutives, aura reçu des secours durant 210 journées, ne recevra plus rien la quatrième année. Ce détail montre qu'on craint l'affiliation d'ouvriers qui sont des habituels du chômage; et l'on voit que ces 210 jours par an, durant trois années consécutives, représentent encore une contribution considérable des fonds publics au profit d'une seule personne. Comme de juste, on a décidé que les secours des caisses ne pourraient être payés aux ouvriers en grève ou en *lock out*, ni aux chômeurs par maladie, ivresse, etc.; aux ouvriers frappés d'une condamnation, à ceux qui sont secourus par l'assistance publique, à ceux qui refusent du travail.

Quant à l'importance des subventions que peuvent recevoir ces caisses, disons d'abord que celles de l'État représentent le tiers du montant des cotisations encaissées, sous réserve cependant d'un maximum de 250 000 couronnes (350 000 fr.): cela est déjà considérable par rapport aux secours de chômage distribués jusqu'ici par les syndicats, et nous retombons dans le domaine de la charité. De plus, les communes où existent des caisses ou sections de caisses peuvent, de leur autorité, ajouter à ces subventions jusqu'à un sixième du total des cotisations. Et ce qui est assez pittoresque à relever, c'est que la loi spécifie bien que ces subsides ne doivent pas se confondre avec des secours d'indigence! Il n'en est pas moins vrai que, dans les sommes d'ensemble touchées par les chômeurs, les fonds provenant des budgets généraux arrivent à représenter une proportion très élevée.

La rançon de ces subsides, c'est que les caisses subsidiées sont soumises à une surveillance administrative très étroite, qui en fait de véritables mineurs en tutelle. L'inspecteur est le grand maître : il est assisté d'une assemblée annuelle des délégués élus par les caisses; un comité issu de cette assemblée veille à l'unification des pratiques suivies dans tout le Royaume. Mais l'inspecteur peut prendre à tout instant connaissance des livres des caisses; c'est lui qui établit les statuts qu'il soumet à l'approbation du Ministre, quitte, en fait, à consulter les associations ouvrières sur ces statuts. Pour l'instant tout au moins, l'organisation ainsi créée maintient en dehors du droit aux subsides les ouvriers qui ne sont pas affiliés à des syndicats professionnels : c'est un des graves inconvénients de ces formes diverses d'interventionnisme, que d'aboutir presque inévitablement à l'obligation, pour les ouvriers, de s'affilier à un syndicat. On prétend bien ici que ce n'est pas le but, et que l'on espère arriver à se montrer aussi généreux vis-à-vis des caisses territoriales, qui se distinguent nettement des caisses professionnelles relevant des syndicats; on attend; simplement, paraît-il, parce que ces caisses indépendantes n'ont pas encore réuni des documents statistiques suffisants, qu'on ne peut pas juger encore de leur avenir. Nous ne sachons point que les syndicats aient réuni des documents statistiques précis sur lesquels on ait pu se baser pour établir le montant des subventions. Du reste, les caisses non professionnelles, non syndicales, ne sont point approuvées; voilà la constatation dans toute sa brutalité.

A titre de renseignement complémentaire sur l'application de cette législation un peu particulière au Danemark, disons que la subvention totale de la loi, qui a tout d'abord été limitée à 350 000 francs, a été élevée assez rapidement à 800 000 francs et même un peu plus; tout cela en vue de majorer de moitié les versements des membres. Nous retrouvons toujours la tendance que l'on a et l'obligation où l'on se trouve d'augmenter les générosités d'abord consenties, pour inciter les ouvriers à prendre part davantage aux assurances en matière de chômage. A la fin de l'exercice 1909, on comptait en Danemark 44 caisses reconnues se consacrant au chômage, pour 84 000 membres environ. Ces 44 caisses avaient encaissé 1 865 000 francs, dont 1 483 000 francs de cotisations. Leurs dépenses s'étaient élevées à un peu plus de 2 millions, dont 1 726 000 francs de secours quotidiens. Grâce aux subventions de l'État et à la subvention due pour l'année en cours, l'avoir des caisses atteignait 1 252 000 francs. Ce serait sans doute la prospérité; mais c'est la prospérité acquise à coups de subventions d'État.

Pour la Norvège, et bien que la loi sur la matière remonte à juin 1906, nous ne sommes pas en présence de résultats bien effectifs; mais nous ne pouvons également relever des dispositions qui nous semblent ou injustes ou dangereuses, et qui accusent le caractère charitable de ces combinaisons législatives. Le Parlement norvégien s'est figuré, avec les mesures qu'il a adoptées, empêcher ce privilège au profit des syndicats, cette incitation à l'affiliation syndicale, dont nous venons de parler : son texte de loi dit que toutes les caisses norvégiennes de chômage, satisfaisant aux conditions requises, peuvent obtenir de l'État le remboursement du quart des secours de chômage qu'elles payent à leurs membres (la base n'est plus ici la cotisation); si la caisse est l'émanation d'un syndicat, elle doit tenir une comptabilité absolument distincte; et la loi impose au syndicat l'obligation d'admettre à sa caisse des ouvriers non syndiqués. Mais le parti socialiste s'est refusé à cette combinaison si contraire à ses sentiments exclusivistes; il est bien vrai que, dans ces conditions, ses caisses ne devaient pas être approuvées, qu'elles ne toucheraient point les subsides; mais alors la loi ne donnait pas l'effet qu'on en attend. Les non-syndiqués, il est vrai, ont la possibilité de créer des caisses pour leur compte et par leurs efforts personnels. Pour avoir droit au remboursement constituant le subside, la caisse doit prouver que le produit des cotisations forme au moins la moitié de son revenu, ce qui n'est pas une proportion bien forte; les secours sont accordés, après un stage de 6 mois, à partir du troisième jour de chômage, et durant 90 journées au maximum: le montant ne peut en excéder la moitié du salaire courant de la profession. On a prévu toute une organisation d'inspection assurée par les communes, pour s'assurer que les clauses diverses sont observées, que les payements de secours sont réels, etc. Les communes supportent une partie des dépenses de remboursement pour les chômeurs ayant résidé un certain temps sur leur territoire. Ce qui est à noter, c'est qu'une loi de 1908 a relevé au tiers le montant des subventions d'État; et de plus, pour *conquérir* les socialistes, on a adouci considérablement la réglementation d'abord prévue.

Nous n'insisterons pas davantage sur les différentes conditions de cette législation, pas plus que sur les innombrables combinaisons imaginées de toutes parts pour organiser des assurances-chômage, avec l'appui de subventions dont l'importance et les conditions sont des plus variables. Le fait même que, dans tous les pays, on a cru nécessaire d'élaborer des règles et des législations si variables; l'impossibilité où l'on s'est vu d'adopter des errements quelque peu homogènes dans les diverses contrées, montrent que toutes ces prétendues solutions de la question sont fort imparfaites, que chaque méthode offre des défauts. Au surplus, tout cela pèche essentiellement, comme le disait si bien notre collègue M. Bellom, par ce principe même, de recourir aux deniers publics pour encourager des entreprises d'initiative individuelle, sans pouvoir s'assurer de l'exécution rigoureuse des conditions déterminées. Nous allons plus loin pour notre compte; et nous reprochons à tous ces systèmes de faire appel aux fonds publics en faveur d'une catégorie de gens qu'on ne peut s'empêcher de considérer comme des privilégiés. Nous allons voir pour finir qu'avec la législation votée en France, on tombe nettement sous ce reproche, et sous bien d'autres.

XI

L'ASSURANCE CONTRE LE CHÔMAGE EN FRANCE

Nous n'allons pas refaire l'histoire des caisses d'assurance contre le chômage en France : certains livres se sont consacrés, et de façon fort satisfaisante, à ce côté de la question. Aussi bien, à ceux qui prétendent que les organismes syndicaux pour la lutte contre le chômage avaient pris une importance considérable avant la loi de 1905 dont nous allons parler, nous opposerons immédiatement ce fait que le Parlement, et les membres les plus enthousiastes du syndicalisme, ont affirmé qu'il était nécessaire de distribuer des encouragements aux ouvriers et aux syndicats pour les pousser dans la voie de l'assurance contre le chômage. Nous verrons en outre, par les chiffres les plus récents, que les distributions de subventions ne représentent encore que des sommes assez minimes, tout simplement parce qu'on ne trouve pas en nombre des bénéficiaires remplissant les conditions pour recevoir les générosités offertes par le Trésor.

Évidemment, quand on s'en rapporte à l'enquête faite en 1902 par l'Office du Travail, en vue de satisfaire aux désidérata du Ministre d'alors, M. Millerand, on serait tenté de croire que, dès ce moment, l'expansion de l'assurance-chômage était déjà des plus sérieuses en France : il aurait existé plus de 300 caisses d'assurance, groupant 30 000 membres et recevant plus de 110 000 francs de cotisations; on constatait du reste immédiatement que la plus grosse partie de ces caisses appartenaient à la Fédération du Livre, qui constitue depuis longtemps l'organisation ouvrière la plus importante de France. Ce mirage s'est quelque peu évanoui au moment et par suite de l'application de la loi de 1905 sur les subventions aux caisses : les clauses arrêtées pour justifier les versements de subsides, obligent en effet à examiner de près les caisses, et à passer au crible, non pas seulement leurs statuts, mais encore les conditions réelles de leur fonctionnement. Et le fait est que l'Enquête de l'Office du Travail, dont nous venons de parler, n'avait nullement porté sur la valeur véritable des caisses dont on avait enregistré statistiquement l'existence.

On a voulu voir la cause du peu d'initiative privée chez les ouvriers français, dans la législation du milieu du XIXe siècle; on a notamment rappelé avec complaisance l'instruction ministérielle de 1852, qui a suivi le décret relatif aux Sociétés de Secours mutuels, et qui avait défendu explicitement toute organisation ouvrière ayant pour but de distribuer des secours de chômage. On prétendait y voir un principe de ruine et de démoralisation, un encouragement à la paresse. une prime à l'insouciance. Nous n'avons pas besoin de dire que nous trouvons monstrueuse cette interdiction : et il va de soi que toute assurance est au contraire une preuve de prévoyance; nous entendons assurance par les ressources accumulées des intéressés, et non principalement au moyen de subsides et subventions qui ne sont que des charités déguisées. Il faut dire qu'en 1852 on craignait de voir dans les assurances contre le chômage un instrument de lutte facilitant les grèves. Si nous n'avions déjà insisté sur ce point, ce nous serait une occasion de montrer combien la question de la grève se mêle intimement à celle du chômage ordinaire.

Mais voici longtemps que le monde ouvrier ne souffre plus de toutes les interdictions qui supprimaient sa liberté en matière de grève; et ce n'est pas cette législation du passé qui a arrêté les générations nouvelles dans la pratique du *self help*. Nous n'essayerons pas de faire la psychologie de nos milieux ouvriers et de nos syndicats; ce qui est assuré, c'est qu'ils n'ont même pas fait grand'-

chose dans le domaine qui nous occupe : si bien, encore une fois, que ceux qui connaissaient le mieux les syndicats, ont estimé qu'il était indispensable de leur distribuer des primes d'encouragement pour les pousser à pratiquer l'assurance. Nous parlons d'encouragement : le fait est que la proportion des subventions d'État par rapport aux secours distribués par les organisations ouvrières, est moindre que celle que nous avons trouvée dans beaucoup d'autres pays. Ces primes n'en constituent pas moins une forme d'assistance, car elles jouent un rôle réellement important dans le total des sommes que touchent les assurés.

Ce n'est pas seulement notre opinion, mais celle de bien des gens moins suspects que nous d'*orthodoxie*, que les caisses existant en France au moment du Recensement de 1902, et même celles, assez peu différentes, qu'on subventionne à l'heure présente, n'ont qu'une valeur effective modeste. En dehors des caisses ressortant des Fédérations du Livre, des Lithographes, des Chapeliers et des Céramistes, toute la France possédait un peu plus de 110 caisses pour les diverses professions entre lesquelles se partage la population ouvrière. Ces 110 caisses n'avaient pas distribué en une année 60 000 francs de secours de chômage! Si les socialistes, que nous citions dans le chapitre que nous avons consacré, en commençant cette étude, à la statistique du chômage, maintiennent le chiffre des chômeurs qu'ils ont accusé pour le total de la France, ils doivent reconnaître que l'assurance-chômage n'exerce ses bienfaits que dans un bien petit nombre de cas. Il est vrai que, tout en affirmant que les syndicats font montre d'une grande activité, ils invoquent, d'autre part, le peu d'effet de leurs efforts dans la lutte contre le chômage; ils se basent sur cela pour justifier le concours qu'on impose à l'ensemble des contribuables en aidant les caisses de chômage existantes, ou en provoquant la création de nouvelles. Avec une semblable façon de raisonner, on serait désarmé, si l'on ne pouvait invoquer les exemples des expériences faites en Belgique, en Suisse ou ailleurs, et qui nous semblent avoir prouvé que les caisses d'assurances, même largement subventionnées, ne sortent pas de l'assistance, et à coup sûr ne résolvent pas le problème du chômage.

Si nous considérons rapidement la Fédération du Livre, nous constatons du moins qu'elle a compris cette nécessité de faire porter les risques sur une vaste surface, ce qui est essentiel en matière d'assurance. Mais elle a attendu jusqu'en 1892 pour songer à passer aux actes; et c'est seulement en 1900 qu'une organisation définitive a été réalisée; on n'a pas eu grande patience, puisque, peu d'années après, les parlementaires et les meneurs ouvriers ont réclamé l'intervention du budget en France, au lieu, comme en Allemagne ou en Angleterre, de se couvrir par eux-mêmes des risques auxquels ils sont exposés. On assure que 12000 membres bénéficient de l'assurance contre le chômage ainsi créé par la Fédération du Livre. Cela ne laisse pas une grande marge pour le reste des assurés des industries dites polygraphiques, comme nous allons le voir par l'examen des derniers chiffres généraux qu'il soit possible de se procurer sur les subventions aux caisses de chômage. La Fédération du Livre n'a pas été sans rencontrer le déficit dès ses débuts; il est vrai qu'elle s'est chargée des risques du chômage pour cause de maladie. On peut dire que le déficit s'est installé presque à poste fixe dans sa caisse; pour constater si cela provient plutôt de la maladie que du chômage ordinaire, il aurait fallu établir une départition dans les cotisations entre ce qui est versé pour le risque-maladie et ce qui correspond au risque-chômage. Mais ce sont des bases essentiellement mathématiques dont (ceci soit dit pour la centième fois) on ne se préoccupe guère dans l'établissement des caisses de chômage. D'année en année, on a vu le nombre des journées de chômage (sinon des chômeurs) augmenter, et cela de façon imprévue, puisqu'on ne possède pas de tables à cet égard.

Si nous pouvions suivre les phases de la lutte contre le chômage chez les ouvriers chapeliers, nous y verrions encore des échecs partiels, ou tout au moins des surprises résultant des facteurs inconnus qui se présentent en ces questions. Mais nous craignons de nous étendre sur des détails de fonctionnement et d'organisation qui ne font que répéter le plus ordinairement, avec de faibles variantes, ce que nous avons trouvé dans d'autres pays. Il est toutefois assez curieux de trouver une caisse comme celle des modeleurs et mouleurs en plâtre de Limoges, qui présente cette particularité d'admettre le versement du secours de chômage durant un temps indéterminé; le taux de cette indemnité se trouvant du reste fort réduit quand la période de chômage arrive à dépasser 90 jours. Mais le nom même de la ville de Limoges nous amène à constater que la prospérité ou du moins la vie de nombreuses associations syndicales ou professionnelles est due à des subventions locales accordées avant que le Parlement eût pris la décision générale qui a créé le régime sous lequel se trouve, présentement, l'assurance ou les caisses de chômage en France.

La ville de Limoges a été une de celles qui ont pratiqué les subventions municipales plus ou moins à l'instar des villes belges. La subvention totale accordée par elle a rapidement atteint la somme assez ronde de 1 200 francs; et ce sont les ouvriers, en particulier les modeleurs dont nous venons de parler, qui ont fait les premiers pas pour obtenir ces subsides. Le principe de répartition a été le prorata sur le nombre des inscrits dans les caisses recevant des subventions. Du moment où l'on adopte cette pratique des subsides, il y a évidemment à redouter de subventionner d'autant plus que la caisse a plus de ressources; et c'est parfois ce à quoi l'on arrive, si l'on prend comme base le montant des cotisations ou même des indemnités versées. A noter qu'en moyenne la subvention de la ville représente bien 40 p. 100 des secours totaux distribués par les caisses : nous retrouvons toujours ces proportions élevées qui interdisent à tous ces organismes « d'assurance » de prétendre qu'ils se tirent d'affaire eux-mêmes. Nous dirons également quelques mots des subventions distribuées à Dijon; elles y ont été pratiquées depuis longtemps. Là, comme l'a fait M. Varlez, comme l'ont fait d'autres par une illusion curieuse, on a affirmé écarter tout ce qui pouvait rappeler l'assistance publique! et pourtant, l'on adoptait ce principe que la commune participerait aux trois quarts de la dépense occasionnée par les secours de chômage aux syndicats. On s'est d'ailleurs laissé aller à des tendances fort étroites, dont nous avons trouvé des manifestations plus ou moins volontaires dans d'autres pays ou circonstances, en imposant aux syndicats qui voudraient bénéficier de l'aubaine des subventions, de passer par l'intermédiaire de la Bourse du Travail. C'est de la politique essentiellement de parti, aux dépens de tous les contribuables. Au reste, à Dijon, cette forme d'interventionnisme a amené les syndicats dans la voie du déficit, afin de jouir pleinement des ressources qui leur viennent alors de la caisse municipale. Plus qu'autre part assurément, on peut constater à Dijon le mauvais effet de cette politique des primes d'encouragement, qui incite les intéressés à limiter strictement et habilement les efforts, dans les proportions où cela doit *rendre* le plus sous la forme de subventions publiques.

A Bourges, à Vierzon et ailleurs, nous trouverions des subventions se présentant un peu différemment, en ce sens que les subsides sont accordés par le Budget départemental : dans le fond des choses, la différence est bien secondaire. En outre, l'allocation est remise à des caisses fédérales fondées par les Bourses du Travail, et sans surveillance aucune ni spécifications s'imposant aux bénéficiaires de ces subventions. Nous avons tenu à citer cette forme de subvention, parce que cela est certainement la pire qu'on puisse imaginer. Dans ces conditions, on fait un véritable cadeau à des privilégiés, sans qu'ils aient à justifier de rien ; et si les subventions sont faibles, on n'en peut pas moins constater qu'elles représentent souvent plus de 50 p. 100 des recettes des caisses, sans parler des recettes provenant des membres honoraires. Ce sont du reste des types variés d'organisations entre lesquels se partagent les diverses caisses de chômage et les différentes caisses de subventions en France. Ce ne sont point en somme des enseignements positifs que nous trouvons dans ce qui a été fait en France avant la loi de 1905. Qu'il nous suffise de rappeler qu'en 1902, par exemple, d'après les évaluations les plus optimistes fournies sans contrôle par les intéressés, toutes les caisses de chômage de France n'avaient pas distribué plus de 189 000 francs de secours de chômage; et encore quatre groupes de caisses à eux seuls avaient distribué 136 000 francs.

Rappelons que, par suite d'une pratique parlementaire déplorable, c'est à une loi de Finances du 22 avril 1905, que le Parlement avait laissé le soin d'arrêter les conditions dans lesquelles les subsides seraient accordés. Le seul principe nettement établi législativement était que 110 000 francs seraient répartis en subventions aux caisses de secours contre le chômage involontaire. Assurément 110 000 francs c'est fort peu sur le total formidable de notre budget, mais c'est aux principes que nous tenons toujours; et en tout cas cette somme est relativement élevée par rapport au total des indemnités versées par les caisses. Le décret interprétatif de septembre 1905 a spécifié nettement que les subventions pouvaient s'accorder aux « caisses venant en aide à leurs membres » par des secours ordinaires ou des secours de route (le viaticum, qui, en principe, est pratiqué par la Fédération des Bourses de Travail). Qu'on remarque ces mots de « venant en aide », qui montrent bien qu'on s'est rendu compte qu'il n'y a pas là, en réalité, assurance. On a voulu, du reste, des caisses composées de membres exerçant une même profession ou des professions similaires ou connexes : en cela, on a obéi à une préoccupation d'assurance, contradiction bizarre provenant de l'équivoque constante dans laquelle on s'agite en ce domaine. On admet une composition hétérogène, à condition que les caisses soient subventionnées par les communes, et qu'on se trouve dans une agglomération de moins de 20 000 habitants : nous comprenons la seconde clause, mais guère la première. De même, on veut que ces caisses aient toutes au moins 100 membres, sauf pourtant quand il y a subvention de la commune, un effectif de 50 membres pouvant suffire alors. Nous approuvons fort qu'on ait imposé aux caisses, comme condition d'admission à la distribution des subventions, l'organisation d'un service de placement. Notons qu'on exige des caisses la surveillance des chômeurs, et de ceux-ci un stage de 6 mois ; on limite la subvention à une durée de 60 jours ; il faut que les cotisations fassent au moins le tiers des indemnités versées pendant le semestre précédent. La subvention ne peut être calculée que sur une indemnité maxima de 2 francs par jour. Elle ne peut dépasser 16 p. 100 du montant des indemnités versées, sauf majoration de moitié (nous ne savons pourquoi) pour les caisses fonctionnant dans trois départements et comprenant 1 000 membres. C'est le Ministre du Commerce qui fixe semestriellement le taux de répartition du crédit total. Une série de mesures de surveillance et de vérification ont été édictées. On a enfin prévu qu'on pourrait atténuer, dans les débuts, la rigueur du règlement, sans doute parce qu'on ne comptait pas que beaucoup de caisses rempliraient les conditions normales pour bénéficier des subventions. Au surplus la Commission des caisses de chômage, qui surveille, prépare les décisions ministérielles, est composée à peu près uniquement de fonctionnaires et de représentants de ces caisses.

Il est bon de rappeler que, avant le texte législatif de 1905, qui fait la base de l'organisation actuelle en France, des propositions d'initiative parlementaire avaient été déposées sur le même sujet : dès 1895, par M. Jouffray; en 1897, par M. Félix Martin; en 1902, par M. Coutant, et en 1903, par M. Colliard. Ici, toutefois, on avait pour but d'instituer une assurance générale contre le chômage, englobant toute la France. Mais, à partir de 1903, l'on eut en vue plus simplement et modestement l'inscription au budget d'un crédit destiné à subventionner les caisses de secours contre le chômage involontaire, créées par les ouvriers eux-mêmes. Et c'est sous l'influence du mouvement d'esprit qui se faisait au Parlement, que le Conseil Supérieur du Travail fut consulté et qu'une enquête fut ouverte sur les caisses de chômage françaises et étrangères. Le Conseil Supérieur n'adopta point les propositions des membres ouvriers, qui préconisaient l'assurance obligatoire; il n'adopta pas davantage, cela va de soi, l'opinion de certains de ses membres, comme M. Isaac, qui soutenait que l'épargne individuelle était le meilleur préservatif en ces matières. Le Conseil arriva à se prononcer en faveur de l'intervention de l'État dans le développement des institutions de secours contre le chômage, sous la forme d'allocations de subventions. Comme très souvent ou trop souvent, ce fut cette décision du Conseil Supérieur du Travail qui devint ensuite texte législatif. Il est à remarquer que, pour adopter le chiffre de 110 000 francs qui a été prévu dans la loi de finances du 22 avril 1905, on n'avait aucune évaluation susceptible de donner une base sérieuse à ce chiffre. C'est toujours la loi de 1905 qui constitue le régime, la base des allocations en matière de chômage; mais cette loi, ou plutôt l'article 55 de la loi de finances a été complété par un décret du 9 septembre suivant, et des modifications y ont été apportées le 20 avril et le 31 décembre 1906, puis le 3 décembre 1908.

Étant donnée l'importance que les questions

françaises doivent avoir pour nos lecteurs, complétons rapidement les indications que nous avons fournies sur cette législation de l'assurance contre le chômage. Le chômage provenant de maladie, d'accident, d'invalidité, de grève, est absolument exclu du bénéfice des subventions de l'État. D'autre part, c'est pour remédier à la variation des risques de chômage et à la différence des salaires d'un métier à un autre, pour faciliter le contrôle, autant qu'il peut se faire, et pour aider également un placement des ouvriers sans travail, que l'on a prévu que les caisses qui demanderaient des subventions ne devraient réunir que des membres exerçant une profession unique, ou tout au moins des professions similaires. A remarquer que l'on a admis des conditions de faveur au point de vue du nombre des affiliés des caisses devant bénéficier des subventions, quand ces caisses jouissent déjà de subventions des pouvoirs locaux. On a considéré que la distribution de ces subventions était un gage du sérieux de leur organisation ; alors que bien souvent des subventions communales ou départementales sont données à peu près sans contrôle. On savait bien d'autre part, dans les milieux parlementaires, que l'organisation des caisses d'assurance-chômage laisserait longtemps à désirer : c'est pour cela que l'on a admis parfaitement que les caisses locales des villes de moins de 50 000 habitants groupant des adhérents de divers métiers, pourraient recevoir des subsides, si elles comprenaient au moins 50 membres et touchaient ces subventions locales dont nous venons de parler. En principe, ces subventions ne sont point réservées aux caisses syndicales, mais peuvent être aussi bien attribuées à des institutions philanthropiques, à des sociétés de secours mutuels, à des associations créées en vertu de la loi de 1901. Pour solliciter une subvention, il faut que toute caisse ait fonctionné au moins 6 mois, et certaines clauses doivent nécessairement figurer dans le règlement qu'elle soumet au ministère en présentant sa demande de subvention. C'est ainsi que le règlement doit indiquer la cotisation perçue pour le service du chômage involontaire, de même que le montant de l'indemnité journalière, la durée pendant laquelle cette indemnité sera versée en cas de chômage. Aussi bien, pour ce qui est du montant de la cotisation, du taux de l'indemnité, de la durée de cette indemnité, les organisateurs de la caisse ont toute liberté. Il s'agit simplement pour elle de faire montre de bonne volonté, de prouver que l'organisation est régulièrement créée, en soumettant un règlement écrit et dûment arrêté. Il est nécessaire que le règlement spécifie qu'un adhérent qui usera de moyens frauduleux pour toucher une indemnité sans droit, sera exclu temporairement ou définitivement. Il peut se faire également que le droit à indemnité ne soit accordé qu'après une affiliation de six mois. Avec une facilité déconcertante, on a admis que le syndicat ou la société s'organisant pour la lutte contre le chômage, et devant bénéficier de subventions, n'avait pas l'obligation d'inscrire sur un registre spécial les cotisations de ses membres actifs. C'est donc la suppression d'une comptabilité déjà élémentaire. La caisse justifiera simplement de son effectif, et, pour calculer ses recettes, on se contentera de multiplier la cotisation prévue dans le règlement par le nombre accusé des adhérents. Nous avons dit tout à l'heure que, d'après la loi de principe, le taux des subventions ne pouvait dépasser 16 p. 100 du montant des indemnités distribuées par la caisse; tout au plus 24 p. 100 pour des caisses englobant 3 départements. Comme, au bout de peu d'années d'expérience, on a constaté que le crédit ouvert n'était jamais distribué complètement, à cause du nombre très faible d'associations s'astreignant à faire de l'assurance-chômage, on a été amené à être plus généreux encore avec les caisses existant réellement; et depuis la fin de 1908 on a relevé à 20 et 30 p. 100 respectivement les deux maxima que nous venons d'indiquer. Ces pourcentages sont calculés uniquement sur les indemnités que distribuent elles-mêmes les caisses; on ne fait pas entrer en compte les majorations accordées par les communes ou les départements. Par un décret ultérieur à la loi de 1905, on a stipulé que l'État ne pourrait pas donner de subventions inférieures à 10 francs. L'existence de ces subventions si minimes montre combien minimes eux-mêmes sont les efforts faits par un grand nombre de caisses de chômage. Aussi a-t-on spécifié qu'il ne pourrait être alloué de subventions qu'à des caisses ayant payé au moins 30 francs d'indemnité pendant le semestre sur lequel se calcule le pourcentage des subventions de l'État. Sans doute, en principe, les caisses doivent fournir à la fin de chaque semestre diverses justifications, sur le nombre de leurs membres actifs et les cotisations, le chiffre des chômeurs, etc. Mais on se montre particulièrement large pour l'observation de ces clauses; on dispense aisément certaines des caisses de remplir quelques-unes des conditions prévues tout simplement parce qu'on a peur pour ainsi dire que le nombre des caisses devienne trop minime, et qu'elles n'aient plus l'occasion de distribuer une part un peu importante du crédit prévu de 110 000 francs.

A titre de base de comparaison, nous pouvons voir d'abord rapidement, d'après le Rapport ministériel, ce qu'a donné à ses débuts cette intervention du Trésor dans le fonctionnement des caisses dites d'assurances (qu'on appelle officiellement Caisses de secours contre le chômage).

Au point de vue des chiffres absolus, l'État français a subventionné, en 1906, 64 caisses; mais

28 l'ont été seulement pendant un semestre, soit qu'elles n'aient pas été en mesure tout de suite, ou au contraire qu'elles aient cessé d'être en droit de toucher des subventions pendant l'autre partie de l'année. Le nombre moyen des membres des diverses caisses subsidiées a été de 39 000, et de 34 000 seulement pour les caisses subventionnées durant toute l'année, qui sont les plus intéressantes. Pour un peu plus de 10 000 chômeurs, les caisses ont versé 218 000 francs d'indemnités; toutefois on n'a pu faire entrer en compte que 196 000 francs dans le calcul des subventions, et la contribution de l'État a été d'un peu plus 42 000 francs. Si nous en avions le loisir, nous insisterions sur ce que cela représente par ouvrier; notons du moins que le nombre des journées chômées a été de 107 000 environ. Nous ferons remarquer (étant donnée l'importance que prennent pour nous les facilités de déplacement à la recherche du travail) que les subventions ont porté seulement sur 7 caisses de secours de route, n'ayant distribué que 2 250 francs. Nous ne trouvons pas de caisses de chômage ayant pu bénéficier des subventions, c'est-à-dire organisées de façon quelque peu satisfaisante, ni dans les mines et carrières, ni dans l'industrie des pêches, des forêts, de l'agriculture, ni dans celle des produits alimentaires ou des produits chimiques. Les seules industries polygraphiques ont reçu 30 000 francs de subventions, en versant 125 000 fr.

de secours entrant en calcul. A ne considérer que les 36 caisses qui ont été subventionnées durant toute l'année, nous voyons que plus de la moitié des adhérents appartiennent aux Fédérations du Livre, de la Lithographie ou des Ouvriers mécaniciens. Elles ont perçu plus des trois quarts des subventions totales. Il n'y a guère que là que des efforts sérieux aient été accomplis, mais on voit qu'ils coûtent cher au budget.

Le second élément de comparaison au point de vue de l'effet des subventions sur le développement des caisses de chômage en France nous sera fourni par la lecture du rapport publié en septembre 1910, mais pour l'année 1909. Nous le compléterons par quelques indications très rapides sur la façon dont ont été distribuées les subventions de l'État durant le premier semestre 1910. Il n'a pas été publié de renseignements plus récents au moment où nous écrivons. A noter, comme le fait remarquer le rapport officiel, que seules deux caisses, l'une, celle de la Fédération des Travailleurs du Livre, l'autre, celle de l'Union lithographique de Paris, ont pu être admises au bénéfice de la vérification de leurs comptes par représentation d'un compte rendu officiel; simplement parce que, seules, elles publient des comptes détaillés offrant toutes garanties. C'est dire que les autres caisses, dont un certain nombre ne se sont pas encore conformées exactement aux dispositions et décrets sur la matière, ne présentent qu'une comptabilité assez sommaire. Durant l'année 1910, 94 caisses ont été subventionnées, mais soit pour l'un, soit pour l'autre semestre; et en fait 59 seulement d'entre elles l'ont été pour l'année entière. Si néanmoins nous totalisons, comme le fait le rapport officiel, les caisses subventionnées pour un semestre seulement et les caisses subventionnées pour toute l'année, nous voyons que ces 94 caisses réunissent un nombre moyen de membres dépassant légèrement 40 000. Ce chiffre accuse déjà la proportion extrêmement faible des ouvriers français qui bénéficient de l'assurance-chômage, ou tout au moins d'organisations en partie alimentées par leur aide personnelle, et réussissant à les secourir partiellement en cas de chômage. Dans cet ensemble, il existe trois caisses ayant des sections, des caisses fédérales. Ce sont, comme les années précédentes, les caisses de la Fédération de la Lithographie. Parmi les caisses locales ayant été subventionnées pendant toute l'année, nous trouverions 26 caisses professionnelles de 100 membres au moins, 11 de 50 à 100 membres, mais subventionnées par la commune ou le département (puisque c'est une condition sans laquelle la subvention d'État ne pourrait être accordée). Il y a d'autre part 3 caisses interprofessionnelles de 50 membres au moins, subventionnées de la même façon, et dans des villes de moins de 50 000 habitants; enfin 5 caisses de secours de route, et des caisses diverses. A prendre l'ensemble de la statistique, on verrait qu'il a été relevé, pendant toute l'année, 7 350 chômeurs environ, dont 800 seulement pour les caisses subventionnées durant un semestre. Les journées de chômage indemnisées ont été au total de près de 95 000; et les indemnités versées par les caisses de 180 000 francs environ; à la vérité le total des indemnités servant de base au calcul des subventions de l'État n'a été que de 168 000 francs. Ce qui a ramené le montant propre de la subvention d'État au chiffre de 42 000 francs à peu près. Le rapport officiel auquel nous empruntons ces chiffres a tiré la philosophie de cette statistique. A noter que les trois caisses divisées en sections ou caisses fédérales représentent à elles seules la grande activité de cette organisation. Elles comprennent quelque 15 000 membres sur les 32 000 à 33 000 adhérents des 59 caisses ayant reçu des subventions durant l'année. Ces trois caisses ont versé plus de 90 000 francs d'indemnités à 3 200 chômeurs environ, pour quelque 34 000 jours chômés. Elles ont reçu 24 800 francs de subventions, à raison de 30 p. 100, étant donné que, pour calculer les subventions, on a pris un chiffre d'indemnités distribuées par elles de quelque 83 000 francs. La supériorité des caisses fédérales sur les caisses locales apparait toujours avec la plus grande netteté. Cela confirme l'observation que nous faisions tout à l'heure. Cette supériorité s'accuse pour les résultats obtenus et pour les services rendus aux ouvriers : c'est le rapport officiel qui le dit; ce qui laisse supposer par conséquent que les résultats obtenus et les services rendus du fait des autres caisses sont bien faibles. Les trois caisses fédérales ont alloué à elles seules à peu près autant que les 58 caisses locales, puisque celles-ci ont versé simplement 88000 francs pour 51 100 jours chômés par 3000 membres. D'ailleurs le rapport note également que les caisses interprofessionnelles des petites villes ne prennent aucune extension; elles se montrent peu viables; et d'autre part on y trouve une proportion énorme de chômeurs par rapport aux adhérents : quelque 280 chômeurs sur 329 adhérents. Si on voulait examiner les choses de plus près, on s'apercevrait que les deux tiers environ des subventions allouées par l'État ont été versées seulement à 8 caisses, comprenant les trois caisses fédérales et 5 caisses locales. Celles-ci sont la caisse de la Chambre syndicale des Ouvriers en instruments de précision de Paris, celle de l'Union philanthropique des Employés de Rouen, celle de l'Union ouvrière syndicale de l'Industrie textile d'Armentières, celle de la Chambre syndicale des Employés de la région parisienne, etc. Par conséquent les efforts personnels des ouvriers sont bien minces, puisque les subventions peuvent se distribuer entre si peu d'organismes.

En présence de ces données statistiques, on pourrait faire de nombreuses observations et tirer des conclusions variées et intéressantes. Il est curieux de remarquer à quels groupes professionnels appartiennent les caisses de chômage existantes. On en trouve 4, avec 12 750 membres environ, dans les industries polygraphiques; 8 avec 7 200 membres dans les industries du commerce, des transports et de la manutention; 8 également, avec 5 350 membres, dans les industries textiles; 6 avec 4 100 membres dans la métallurgie ou travail des métaux; 8 avec 1 368 membres seulement dans le travail des pierres et des terres. Nous pourrions relever le chiffre ridicule d'une caisse comptant 57 membres dans les industries de l'agriculture, des forêts et des pêches; une autre avec 300 membres à peu près dans l'industrie des produits alimentaires; une avec 95 membres dans les industries du bois et du bâtiment, etc. Le premier rang appartient toujours, comme nous le disions pour une année antérieure, aux industries polygraphiques, grâce à la présence des deux caisses fédérales déjà mentionnées : Fédération des Travailleurs du Livre, Fédération lithographique; et le rapport officiel dit avec raison que c'est le seul groupe industriel dans lequel la lutte contre le chômage et ses conséquences soit vraiment organisée. Ce qui prouve (et nous tenons à le faire remarquer de nouveau) que les subventions et les primes ne suscitent jamais le développement des organisations, des industries, des efforts particuliers en faveur desquels on accorde ces subventions. Ajoutons encore que sur les 59 caisses ayant fonctionné toute l'année, 3 sont annexées à une Fédération nationale de syndicats ouvriers, 42 à un syndicat ouvrier, 2 à une société de secours mutuels d'employés de commerce et de bureau, 3 à une Bourse du Travail; 3 sont indépendantes. Sur 6 caisses de secours de route appartenant à ce total, 5 sont annexées à une Bourse du Travail et une à un syndicat ouvrier.

Ce que nous ne pouvons manquer de mettre en lumière de nouveau, c'est que, sur le crédit prévu de 110 000 francs, 42 000 francs seulement ont été répartis, alors qu'on était arrivé péniblement à en distribuer à peu près 48000 en 1908. Cela ne veut pas dire que, chaque année, on n'ait pas à subventionner des caisses nouvelles; mais la présence même de ces caisses nouvelles et la constatation que le crédit distribué est bien loin d'atteindre le crédit disponible, nous laissent entendre qu'un grand nombre de caisses disparaissent, chaque année également, par suite du manque de persévérance de ceux qui les ont créées, de l'absence d'un *self help* pourtant puissamment suscité, pense-t-on, par le régime des subventions d'État.

Pour en terminer avec ces statistiques des chômages en France, remarquons que le nombre des chômeurs fournis par les statistiques officielles est formé tout simplement, pour chaque caisse, de l'addition des chômeurs de chacun des semestres; dans bien des cas la même personne est comptée deux fois. En fait, la colonne où se trouve ce chiffre donne le total des cas de chômage, mais non pas le nombre des chômeurs. D'autre part, pour les journées de chômage, on ne porte que les journées chômées ayant donné lieu à une indemnité, ce qui est loin de correspondre à toutes les journées chômées. A coup sûr l'État français s'est montré généreux, puisque ses versements représentent le quart des indemnités de chômage distribuées par les caisses spéciales; mais on ne peut conclure de tout cela que les caisses de chômage aient donné aucun résultat appréciable en France, ni que le système des subventions soit fort efficace. Pour ce qui est du premier semestre 1910, 84 caisses de chômage et de secours de route ont reçu des subventions pour 18 000 francs environ. Ici encore nous trouvons la grande masse de ces subventions, 9 000 francs à peu près, distribuée aux trois caisses fédérales dont nous avons parlé. Ces chiffres ne sont point pour accuser un progrès dans la voie où l'on s'est engagé.

Qu'on nous pardonne d'insister constamment sur ces questions pécuniaires; elles nous semblent primer les autres, car en dehors d'elles aucune entreprise, même charitable, n'est viable. Et il ne faut pas oublier que beaucoup de caisses jouissent d'autres subventions de la part des communes, ou des départements. Une enquête détaillée a été poursuivie à ce sujet en 1907 par l'Office du Travail, qui en a fait un véritable volume, dont nous ne pouvons extraire que quelques indications typiques. Quatre Conseils généraux et vingt Conseils municipaux avaient en 1906 subventionné des caisses de chômage, sans compter trois autres villes qui avaient adopté le principe. Bien souvent, on a imité le système gantois, dont on s'entête à célébrer les vertus effectives. L'ensemble des crédits ainsi prévus représentait quelque 70 000 francs; beaucoup de villes accordaient ces subventions sans poser de conditions. Il est bien certain que cette forme d'assistance contre le chômage (c'est le terme employé par l'Office même du Travail) s'est considérablement développée depuis quelques années; et en parcourant les renseignements rassemblés par cet Office nous trouverions les organisations les plus variées. Mais cela ne signifie pas qu'on ait raison de s'engager dans cette voie.

Tout récemment, à la fin de 1909, les préfets ont été invités à faire une enquête sur toutes les caisses subventionnées par les communes ou les départements existant dans leur département; enquête faite avec le concours des maires. Elle a porté sur la période 1907-1910. L'Office du Travail a publié à ce sujet une étude très détaillée de laquelle nous ne pouvons extraire que quelques renseignements caractéristiques. Durant l'année 1910, huit départements et quarante et une communes réparties dans vingt-cinq départements, ont prévu un crédit en vue de répondre aux demandes qui pourraient se produire de la part de caisses de chômage. Le crédit, du chef des départements, a été de 12850 francs; de 96500 francs de la part de dix-neuf villes fixant des conditions spéciales pour l'obtention des subventions; de 4460 francs de la part de vingt-deux villes qui ont cette conception étrange que ces subventions doivent être accordées sans qu'on impose aux caisses aucune condition : au total un peu plus de 114000 francs. En 1907, le crédit correspondant était d'un peu plus de 60000 francs, dont 2250 francs de la part de quatre départements, 67000 francs environ de la part de neuf villes fixant des conditions, et de 6400 francs de la part de dix-huit autres villes faisant des générosités sans condition. Le montant des crédits prévus en faveur des caisses de chômage a augmenté dans des proportions énormes depuis 1907, sans, bien entendu, atteindre un chiffre lui-même énorme; mais cela simplement parce que les caisses qui se réclament de ces subventions ne sont pas suffisamment nombreuses pour motiver plus de générosités. De la part des départements en général et de certaines villes, la subvention est purement et simplement attribuée à la caisse. Quand il n'y a pas de demande, le crédit est annulé. Parmi les dix-neuf villes qui fixent des conditions spéciales, treize ont adopté, au moins en partie, le système gantois. Elles majorent exclusivement les secours payés par les caisses; tantôt en versant directement aux chômeurs la majoration à laquelle ils peuvent prétendre, tantôt en remettant ce compte à la caisse elle-même comme subventions et sans spécification expresse. Deux villes consacrent les deux tiers du crédit à majorer les secours payés par les caisses, et répartissent le tiers restant au prorata du nombre des cotisants. Dans deux villes on majore les cotisations payées par les membres des caisses; enfin pour une ville, qui est celle de Dijon, on se base à la fois sur le nombre des membres, sur les cotisations, sur la situation financière de la caisse; et pour une autre qui est à Troyes, on s'en rapporte au payement de l'indemnité allouée à tous les chômeurs inscrits à la caisse de prévoyance. Quoique cela puisse paraître un peu bizarre, il n'est pas possible de se procurer des renseignements détaillés sur le nombre des membres de toutes les caisses jouissant des subventions communales ou départementales. Cela prouve la facilité avec laquelle ces subventions sont accordées, sans contrôle réel; et cela démontre que l'on a été bien imprudent en admettant, dans la loi de 1905, que toute subvention d'une autorité locale était une justification suffisante pour motiver une subvention de la part de l'État. De même toutes les caisses n'ont-elles pas fait connaître le montant des secours qu'elles ont payés à leurs membres. D'après les données que l'on possède, le montant des secours payés de 1907 à 1910 par les diverses caisses serait de 296 000 francs, et les crédits effectivement répartis et versés par les villes ou les départements d'un peu plus de 148 000 francs. Cela accuse une proportion considérable des générosités du contribuable communal ou départemental, venant s'ajouter aux générosités faites par le contribuable dépendant directement de l'État. Le nombre des caisses subventionnées est d'un peu plus de 200. Elles sont presque toutes constituées par des syndicats ou des unions de syndicats; très peu fonctionnent sous le régime des mutualités. Ce qui est bien caractéristique encore de la faiblesse de l'initiative privée, c'est que les crédits votés par les communes ou les départements sont loin d'être attribués entièrement durant chaque exercice. Beaucoup de caisses ne renouvellent pas leur demande, ou se dissolvent au bout de peu de temps. On ne peut pas distribuer plus de 55 à 58 p. 100 de ces générosités qui s'offrent ainsi aux caisses de secours contre le chômage. Toutes les municipalités tendent de plus en plus à adopter le principe du système gantois; de la majoration des secours pour l'attribution de leurs subventions. On dit qu'elles ont été frappées des résultats donnés par ce système gantois, bien que, lui non plus, ne soit guère autre chose que de l'assistance.

Qu'on se rappelle les chiffres que nous avons donnés pour la distribution des secours de chômage d'après l'enquête faite en 1902, et dont les syndicalistes ne peuvent critiquer les sources d'information : on y verra que l'expansion des subventions communales, départementales ou d'État, le cadeau fait sous cette forme par l'ensemble des contribuables, n'a pas réellement poussé les gens qui le reçoivent à faire des efforts personnels sensiblement plus sérieux.

Cela n'est pas pour nous étonner : c'est le résultat du système des primes; surtout étant donné que les législateurs se défendent bien de faire de la charité; et nous savons ce que les primes donnent déjà dans tant d'autres domaines.

XII

SUR QUELLES BASES SE PLACER POUR PRÉVENIR LE CHÔMAGE

Il paraît bien audacieux de conclure, c'est-à-dire d'apporter un jugement personnel en une question aussi grave et aussi difficile. Mais à quoi bon accumuler des faits si ce n'est pour en chercher la morale? Sans doute n'avons-nous pas fait un exposé détaillé du fonctionnement de toutes les caisses d'assurance ou de secours des divers pays, même de la France. Mais si nous avons cru devoir nous contenter d'indiquer les caractéristiques des systèmes adoptés de divers côtés, et les résultats généraux obtenus, nous pensons pourtant avoir réuni assez d'observations pour essayer de tirer la philosophie de ces enseignements pratiques. C'est nécessaire surtout à une époque comme la nôtre, où l'on a souvent tendance à faire bon marché des expériences déjà tentées, pour se laisser aller aux mêmes illusions théoriques que les devanciers.

Certes, au cours de cette étude, nos conclusions et nos opinions personnelles ont dû percer; et c'est sans doute un des défauts qu'on pourra nous reprocher le plus légitimement; mais il nous semblait logique d'accuser les inconvénients des méthodes essayées, au fur et à mesure même que nous les exposions. Pour nous, l'assurance proprement dite est impossible en matière de chômage, et elle le sera, sinon toujours, du moins longtemps, étant donnés le manque de bases solides sur les risques à courir, et les dangers auxquels on est exposé du fait des fraudeurs simulant le chômage ou comme conséquence d'autres fraudes.

Si l'on fait bon marché du caractère vrai de l'assurance, et si l'on considère les caisses de secours, indépendantes ou non, subventionnées ou non, organisées sur les principes les plus variés, est-on en droit de penser qu'elles peuvent résoudre le problème du chômage, c'est-à-dire permettre aux ouvriers de passer sans conséquences graves par les périodes où le travail manque? peut-on admettre que l'existence de ces organisations nous doive empêcher de chercher autre chose pour atténuer ou pour supprimer le mal du chômage, peut-être le chômage en lui-même?

Dans les caisses syndicales dont le prototype nous est donné par l'Angleterre, avec ses admirables trade-unions, nous avons trouvé des manifestations remarquables de ce *self help* que nous ne saurions trop vanter; les trade-unions, comme leurs membres, font des sacrifices considérables, dépensent des sommes énormes, pour que le chômage n'entraîne pas les conséquences néfastes qu'on doit en attendre quand rien n'est fait par les intéressés pour lutter contre lui. Mais les mesures exceptionnelles que l'on a prises encore ces temps derniers en Angleterre (dans le pays où ces caisses d'assurances indépendantes contre le chômage sont le mieux organisées) indiquent bien qu'elles sont insuffisantes pour remédier au chômage. A plus forte raison, n'ont-elles guère d'action préventive en empêchant la crise du marché du travail que l'on désigne par ce mot de chômage.

L'exemple de la récente législation anglaise est venu nous montrer que l'on aboutit finalement à des mesures d'assistance et d'obligation, même là où l'initiative individuelle a organisé de puissants instruments de défense contre le chômage. Ailleurs, c'est tout de suite que l'on aboutit à ces mesures : elles se manifestent par ces primes, ces subsides, ces subventions, comme on voudra les appeler, qui sont accordés suivant des modalités essentiellement variées, les fonds pouvant provenir des sources les plus diverses, mais étant fournis le plus ordinairement par une collectivité au profit de quelques-uns. Bien que nous appartenions à

« l'École dure », nous comprenons parfaitement la nécessité, la légitimité de l'assistance ; mais nous n'admettons pas qu'on la présente sous un nom de convention, comme pour s'excuser d'y recourir devant ceux auxquels elle profite. Sans doute, est-ce une forme mitigée d'assistance, puisque les contributions publiques ne fournissent pas le montant total des indemnités de chômage distribuées ; mais nous aimerions mieux de l'assistance pure, étant donné que les intéressés prétendent ne point reconnaître ce que la collectivité fait pour eux.

Quant au point de vue pratique auquel nous nous plaçons surtout ici, ces combinaisons n'aboutissent généralement qu'au déficit dans les caisses constituées sur ces bases. Et il est facile de constater que, là même où elles se sont développées étrangement plus qu'en France, elles sont loin de solutionner le problème. Elles atténuent trop peu les conséquences du chômage ; et, malgré les bureaux de placement plus ou moins administratifs qu'on annexe à ces caisses, la répartition de la main-d'œuvre sur le marché du travail se fait trop inégalement pour que le chômage soit en rien prévenu ; à peine s'il est un peu atténué de ce chef.

Nous arrivons ainsi à ce qui nous semble être la conclusion naturelle de ce travail, et ce qui nous entraînerait en dehors de la question même, et nécessiterait toute une étude nouvelle, si nous voulions développer l'idée. Le remède réel au chômage, en le prévenant ou au moins en l'atténuant immédiatement dès qu'il menace de prendre une certaine importance, c'est le placement bien organisé : nous entendons pratiqué commercialement, par des industriels disposés à y engager de gros capitaux, et surtout apportant dans cette industrie, fort difficile, nous le reconnaissons, les méthodes commerciales, l'esprit d'initiative, la large extension des relations mondiales, qui ont transformé, en l'universalisant, le marché des marchandises et des capitaux. Nous en revenons à la conception si admirable de M. de Molinari sur les Bourses du Travail, tout en admettant qu'on puisse apporter d'importantes améliorations de détail, dans la pratique, à la conception générale de l'éminent économiste.

Plus on étudie les crises de chômage, ce qui ne nous a pas été possible ici, — plus on est convaincu qu'elles sont dues surtout à une mauvaise répartition, dans l'espace, de la main-d'œuvre disponible ; il y a constamment manque de coïncidence entre l'offre et la demande de travail, ceux qui ont besoin d'acheter n'étant pas en communication facile avec ceux qui ont besoin de vendre ; et nous voyons des socialistes, partisans acharnés de l'interventionnisme, des assurances d'État contre le chômage, de toutes les mesures artificielles, constater naïvement ce phénomène sans apercevoir les conséquences qu'on en doit tirer. C'est ainsi que, en 1904, dans une séance mémorable sur l'assurance-chômage et les mesures interventionnistes, M. Vaillant s'écriait : « Je me suis trouvé dans le Cher à l'époque de la moisson. A ce moment, il y avait dans certains cantons qui avoisinent la Nièvre, un chômage extraordinaire; des ouvriers ont été dans la misère la plus complète. A la même distance de Bourges, mais d'un autre côté, du côté de la Sologne et de l'Indre, il y avait au contraire une pénurie extrême de bras. Ces ouvriers n'étaient pas en contact les uns avec les autres. » Naturellement, M. Vaillant en concluait à la nécessité d'une organisation d'État; mais nous savons ce qu'elles donnent partout où il faut résoudre des questions commerciales.

Des observations de même nature ont été faites à plusieurs reprises par des gens qui sont loin, il est vrai, d'en tirer les conclusions logiques que nous en tirons nous-même. C'est le cas d'un ministre des Finances français, M. Cochery, qui a présidé la Conférence internationale du Chômage tenue à Paris assez récemment. Il s'est plaint de ce que l'on n'avait pas su encore « organiser le marché du travail ». Il a signalé avec raison ce fait que les quelques institutions qui portent le nom de Bourses du Travail, répondent en réalité à un autre objet. Il a continué en signalant que « tantôt la main-d'œuvre est en excès en un point, tantôt elle manque en un autre, sans que de pays à pays, de région à région, et même de ville à ville, les intéressés en soient avertis » ; l'offre et la demande se cherchent à tâtons sans se trouver souvent. Il en a conclu qu'il faudrait une institution pour se préoccuper de réaliser la répartition du travail et des travailleurs. Avec les tendances dont il a fait montre à la tribune dans certaines circonstances célèbres, il va de soi que M. Cochery conçoit cette institution comme une institution d'État. Ce ne serait pas tout à fait notre avis : nous voudrions une de ces grandes et puissantes institutions privées dont les efforts sont autrement féconds que les institutions administratives. Nous voudrions les Bourses du Travail de M. de Molinari, nous ne saurions trop le répéter.

Nous trouverions de toutes parts des constatations quelque peu analogues à celle qui a été faite par M. Cochery. Dans ce monde américain, où l'on a pourtant constamment besoin de bras, à diverses reprises la Chambre de commerce française de New-York a insisté sur ce que tant de *sans-travail*, qui se trouvent dans les villes et forment une nombreuse population flottante, ne veulent point des emplois et des occupations qui s'offriraient en nombre, s'ils consentaient à aller à la campagne, dans les fermes, où ils seraient bien nourris, confortablement couchés, avec un bon gage mensuel. Notre confrère M. de Seilhac, avec qui nous ne nous rencontrons pas toujours, parce qu'il est nettement partisan des interventions dans bien des domaines, a reconnu lui aussi que, dans de multiples circonstances, les chômeurs peuvent trouver à s'occuper, s'ils savent s'informer des régions où l'on a besoin de leurs bras. C'est le cas de ces verriers de Carmaux qui vont faire la moisson pendant la saison chaude, en abandonnant les fours de verrerie devenus intenables. C'est le cas des mégissiers de Graulhet, qui vont faire la vendange dans l'Hérault, quand le travail de l'usine s'arrête régulièrement. C'est le cas bien connu des maçons parisiens, revenant dans leurs montagnes de la Creuse par les grands froids; celui du cocher classique de Paris, allant faire les foins dans son pays du Limousin, etc. Le chômage le plus souvent n'est qu'une chose *relative*.

Et si tout au moins l'on ne possède pas encore ces Bourses du Travail auxquelles nous faisions allusion, pour organiser le marché du travail, on a ou l'on avait les bureaux de placement; nous ne dirons pas libres, puisqu'ils étaient, en France, soumis constamment au bon plaisir de la police, mais présentant du moins une certaine initiative privée.

La vérité est que des entreprises de placement jouissant de la liberté, sous l'aiguillon de la concurrence, en présence d'une clientèle, c'est-à-dire de vendeurs de travail, qui ne suspecteraient pas de parti pris quiconque veut leur rendre des services économiques payés, éviteraient ces pénuries d'un côté et ces pléthores de l'autre : cela sous l'influence du fameux et bienfaisant intérêt personnel. M. Reeves, ministre socialiste et interventionniste de Nouvelle-Zélande, a constaté lui aussi qu'il « y a des milieux congestionnés et des milieux au contraire anémiés au point de vue du travail ». Il veut établir la circulation du travail, comme il dit, ce qui est très bien, en recourant à des organisations syndicales ou publiques, ce qui est très mauvais. Le commerçant est là, ou du moins devrait être ou pouvoir être là, pour assurer cette « circulation du travail », tout comme il assure, et merveilleusement, la circulation des marchandises et des capitaux.

En fait d'intervention bienfaisante, l'État, le législateur qui nous semble le personnifier de plus en plus, a supprimé en France la liberté des bureaux de placement libre et commercial, et l'enquête faite à Paris a montré les résultats pernicieux que cela amène pour l'ouvrier. L'État, le protecteur vers lequel tout le monde se tourne maintenant, a limité, en 1900, la durée de la journée de travail; et comme l'a montré lumineusement un patron, M. Hérissey (qui n'est pas suspect d'indifférence envers les ouvriers et les épreuves qu'ils subissent), cette mesure a augmenté le nombre des chômeurs.

Ce qui prouve bien que le chômage résulte d'une

mauvaise répartition de la main-d'œuvre, du manque d'informations dont disposent les intéressés, c'est que, comme l'indiquait un jour M. Lair, les fermiers du Loiret sont obligés de faire appel aux Belges; parce qu'ils ne trouvent point de bras indigènes pour les cultures, alors qu'en France les chômeurs abondent. Il est vrai que cela amènerait à la question de la dépopulation des campagnes. Mais le chômeur pourrait le plus souvent, sans grandes difficultés, atténuer les maux de sa situation, les faire disparaître, par des déplacements effectués à propos. Nous renverrons à ce que disait si bien M. le comte de Saint-Quentin, il y a peu de temps, devant la Société Nationale d'Agriculture : il indiquait aux régions souffrant de chômage, l'Argentine comme un marché de travail avide de se procurer des bras.

Bien entendu aussi, il ne faut point perdre de vue que le chômage, c'est-à-dire l'impossibilité de trouver du travail, tient trop souvent à ce que le travailleur qui s'offre, n'a point la connaissance de son métier ou d'un métier. C'est l'observation qui a pu être faite à propos du travail à domicile, qu'actuellement l'on poursuit par une législation interventionniste; on s'est aperçu fréquemment que tant de femmes qui n'étaient payées qu'à des prix dérisoires, étaient précisément celles qui ne savaient que les travaux de couture les plus élémentaires; et, au contraire, on avait toutes les peines du monde à trouver, même en les payant un bon prix, des femmes habituées à des travaux un peu difficiles. On doit songer également que, bien souvent, les ouvriers eux-mêmes imposent des chômages au patron. Nous rappelons l'exemple de cette société belge d'Athus qui n'aurait besoin en général que de 300 ouvriers effectifs, s'ils venaient régulièrement et s'ils travaillaient convenablement. La société a essayé d'amener un travail régulier chez ses ouvriers, en instituant un double système des primes : les unes pour la quinzaine complète, les autres pour l'année complète, les absences pour maladie ou blessures constatées ne faisant naturellement pas perdre sa prime à l'ouvrier assidu. Or il n'y a jamais eu 10 p. 100 du personnel qui aient gagné ces primes; et ce sont toujours les mêmes qui bénéficient de cet encouragement à la régularité. Autrement dit, il y a tellement d'absences, et les irrégularités sont telles, que la société doit posséder une réserve supplémentaire d'hommes pour assurer le service. Il est évident comme conséquence qu'une partie de ces hommes sont, de temps à autre, exposés à des chômages involontaires. Enfin nous trouvons, dans l'application de ces mesures interventionnistes que nous avons signalées en Angleterre, la preuve que l'on exagère maintes fois l'importance du chômage, et que l'on opère des majorations sans preuve aucune dans les statistiques où l'on compte facilement des milliers et des milliers de chômeurs. Lors des efforts faits par les Comités de détresse en Grande-Bretagne, dans la circonscription de Blackburn, le député local avait déclaré qu'il y avait bien « 500 000 chômeurs qui allaient de porte en porte solliciter du travail ». En conséquence, un Comité de détresse fut installé et essaya de fonctionner. Or, durant un semestre, il se présenta à lui, en tout, 92 personnes, dont 60 ne remplissaient pas les conditions exigées par la loi. Les efforts du Comité pendant quatre mois aboutirent à procurer du travail à une seule personne. On avait donc dilapidé en réalité les fonds nécessaires pour le fonctionnement de ce Comité. Il avait inutilement perdu des efforts précieux pour ne répondre à aucun besoin réel.

Les fonctionnaires que l'on a chargés en France d'étudier cette question, sont arrivés tout naturellement à ces conclusions que le bureau de placement doit être subventionné par l'État et les municipalités; et que, s'il est organisé de façon pratique et simple, il donnera les meilleurs résultats, à condition d'être composé de délégués des patrons et des ouvriers. Nous avons vu ce que valent et ce que donnent en général les subventions. D'autre part, on sait ce que sont à l'heure présente les bureaux de placement, en particulier quand ils sont les émanations de syndicats ouvriers. On y fait trop souvent acception de personnes; et, en tout cas, on ne sait guère y pratiquer une besogne commerciale, parce que les employés et agents qui sont à la tête de ces bureaux, ne trouvent aucun intérêt à développer l'action du bureau dans une voie efficace, et ne sont point récompensés, par des bénéfices pécuniaires, de l'esprit d'entreprise qu'il leur faudrait montrer pour faire réussir l'organisation.

Bien entendu, tout ce que nous disons ne signifie pas que nous ne voyions avec plaisir les syndicats s'organiser par eux-mêmes, en pleine liberté et responsabilité, pour aider leurs membres en état de chômage; pour leur faciliter pécuniairement, au moyen d'un viaticum quelconque, ces déplacements qui présentent bien des inconvénients pour l'ouvrier, et surtout pour la famille, mais qui sont une nécessité si l'ouvrier veut partir à la recherche d'un point où la demande de travail soit favorable. Toutefois, nous estimons qu'on fera œuvre utile en répétant aux ouvriers que la commercialisation du travail, entendue dans ce sens tout particulier, peut résoudre aussi parfaitement que possible le problème du chômage, et que, ici comme ailleurs, l'intermédiaire est un rouage économique utile, nécessaire même, rendant des services qui justifient une rétribution, précisément parce que ce sont des services.

BIBLIOGRAPHIE

(Documents et ouvrages principaux.)

Le Chômage, causes, conséquences, remèdes, par J.-A. de Lavergne et Paul-Henry.

Le Chômage et les moyens d'y remédier principalement par l'assurance, par Cagninacci.

Les Formes nouvelles de l'assurance contre le chômage, par L. Varlez.

Les Assurances ouvrières. Mutualités contre la maladie, l'incendie et le chômage, par E. Rochetin.

Le Chômage (publié sous les auspices de la Societa Umanitaria).

L'Assurance contre le chômage en Allemagne, par P. de Las Cases.

Les Caisses syndicales de chômage en France et en Belgique, par M. Crosson du Cormier.

Le Chômage, par Fagnot.

L'Assurance contre le chômage, par Denjean.

Du travail et de ses conditions, par Depasse (Paris, F. Alcan, éd.).

Les Sans-Travail, par Gide.

Le Chômage et la Profession, par Max Lazard (Paris, F. Alcan, éd.).

L'Assurance obligatoire, par Janet.

Le Chômage involontaire, par Oket.

L'Action sociale par l'initiative privée, par E. Rostand.

Beiträge zur Frage der Arbeitslosenfursorge, par M. Wagner.

Der Arbeitnachweis, par le Dr Conrad.

Die Arbeitslosigkeit und die Grundfragen der Arbeitslosenversicherung, par Erick Eyck.

Dritte Beiträge zur Frage der Arbeitslosenversicherung, par Schanz.

Les Assurances. Leur passé, leur présent, leur avenir, par Chaufton.

L'Assurance par l'État, par Chorel.

Des relations mutuelles de l'assistance et de l'assurance ouvrière, par Bellom.

La Question ouvrière, par Lujo Brentano.

The Unemployed, par Drage.
Traité de Législation industrielle, par Pic.
Traité d'Économie politique, de Paul Leroy-Beaulieu (Paris, F. Alcan, éd.).
Les Syndicats ouvriers, par le même.
Comptes rendus de la Conférence internationale du Chômage de Paris, septembre 1910.
Office du travail : *Notes sur la Statistique du chômage.*
— *Documents sur les Caisses de chômage.*
— *Les Associations professionnelles.*
Report to the Board of Trade on agencies and methods for dealing with the unemployed in certain Foreign Countries, par Schloss.

TABLE DES MATIÈRES

TABLE ALPHABÉTIQUE DES MATIÈRES

1104-11. — C... ...miers. Imp. PAUL BRODARD. — 10-11.

LIBRAIRIE FÉLIX ALCAN

EXTRAIT DU CATALOGUE

BAUDRILLART (H.), de l'Institut. **La Liberté du travail, l'association et la démocratie.** 1 vol. in-18 . . . . 3 fr. 50

BOILLEY (P.). **Législation internationale du travail.** 1 vol. in-12. . 3 fr.

BROCHARD (P.), avocat. **La Mainmorte ouvrière** (projet de loi Waldeck-Rousseau sur les Syndicats professionnels). 1 vol. in-8 . . . . . 7 fr.

CHATELAIN (E.). **De la Nature du contrat entre ouvrier et entrepreneur.** Étude critique de droit économique. 1 vol. in-8 . . . . 2 fr.

DEPASSE (H.), député. **Du Travail et de ses conditions** (Chambres et conseils du travail). 1 vol. in-16. . . . . 3 fr. 50

DURKHEIM, professeur à la Sorbonne. **De la Division du travail social.** 1 vol. in-8, 2e édit. . . . . 7 fr. 50

EICHTHAL (E. d'), de l'Institut. **La Liberté individuelle du travail et les menaces du législateur.** 1 vol. in-16. . . . . 2 fr. 50

FIX (Th.). **Observations sur l'état des classes ouvrières.** Nouvelle édition. 1 vol. in-8. . . . . 5 fr.

GOBIN (M.), docteur en droit. **L'Idée d'obligation au groupement,** *applications aux groupements professionnels et mutualistes.* 1 vol. gr. in-8. 5 fr.

GUYOT (Yves), ancien ministre des travaux publics. **Les Chemins de fer et la grève.** 1 vol. in-16 . . . . 3 fr. 50

HARMIGNIE (P.), docteur en droit. **L'État et ses agents.** *Étude sur le syndicalisme administratif.* 1 vol. in-8. . . . . 7 fr. 50

HAYEM (J.). **La Loi et le Contrat de travail,** préface de M. A. SCHATZ, professeur à la Faculté de droit de Dijon. 1 vol. gr. in-8. . . . . 5 fr.

HOURS (A.). **Essai sur la légitimité du droit de coalition. Les grèves en 1900** en France et à l'étranger. 1 vol. in-8. . . . . 3 fr.

HOWELL. **Le Passé et l'Avenir des trades-unions.** 1 vol. in-8 . . 5 fr. 50

HUBERT-VALLEROUX, avocat à la Cour d'appel. **Les Associations coopératives en France et à l'étranger.** 1 vol. in-8 . . . . 8 fr.

— **Les Corporations d'arts et métiers et les syndicats professionnels en France et à l'étranger.** 1 vol. in-8. . . . . 7 fr. 50

LAZARD (Max). Master of arts (Columbia University), docteur en droit. **Le Chômage et la profession.** *Contribution à l'étude statistique du chomage et de son coefficient professionnel.* 1 vol. gr. in-8, avec graphiques. 7 fr. 50

LIESSE (A.), professeur au Conservatoire national des arts et métiers. **Le travail** *aux points de vue scientifique, industriel et social.* 1 vol. in-8 . . . . 7 fr. 50

MARTIN-SAINT-LÉON (E.), conservateur de la bibliothèque du Musée social. ***Histoire des corporations de métiers** depuis leurs origines jusqu'à leur suppression en 1791, suivie d'une étude sur **L'Évolution de l'idée corporative** de 1791 à nos jours et sur le **Mouvement syndical contemporain.** 2e édition, revue et mise au courant. 1 fort vol. in-8 (*Couronné par l'Académie française*) . . . . 10 fr.

Envoi franco contre mandat-poste.

MERLIN (R.), bibliothécaire archiviste du Musée social. **Le Contrat de travail.** *Les salaires, la participation aux bénéfices.* 1 vol. in-16. 2 fr. 50

MICHEL (G.) et RENOUARD (Alfr.). **Histoire d'un centre ouvrier, les concessions d'Anzin.** 1 vol. in-18 . . . . 3 fr. 50

MILHAUD (Mlle C.). **L'Ouvrière en France.** *Sa condition présente, les réformes nécessaires.* 1 vol. in-16. . . . . 2 fr. 50

MOLINARI (G. de), correspondant de l'Institut. **Les Bourses de travail.** 1 vol. in-18 . . . . 3 fr. 50

PAUL-LOUIS. **L'Ouvrier devant l'État.** Étude de la législation ouvrière dans les deux Mondes. 1 vol. in-8. . . . . 7 fr.

— **Histoire du mouvement syndical en France (1789-1906).** 1 vol. in-16. 3 fr. 50

— **Le Syndicalisme contre l'État.** 1 vol. in-16. . . . . 3 fr. 50

— **Les Lois ouvrières.** 1 vol. in-32. . . . . 0 fr. 60

PAWLOWSKI (A.), rédacteur au Journal des Débats. **La Confédération générale du travail.** *Ses origines. Son organisation. Ses tendances. Ses moyens d'action et son avenir.* Préface de J. BOURDEAU. 1 vol. in-16. 2 fr. 50

— **Les Syndicats jaunes.** 1 vol. in-16. . . . . 2 fr. 50

PIC (P.), professeur de législation industrielle à l'Université de Lyon. **La Protection légale des travailleurs et le droit international ouvrier.** 1 vol. in-16 . . . . 2 fr. 50

PINOT (P.) et COMOLET-TIRMAN (J.), auditeurs au Conseil d'État. **Traité des retraites ouvrières.** Commentaire théorique et pratique de la loi du 5 avril 1910. Préface de A. PICARD, de l'Institut. 1 vol. in-8. 6 fr.

POINSARD (L.). **La Production, le travail et le problème social** dans tous les pays au début du XXe siècle. 2 vol. gr. in-8 . . . . 16 fr.

PUECH (Jules L.), docteur en droit. **Le Proudhonisme dans l'association internationale des travailleurs.** Préface de Ch. ANDLER, chargé de cours à la faculté des lettres de Paris. 1 vol. grand in-8. . . . . 6 fr.

REINAUD (É.). **Les Syndicats professionnels,** leur rôle historique et économique. La loi du 21 mars 1884. 1 vol. in-18. . . . . 3 fr. 50

RICHARD (A.). **L'Organisation collective du travail,** essai sur la coopération de main-d'œuvre, le contrat collectif et la sous-entreprise ouvrière, préface par Yves GUYOT. 1 vol. gr. in-8. . . . . 6 fr.

ROCHETIN (E). **La Caisse nationale de prévoyance ouvrière et l'intervention de l'État.** 1 vol. in-18 . . . . 3 fr. 50

ROSTAND (E.), de l'Institut. **L'Action sociale par l'initiative privée** (1re série, *Épuisée*). — 2e série, 1 vol. gr. in-8, 15 fr. — 3e série, 1 vol. gr. in-8, 15 fr. — 4e série, 1 vol. gr. in-8 . . . . 15 fr.

STOCQUART (E.). **Le Contrat de travail.** 1 vol. in-12. . . . . 3 fr.

LIBRAIRIE FÉLIX ALCAN

MAISONS FÉLIX ALCAN ET GUILLAUMIN RÉUNIES

EXTRAIT DU CATALOGUE

SCIENCES — MÉDECINE — HISTOIRE — PHILOSOPHIE
ECONOMIE POLITIQUE — STATISTIQUE — FINANCES

TABLE DES MATIÈRES

PARIS

108, BOULEVARD SAINT-GERMAIN, 108 (6e)

JANVIER 1911

BIBLIOTHÈQUE SCIENTIFIQUE INTERNATIONALE

Volumes in-8, cartonnés à l'anglaise.

Derniers volumes publiés :

CUÉNOT (L.). **La genèse des espèces animales, illustré.** 12 fr.
LE DANTEC (Félix). **La stabilité de la vie.** 6 fr.
ROUBINOVITCH (Dr J.). **Aliénés et anormaux, illustré.** 6 fr.

Précédemment parus :

Sauf indication spéciale, tous ces volumes se vendent **6** *francs.*

ANGOT. **Les aurores polaires**, illustré.
ARLOING. **Les virus**, illustré.
BAGEHOT. **Lois scientifiques du développement des nations**, 7e édition.
BAIN (Alex.). **L'esprit et le corps**, 6e édition.
— **La science de l'éducation**, 11e édition.
BENEDEN (Van). **Les commensaux et les parasites dans le règne animal**, 4e édition, illustré.
BERNSTEIN. **Les sens**, 5e édition, illustré.
BERTHELOT, de l'Institut. **La synthèse chimique**, 10e éd.
— **La révolution chimique, Lavoisier**, ill., 2e édition.
BINET. **Les altérations de la personnalité**, 2e édition.
BINET et FÉRÉ. **Le magnétisme animal**, 5e éd., illustré.
BLASERNA et HELMHOLTZ. **Le son et la musique**, 5e éd.
BOURDEAU (L.). **Histoire du vêtement et de la parure.**
BRUNACHE. **Au centre de l'Afrique; autour du Tchad**, ill.
CANDOLLE (A. de). **Origine des plantes cultivées**, 4e édit.
CARTAILHAC. **La France préhistorique**, 2e éd., illustré.
CHARLTON BASTIAN. **Le cerveau et la pensée**, 2e éd., 2 vol. illustrés.
— **L'évolution de la vie**, avec figures dans le texte et 12 planches hors texte.
COLAJANNI. **Latins et Anglo-Saxons.** 9 fr.
CONSTANTIN (Cne). **Le rôle sociologique de la guerre et le sentiment national.**
COOKE et BERKELEY. **Les champignons**, 4e éd., illustré.
COSTANTIN (J.). **Les végétaux et les milieux cosmiques** (*Adaptation, évolution*), illustré.
— **La nature tropicale**, illustré.
— **Le transformisme appliqué à l'agriculture**, illustré.
DAUBRÉE, de l'Institut. **Les régions invisibles du globe et des espaces célestes**, 2e édition, illustré.
DEMENY (G.). **Les bases scientifiques de l'éducation physique**, 4e éd., illustré.
— **Mécanisme et éducation des mouvements**, 4e éd. 9 fr.
DEMOOR, MASSART et VANDERVELDE. **L'évolution régressive en biologie et en sociologie**, illustré.
DRAPER. **Les conflits de la science et de la religion**, 12e éd.
DUMONT (Léon). **Théorie scientifique de la sensibilité**, 4e éd.
GELLÉ (E.-M.). **L'audition et ses organes**, illustré.

GRASSET (J.). **Les maladies de l'orientation et de l'équilibre,** illustré.
GROSSE (E.). **Les débuts de l'art,** illustré.
GUIGNET (E.) et E. GARNIER. **La céramique ancienne et moderne,** illustré.
HERBERT SPENCER. **Introduction à la science sociale,** 14e éd.
— **Les bases de la morale évolutionniste,** 7e édition.
HUXLEY (TH.-H.). **L'écrevisse,** 2e édition, illustré.
JACCARD. **Le pétrole, le bitume et l'asphalte,** illustré.
JAVAL. **Physiologie de la lecture et de l'écriture,** 2e éd. illustré.
LAGRANGE (F.). **Physiologie des exercices du corps,** 10e éd.
LALOY. **Parasitisme et mutualisme dans la nature,** ill.
LANESSAN (de). **Introduction à la botanique.** *Le sapin,* 2e édit., illustré.
— **Principes de colonisation.**
LE DANTEC. **Théorie nouvelle de la vie,** 4e éd., illustré.
— **Évolution individuelle et hérédité.**
— **Les lois naturelles,** illustré.
LOEB. **La dynamique des phénomènes de la vie,** ill. 9 fr.
LUBBOCK. **Les sens et l'instinct chez les animaux,** ill.
MALMÉJAC. **L'eau dans l'alimentation,** illustré.
MAUDSLEY. **Le crime et la folie,** 7e édition.
MEUNIER (STANISLAS). **La géologie comparée,** illustré.
— **Géologie expérimentale,** 2e éd., illustré.
— **La géologie générale,** 2e édit., illustré.
MEYER (de). **Les organes de la parole,** illustré.
MORTILLET (G. de). **Formation de la nation française,** 2e édition, illustré.
MOSSO. **Les exercices physiques et le développement intellectuel.**
NIEWENGLOWSKI. **La photographie et la photochimie,** illust.
NORMAN LOCKYER. **L'évolution inorganique,** illustré.
PERRIER (ED.), de l'Institut. **La philosophie zoologique avant Darwin,** 3e édition.
PETTIGREW. **La locomotion chez les animaux,** 2e éd., ill.
QUATREFAGES (A. DE). **L'espèce humaine,** 15e édition.
— **Darwin et ses précurseurs français,** 2e édition.
— **Les émules de Darwin,** 2 vol.
RICHET (CH.). **La chaleur animale,** illustré.
ROCHÉ. **La culture des mers en Europe,** illustré.
SCHMIDT. **Les mammifères dans leurs rapports avec leurs ancêtres géologiques,** illustré.
SCHUTZENBERGER, de l'Institut. **Les fermentations,** 6e édit. illustré.
SECCHI (Le Père). **Les étoiles,** 3e édit., 2 vol. illustrés.
STALLO. **La matière et la physique moderne,** 3e édition.
STARCKE. **La famille primitive.**
STEWART (BALFOUR). **La conservation de l'énergie,** 6e éd.
THURSTON. **Histoire de la machine à vapeur,** 3e éd., 2 vol.
TOPINARD. **L'homme dans la nature,** illustré.
VRIES (HUGO DE). **Espèces et variétés,** 1 vol. 12 fr.
WHITNEY. **La vie du langage,** 4e édition.
WURTZ, de l'Institut. **La théorie atomique,** 8e édition.

NOUVELLE COLLECTION SCIENTIFIQUE

DIRECTEUR : ÉMILE BOREL, professeur à la Sorbonne.

VOLUMES IN-16 A 3 FR. 50 L'UN

Derniers volumes publiés.

L'aviation, par PAUL PAINLEVÉ et ÉMILE BOREL. 4e édit., revue et augmentée. 1 vol. in-16, avec figures . . . . . 3 fr. 50

La race slave, *statistique, démographie, anthropologie*, par LUBOR NIEDERLE, professeur à l'Université de Prague. Traduit du tchèque et précédé d'une préface par L. LEGER, de l'Institut. 1 vol. in-16, avec une carte en couleurs hors texte . . . . 3 fr. 50

L'évolution des théories géologiques, par STANISLAS MEUNIER, professeur au Muséum d'Histoire naturelle. 1 vol. in-16, avec gravures. . . . . 3 fr. 50

Précédemment parus.

Éléments de philosophie biologique, par F. LE DANTEC, chargé du cours de biologie générale à la Sorbonne. 1 vol. in-16. 2e éd. . . . . 3 fr. 50

La voix. *Sa culture physiologique. Théorie nouvelle de la phonation*, par le Dr P. BONNIER, laryngologiste de la clinique médicale de l'Hôtel-Dieu, 3e éd. in-16. 3 fr. 50

De la méthode dans les sciences :
1. *Avant-propos*, par M. P.-F. THOMAS, docteur ès lettres, professeur de philosophie au lycée Hoche. — 2. *De la science*, par M. EMILE PICARD, de l'Institut. — 3. *Mathématiques pures*, par M. J. TANNERY, de l'Institut. — 4. *Mathématiques appliquées*, par M. PAINLEVÉ, de l'Institut. — 5. *Physique générale*, par M. BOUASSE, professeur à la Faculté des Sciences de Toulouse. — 6. *Chimie*, par M. JOB, professeur au Conservatoire des arts et métiers. — 7. *Morphologie générale*, par M. GIARD, de l'Institut. — 8. *Physiologie*, par M. LE DANTEC, chargé de cours à la Sorbonne. — 9. *Sciences médicales*, par M. PIERRE DELBET, professeur à la Faculté de médecine de Paris. — 10. *Psychologie*, par M. TH. RIBOT, de l'Institut. — 11. *Sciences sociales*, par M. DURKHEIM, professeur à la Sorbonne. — 12. *Morale*, par M. LÉVY-BRUHL, professeur à la Sorbonne. — 13. *Histoire*, par M. G. MONOD, de l'Institut. 2e éd. 1 vol. in-16. . . . . 3 fr. 50

L'éducation dans la famille. *Les péchés des parents*, par P.-F. THOMAS, professeur. 1 vol. in-16. 3e édit. . . 3 fr. 50

La crise du transformisme, par F. LE DANTEC. 2e éd. 1 vol. in-16. . . . . 3 fr. 50

L'énergie, par W. OSTWALD, prof. honoraire à l'Université de Leipzig (prix Nobel de 1909), traduit de l'allemand par E. PHILIPPI, licencié ès sciences. 2e éd. 1 vol. in-16. 3 fr. 50

Les états physiques de la matière, par CH. MAURAIN, professeur à la Faculté des Sciences de Caen. 2e édit. 1 vol. in-16, avec figures. . . . . 3 fr. 50

La chimie de la matière vivante, par JACQUES DUCLAUX, préparateur à l'Institut Pasteur. 2e édit. 1 vol. in-16. 3 fr. 50

COLLECTION MÉDICALE

ÉLÉGANTS VOLUMES IN-12, CARTONNÉS A L'ANGLAISE, A 4 ET A 3 FRANCS

DERNIERS VOLUMES PUBLIÉS :

Manuel de pratique obstétricale à l'usage des sages-femmes, par le Dr E. Paquy, avec 107 gravures dans le texte. 4 fr.

Essais de médecine préventive, par le Dr P. Londe. 4 fr.

La joie passive, par le Dr R. Mignard. Préface du Dr G. Dumas. 4 fr.

Guide pratique de puériculture, à l'usage des docteurs en médecine et des sages-femmes, par le Dr Deléarde. 4 fr.

PRÉCÉDEMMENT PARUS :

La mimique chez les aliénés, par le Dr G. Dromard. 4 fr.

L'amnésie, par les Drs G. Dromard et J. Levassort. 4 fr.

La mélancolie, par le Dr R. Masselon, médecin adjoint à l'asile de Clermont. (*Couronné par l'Académie de médecine*). 4 fr.

Essai sur la puberté chez la femme, par Mlle le Dr Marthe Francillon, ancien interne des hôpitaux de Paris. 4 fr.

Hygiène de l'alimentation dans l'état de santé et de maladie, par le Dr J. Laumonier, avec gravures. 3e éd. 4 fr.

Les nouveaux traitements, par *le même*. 2e édit. 4 fr.

Les embolies bronchiques tuberculeuses, par le Dr Ch. Sabourin, médecin du sanatorium de Durtol, avec gravures. 4 fr.

Manuel d'électrothérapie et d'électrodiagnostic, par le Dr E. Albert-Weil, avec 88 gravures. 2e éd. 4 fr.

La mort réelle et la mort apparente, diagnostic et traitement de la mort apparente, par le Dr S. Icard, avec gravures. 4 fr.

L'hygiène sexuelle et ses conséquences morales, par le Dr S. Ribbing, prof. à l'Univ. de Lund (Suède). 3e édit. 4 fr.

Hygiène de l'exercice chez les enfants et les jeunes gens, par le Dr F. Lagrange, lauréat de l'Institut. 9e édit. 4 fr.

De l'exercice chez les adultes, par *le même*. 6e édition. 4 fr.

Hygiène des gens nerveux, par le Dr Levillain, avec gravures. 5e éd. 4 fr.

L'éducation rationnelle de la volonté, son emploi thérapeutique, par le Dr Paul-Emile Lévy. Préface de M. le prof. Bernheim. 8e édition. 4 fr.

L'idiotie. *Psychologie et éducation de l'idiot*, par le Dr J. Voisin, médecin de la Salpêtrière, avec gravures. 4 fr.

La famille névropathique, *Hérédité, prédisposition morbide, dégénérescence*, par le Dr Ch. Féré, médecin de Bicêtre, avec gravures. 2e édition. 4 fr.

L'instinct sexuel. *Évolution, dissolution*, par *le même*. 2e éd. 4 fr.

Le traitement des aliénés dans les familles, par *le même*. 3e édition. 4 fr.

L'hystérie et son traitement, par le Dr Paul Sollier. 4 fr.

Manuel de psychiatrie, par le Dr J. Rogues de Fursac, ancien chef de clinique à la Faculté de Paris. 3e éd. 4 fr.

L'éducation physique de la jeunesse, par A. Mosso, professeur à l'Univers. de Turin. Préface du commandant Legros. 4 fr.

Manuel de percussion et d'auscultation, par le Dr P. Simon, professeur à la Faculté de médecine de Nancy, avec grav. 4 fr.

Morphinisme et Morphinomanie, par le Dr Paul Rodet. (*Couronné par l'Académie de médecine.*) 4 fr.

La fatigue et l'entraînement physique, par le Dr Ph. Tissié. avec gravures. Préface de M. le prof. Bouchard. 3e édition. 4 fr.

Les maladies de la vessie et de l'urèthre chez la femme, par le Dr Kolischer; trad. de l'allemand par le Dr Beuttner, de Genève; avec gravures. 4 fr.

Grossesse et accouchement, *Étude de socio-biologie et de médecine légale* par le Dr G. Morache, professeur de médecine légale à l'Université de Bordeaux. 4 fr.

Naissance et mort, *Étude de socio-biologie et de médecine légale*, par *le même*. 4 fr.

La responsabilité, *Étude de socio-biologie et de médecine légale*, par le Dr G. Morache, prof. de médecine légale à l'Université de Bordeaux, associé de l'Académie de médecine. 4 fr.

Traité de l'intubation du larynx *de l'enfant et de l'adulte, dans les sténoses laryngées aiguës et chroniques*, par le Dr A. Bonain, avec 42 gravures. 4 fr.

Pratique de la chirurgie courante, par le Dr M. Cornet, Préface du Pr Ollier, avec 111 gravures. 4 fr.

Dans la même collection :

COURS DE MÉDECINE OPÉRATOIRE

de M. le Professeur **Félix Terrier** :

Petit manuel d'antisepsie et d'asepsie chirurgicales, par les Drs Félix Terrier, professeur à la Faculté de médecine de Paris, et M. Péraire, ancien interne des hôpitaux, avec grav. 3 fr.

Petit manuel d'anesthésie chirurgicale, par *les mêmes*, avec 37 gravures. 3 fr.

L'opération du trépan, par *les mêmes*, avec 222 grav. 4 fr.

Chirurgie de la face, par les Drs Félix Terrier, Guillemain et Malherbe, avec gravures. 4 fr.

Chirurgie du cou, par *les mêmes*, avec gravures. 4 fr.

Chirurgie du cœur et du péricarde, par les Drs Félix Terrier et E. Reymond, avec 79 gravures. 3 fr.

Chirurgie de la plèvre et du poumon, par *les mêmes*, avec 67 gravures. 4 fr.

MÉDECINE

Dernières publications :

HARTENBERG (Dr P.). **L'Hystérie et les hystériques.** 1 vol. in-16. 3 fr. 50

JANET (Dr Pierre). **L'État mental des hystériques.** 2e édition. 1 vol. in-8, avec gravures dans le texte. 18 fr.

LEGUEU (Prof. F.). **Traité chirurgical d'urologie.** Préface de M. le Prof. GUYON. 1 fort vol. gr. in-8 de VIII-1382 p., avec 663 grav. dans le texte et 8 pl. en couleurs hors texte, cartonné à l'angl. 40 fr.

LÉVY (Dr P.-E.). **Neurasthénie et névroses.** *Leur guérison définitive en cure libre.* 2e édit. 1 vol. in-16. 5 fr.

MARIE (Dr A.). **Traité international de psychologie pathologique.** TOME I : *Psychopathologie générale*, par MM. les Prof. GRASSET, DEL GRECO, Dr A. MARIE, Prof. MALLY, MINGAZZINI, Drs DIDE, KLIPPEL, LEVADITI, LUGARO, MARINESCO, MÉDÉA, L. LAVASTINE, Prof. MARRO, CLOUSTON, BECHTEREW, FERRARI, Prof. CARRARRA. 1 vol. gr. in-8, avec 353 gr. dans le texte. 25 fr.

TOME II : *Psychopathologie clinique*, par MM. les Prs, BAGENOFF, BECHTEREW, Drs COLIN, CAPGRAS, DENY, HESNARD, LHERMITTE, MAGNAN, A. MARIE, Prs PICK, PILCZ, Drs RICHE, ROUBINOVITCH, SÉRIEUX, SOLLIER, Pr ZIEHEN, 1 vol. gr. in-8, avec 341 gr. 25 fr.

TOME III terminant l'ouvrage. (*Sous presse*).

MONOD (Pr Ch.) et VANVERTS (J.). **Chirurgie des artères,** *Rapport au XXIIe Congrès de chirurgie.* 1 vol. in-8. 2 fr.

REVERDIN (Pr J.-L.). **Leçons de chirurgie de guerre.** *Des blessures faites par les balles des fusils.* Préface de H. NIMIER. 1 vol. in-8, avec 7 pl. en phototypie hors texte. 7 fr. 50

STEWART (Dr PIERRE). **Le diagnostic des maladies nerveuses.** Traduction et adaptation française, par le Dr GUSTAVE SCHERB. Préface de M. le Dr E. HELME. 1 vol. in-8 avec 208 fig. et diagrammes. 15 fr.

PRÉCÉDEMMENT PARUS :

Pathologie et thérapeutique médicales.

BERGER et LOEWY. **Les troubles oculaires d'origine génitale chez la femme.** 1 vol. in-18. 3 fr. 50

CAMUS ET PAGNIEZ. **Isolement et psychothérapie.** *Traitement de la neurasthénie.* Préface du Pr DÉJERINE. 1 vol. gr. in-8. 9 fr.

CORNIL (V.), RANVIER, BRAULT ET LETULLE. **Manuel d'histologie pathologique.** 3e édition entièrement remaniée.

TOME I, par MM. RANVIER, CORNIL, BRAULT, F. BEZANÇON et M. CAZIN. — *Histologie normale.* — *Cellules et tissus normaux.* — *Généralités sur l'histologie pathologique.* — *Altération des cellules et des tissus.* — *Inflammations.* — *Tumeurs.* — *Notions sur les bactéries.* — *Maladies des systèmes et des tissus.* — *Altérations du tissu conjonctif.* 1 vol. in-8, avec 387 gravures en noir et en couleurs. 25 fr.

TOME II, par MM. DURANTE, JOLLY, DOMINICI, GOMBAULT et PHILIPPE. — *Muscles.* — *Sang et hématopoïèse.* — *Généralités sur le système nerveux.* 1 vol. in-8, avec 278 grav. en noir et en couleurs. 25 fr.

TOME III, par MM. GOMBAULT, NAGEOTTE, A. RICHE, R. MARIE, DURANTE, LEGRY, F. BEZANÇON. — *Cerveau.* — *Moelle.* — *Nerfs.* — *Cœur.* — *Larynx.* — *Ganglion lymphatique.* — *Rate.* 1 vol. in-8, avec 382 grav. en noir et en couleurs. 35 fr.

TOME IV ET DERNIER, par MM. MILIAN, DIEULAFÉ, HERPIN, DECLOUX, CRITZMANN, COURCOUX, BRAULT, LEGRY, HALLÉ, KLIPPEL et LEFAS. — *Poumon.* — *Bouche.* — *Tube digestif.* — *Estomac.* — *Intestin.* — *Foie.* — *Rein.* — *Vessie et urèthre.* — *Rate.* (*Sous presse*).

DESCHAMPS (A.). **Les maladies de l'énergie.** Les asthénies générales. *Épuisements, insuffisances, inhibitions.* (Clinique et Thérapeutique). Préface de M. le professeur RAYMOND. 1 vol. in-8. 2e édit. 8 fr. (*Couronné par l'Académie de médecine*).

FÉRÉ (Ch.). **Les épilepsies et les épileptiques.** 1 vol. gr. in-8, avec 12 planches hors texte et 67 grav. dans le texte. 20 fr.

— **La pathologie des émotions.** 1 vol. in-8. 12 fr.

FINGER (E.). **La syphilis et les maladies vénériennes.** Trad. de l'allemand avec notes par les docteurs SPILLMANN et DOYON. 3e édit. 1 vol. in-8, avec 8 planches hors texte. 12 fr.

FLEURY (Maurice de), de l'Académie de médecine. **Introduction à la médecine de l'esprit.** 8e édit. 1 vol. in-8. 7 fr. 50. (*Couronné par l'Académie française et par l'Académie de médecine.*)

— **Les grands symptômes neurasthéniques.** 4e édition, revue. 1 vol. in-8. (*Couronné par l'Académie des sciences.*) 7 fr. 50

— **Manuel pour l'étude des maladies du système nerveux.** 1 vol. gr. in-8, avec 132 grav. en noir et en couleurs, cart. à l'angl. 25 fr.

FRENKEL (H. S.). **L'ataxie tabétique.** *Ses origines, son traitement.* Préface de M. le Prof. RAYMOND. 1 vol. in-8. 8 fr.

GRASSET. **Les maladies de l'orientation et de l'équilibre.** 1 vol. in-8, cart. à l'angl. 6 fr.

— **Demifous et demiresponsables.** 2e édition. 1 vol. in-8.. 5 fr.

GUÉPIN. **Traitement de l'hypertrophie sénile de la prostate.** 1 vol. in-18. 4 fr. 50

HARTENBERG (P.). **Psychologie des neurasthéniques.** 2e édition. 1 vol. in-16. . . . . 3 fr. 50

JANET (P.) ET RAYMOND (F.). **Névroses et idées fixes.**

TOME I. — *Études expérimentales*, par P. JANET. 2e éd. 1 vol. gr. in-8 avec 68 gr. 12 fr.

TOME II. — *Fragments des leçons cliniques*, par F. RAYMOND et P. JANET. 2e éd. 1 vol. grand in-8, avec 97 gravures. 14 fr

(*Couronné par l'Académie des Sciences et par l'Académie de médecine.*)

JANET (P.) ET RAYMOND (F.). **Les obsessions et la psychasthénie.**

TOME I. — *Études cliniques et expérimentales*, par P. JANET. 2e édit. 1 vol. gr. in-8, avec grav. dans le texte. 18 fr.

TOME II. — *Fragments des leçons cliniques*, par F. RAYMOND et P. JANET. 1 vol. in-8 raisin, avec 22 gravures dans le texte. 14 fr.

JOFFROY (le prof.) et DUPOUY. **Fugues et vagabondage.** 1 vol. in-8 . . . . 7 fr.

LABADIE-LAGRAVE ET LEGUEU. **Traité médico-chirurgical de gynécologie.** 3e édition entièrement remaniée. 1 vol. grand in-8, avec nombreuses fig., cart. à l'angl. 25 fr.

LAGRANGE (F.). **Les mouvements méthodiques et la « mécanothérapie ».** 1 vol. in-8, avec 55 gravures dans le texte. 10 fr.

— **La médication par l'exercice.** 1 vol. gr. in-8, avec 68 grav. et une planche en couleurs hors texte. 2e éd. 12 fr.

— **Le traitement des affections du cœur par l'exercice et le mouvement.** 1 vol. in-8 avec figures. 6 fr.

LE DANTEC (F.). **Introduction à la pathologie générale.** 1 fort vol. gr. in-8. 15 fr.

LEPINE (le prof. R.). **Le Diabète sucré.** 1 vol. gr. in-8. . . 16 fr.

MARVAUD (A.). **Les maladies du soldat.** 1 vol. grand in-8. (*Ouvrage couronné par l'Académie des sciences.*) 20 fr.

MOSSÉ. **Le diabète et l'alimentation aux pommes de terre.** 1 vol. in-8. 5 fr.

SERIEUX et CAPGRAS. **Les folies raisonnantes.** 1 vol. in-8. 7 fr.

SOLLIER (P.). **Genèse et nature de l'hystérie.** 2 vol. in-8. 20 fr.

UNNA. **Thérapeutique des maladies de la peau.** Traduit de l'allemand par les Drs DOYON et SPILLMANN. 1 vol. gr. in-8. 8 fr.

VOISIN (J.). **L'épilepsie.** 1 vol. in-8. 6 fr.

Pathologie et thérapeutique chirurgicales.

CORNIL (le prof. V.). **Les tumeurs du sein.** 1 vol. gr. in-8, avec 169 fig. dans le texte. 12 fr.

DE BOVIS. **Le cancer du gros intestin.** 1 volume in-8. 5 fr.

DELORME. **Traité de chirurgie de guerre.** 2 vol. gr. in-8. TOME I, 16 fr. — TOME II, 26 fr. (*Ouvrage couronné par l'Académie des sciences.*)

DURET (H.). **Les tumeurs de l'encéphale.** *Manifestations et chirurgie.* 1 fort vol. gr. in-8, avec 300 figures. 20 fr.

ESTOR. (le prof.) **Guide pratique de chirurgie infantile.** 1 vol. in-8, avec 165 gravures. 2e édition, revue et augmentée. 8 fr.

HENNEQUIN ET LOEWY. **Les luxations des grandes articulations, leur traitement pratique.** 1 vol. gr. in-8, avec 125 grav. dans le texte. 16 fr.

LEGUEU. **Leçons de clinique chirurgicale** (Hôtel-Dieu, 1901). 1 vol. grand in-8, avec 71 gravures dans le texte. 12 fr.

LIEBREICH. **Atlas d'ophtalmoscopie,** représentant l'état normal et les modifications pathologiques du fond de l'œil vues à l'ophtalmoscope. 3e éd. Atlas in-f° de 12 pl. en coul. et texte explicatif. 40 fr.

NIMIER (H.). **Blessures du crâne et de l'encéphale par coup de feu.** 1 vol. in-8, avec 150 fig. 15 fr.

NIMIER (H.) ET DESPAGNET. **Traité élémentaire d'ophtalmologie.** 1 fort vol. gr. in-8, avec 432 gravures. Cart. à l'angl. 20 fr.

NIMIER (H.) ET LAVAL. **Les projectiles de guerre** et leur action vulnérante. 1 vol. in-12, avec grav. 3 fr.

— **Les explosifs, les poudres, les projectiles d'exercice,** leur action et leurs effets vulnérants. 1 vol. in-12, avec grav. 3 fr.

— **Les armes blanches,** leur action et leurs effets vulnérants. 1 vol. in-12, avec grav. 6 fr.

— **De l'infection en chirurgie d'armée,** évolution des blessures de guerre. 1 vol. in-12, avec grav. 6 fr.

— **Traitement des blessures de guerre.** 1 fort vol. in-12, avec gravures. 6 fr.

F. TERRIER ET M. PÉRAIRE. **Manuel de petite chirurgie.** 8e édition, entièrement refondue. 1 fort vol. in-12, avec 572 fig., cartonné à l'anglaise. 8 fr.

— et AUVRAY (M.). **Chirurgie du foie et des voies biliaires.** — TOME I. *Traumatismes du foie et des voies biliaires. — Foie mobile. — Tumeurs du foie et des voies biliaires.* 1901. 1 vol. gr. in-8, avec 50 gravures. 10 fr.

TOME II. *Échinococcose hydatique commune. — Kystes alvéolaires. — Suppurations hépatiques. — Abcès tuberculeux intra-hépatique. — Abcès de l'actinomycose.* 1907. 1 vol. gr. in-8, avec 47 gravures. 12 fr.

*

Thérapeutique. Pharmacie. Hygiène.

BOSSU. **Petit compendium médical.** 6e édit. in-32, cart. 1 fr. 25

BOUCHARDAT. **Nouveau formulaire magistral.** 31e édition. *Collationnée avec le Codex de 1908.* 1 vol. in-18, cart. 4 fr.

BOUCHARDAT ET DESOUBRY **Formulaire vétérinaire,** 6e édit. 1 vol. in-18, cartonné. 4 fr.

BOUCHUT ET DESPRÉS. **Dictionnaire de médecine et de thérapeutique médicale et chirurgicale,** comprenant le résumé de la médecine et de la chirurgie, les indications thérapeutiques de chaque maladie, la médecine opératoire, les accouchements, l'oculistique, l'odontotechnie, les maladies d'oreilles, l'électrisation, la matière médicale, les eaux minérales, et un formulaire spécial pour chaque maladie, mis au courant de la science par les Drs MARION et F. BOUCHUT. 7e édition, très augmentée, 1 vol. in-4, avec 1097 fig. dans le texte et 3 cartes. Broché, 25 fr.; relié. 30 fr.

BOURGEOIS (G.). **Exode rural et tuberculose.** 1 vol. gr. in-8. 5 fr.

LAGRANGE (F.). **La médication par l'exercice.** 1 vol. grand in-8, avec 68 grav. et une carte en couleurs. 2e éd. 12 fr.

— **Les mouvements méthodiques et la « mécanothérapie ».** 1 vol. in-8, avec 55 gravures. 10 fr.

LAHOR (Dr Cazalis) et Lucien GRAUX. **L'alimentation à bon marché saine et rationnelle.** 1 vol. in-16. 2e édit. 3 fr. 50 (*Couronné par l'Institut*).

Anatomie. Physiologie.

BELZUNG. **Anatomie et physiologie végétales.** 1 fort volume in-8, avec 1700 gravures. 20 fr.

— **Anatomie et physiologie animales.** 10e édition revue. 1 fort volume in-8, avec 522 gravures dans le texte, broché, 6 fr.; cart. 7 fr.

BÉRAUD (B.-J.). **Atlas complet d'anatomie chirurgicale topographique,** composé de 109 planches représentant plus de 200 figures gravées sur acier, avec texte explicatif. 1 fort vol. in-4.
Prix : Fig. noires, relié, 60 fr. — Fig. coloriées, relié, 120 fr.

CHASSEVANT. **Précis de chimie physiologique.** 1 vol. gr. in-8, avec figures. 10 fr.

CORNIL (V.), RANVIER, BRAULT ET LETULLE. **Manuel d'histologie pathologique.** 3e édition entièrement remaniée.

TOME I, par MM. RANVIER, CORNIL, BRAULT, F. BEZANÇON et M. CAZIN. — *Histologie normale. — Cellules et tissus normaux. — Généralités sur l'histologie pathologique. — Altération des cellules et des tissus. — Inflammations. — Tumeurs. — Notions sur les bactéries. — Maladies des systèmes et des tissus. — Altérations du tissu conjonctif.* 1 vol. in-8, avec 387 gravures en noir et en couleurs. 25 fr.

TOME II, par MM. DURANTE, JOLLY, DOMINICI, GOMBAULT et PHILLIPE. — *Muscles. — Sang et hématopoïèse. — Généralités sur le système nerveux.* 1 vol. in-8, avec 278 grav. en noir et en couleurs. 25 fr.

TOME III, par MM. GOMBAULT, NAGEOTTE, A. RICHE, R. MARIE, DURANTE, LEGRY, F. BEZANÇON. — *Cerveau. — Moelle. — Nerfs. — Cœur. — Larynx. — Ganglion lymphatique. — Rate.* 1 vol. in-8, avec 382 grav. en noir et en couleurs. 35 fr.

TOME IV ET DERNIER, par MM. MILIAN, DIEULAFÉ, HERPIN, DECLOUX, CRITZMANN, COURCOUX, BRAULT, LEGRY, HALLÉ, KLIPPEL et LEFAS. — *Poumon. — Bouche. — Tube digestif. — Estomac. — Intestin. — Foie. — Rein. — Vessie et urèthre. — Rate.* (*Sous presse.*)

CYON (E. DE). **Les nerfs du cœur.** 1 vol. gr. in-8 avec fig. 6 fr.

DEBIERRE. Traité élémentaire d'anatomie de l'homme. Ouvrage complet en 2 volumes. (*Cour. par l'Acad. des Sciences*). 40 fr.
Tome I. *Manuel de l'amphithéâtre.* 1 vol. gr. in-8 de 950 pages, avec 450 figures en noir et en couleurs dans le texte. 20 fr.; — Tome II. 1 vol. gr. in-8, avec 515 fig. en noir et en couleurs dans le texte. 20 fr.
— **Atlas d'ostéologie,** comprenant les articulations des os et les insertions musculaires. 1 vol. in-4, avec 253 grav. en noir et en couleurs, cart. toile dorée. 12 fr.
— **Leçons sur le péritoine.** 1 vol. in-8, avec 58 figures. 4 fr.
— **Le cerveau et la moelle épinière.** 1 vol. in-8 illustré. 15 fr.
DEMENY (G.). **Mécanisme et éducation des mouvements.** 3ᵉ éd. 1 vol. in-8, avec grav. cart. 9 fr.
FAU. **Anatomie des formes du corps humain,** à l'usage des peintres et des sculpteurs. 1 atlas in-folio de 25 planches. Prix : Figures noires, 15 fr. — Figures coloriées. 30 fr.
FÉRÉ. **Travail et plaisir.** *Études de psycho-mécanique.* 1 vol. gr. in-8, avec 200 fig. 12 fr.
GELLÉ. **L'audition et ses organes.** 1 vol. in-8, avec grav. 6 fr.
GLEY (E.). **Études de psychologie physiologique et pathologique.** 1 vol. in-8 avec gravures. 5 fr.
JAVAL (E.). **Physiologie de la lecture et de l'écriture.** 1 vol. in-8. 2ᵉ édit. 6 fr.
LE DANTEC. **L'unité dans l'être vivant.** *Essai d'une biologie chimique.* 1 vol. in-8. 7 fr. 50
— **Les limites du connaissable.** *La vie et les phénomènes naturels.* 2ᵉ édit. 1 vol. in-8. 3 fr. 75
— **Traité de biologie.** 1 vol. grand in-8, avec fig., 2ᵉ éd. 15 fr.
PREYER. **Éléments de physiologie générale.** Traduit de l'allemand par M. J. Soury. 1 vol. in-8. 5 fr.
RICHET (Ch.), professeur à la Faculté de médecine de Paris, **Dictionnaire de physiologie,** publié avec le concours de savants français et étrangers. Formera 12 à 15 volumes grand in-8, se composant chacun de 3 fascicules; chaque volume, 25 fr.; chaque fascicule, 8 fr. 50. Huit volumes parus.
Tome I (*A-Bac*). — Tome II (*Bac-Cer*). — Tome III (*Cer-Cob*). — Tome IV (*Cob-Dig*). — Tome V (*Dig-Fac*). — Tome VI (*Fiam-Gal*). — Tome VII (*Gal-Gra*). — Tome VIII (*Gra-Hys*).
SNELLEN. **Échelle typographique pour mesurer l'acuité de la vision.** 17ᵉ édition. 4 fr.

REVUE DE MÉDECINE

Directeurs : MM. les Professeurs BOUCHARD, de l'Institut; CHAUFFARD, CHAUVEAU, de l'Institut; LANDOUZY; LÉPINE, correspondant de l'Institut; PITRES; ROGER et VAILLARD. Rédacteurs en chef : MM. LANDOUZY et LÉPINE. Secrétaire de la Rédaction : Dʳ Jean LÉPINE.

REVUE DE CHIRURGIE

Directeurs : MM. les Professeurs E. QUÉNU, Pierre DELBET, Pierre DUVAL, A. PONCET, F. LEJARS, F. GROSS, E. FORGUE, A. DESMONS, E. CESTAN. Rédacteur en chef; M. E. QUÉNU. Secrétaire adjoint : Dʳ X. DELORE.

La *Revue de médecine* et la *Revue de chirurgie*, paraissent tous les mois; chaque livraison de la *Revue de médecine* contient de 5 à 6 feuilles grand in-8, avec gravures; chaque livraison de la *Revue de chirurgie* contient de 10 à 11 feuilles grand in-8, avec gravures.

PRIX D'ABONNEMENT :

Pour la Revue de Médecine. Un an, du 1ᵉʳ Janvier, Paris. 20 fr. — Départements et étranger. 23 fr. — La livraison : 2 fr.
Pour la Revue de Chirurgie. Un an, Paris. 30 fr. — Départements et étranger. 33 fr. — La livraison : 3 fr.
Les deux Revues réunies : un an, Paris 45 fr.; départ. et étranger. 50 fr.

BIBLIOTHÈQUE GÉNÉRALE
DES SCIENCES SOCIALES

Secrétaire de la rédaction. DICK MAY, Secrét. gén. de l'Éc. des Hautes Études sociales.

Volumes in-8 carré de 300 pages environ, cart. à l'anglaise.

Chaque volume, 6 fr.

Derniers volumes publiés :

La Belgique et le Congo, par E. VANDERVELDE.

Médecine et pédagogie, par MM. le Dr ALBERT MATHIEU, le Dr GILLET, le Dr S. MÉRY, P. MALAPERT, le Dr LUCIEN BUTTE, le Dr PIERRE RÉGNIER, le Dr L. DUFESTEL, le Dr LOUIS GUINON, le Dr NOBÉCOURT. Préface de M. le Dr E. MOSNY, membre du Conseil supérieur d'hygiène.

La lutte contre le crime, par J.-L. DE LANESSAN.

L'individualisation de la peine, par R. SALEILLES, prof. à la Faculté de droit de l'Univ. de Paris, et G. MORIN, doc. 2e édition.

L'idéalisme social, par EUGÈNE FOURNIÈRE, 2e édit.

Ouvriers du temps passé (XVe et XVIe siècles), par H. HAUSER, professeur à l'Université de Dijon. 3e édition.

Les transformations du pouvoir, par G. TARDE, 2e édit.

Morale sociale, par MM. G. BELOT, MARCEL BERNÈS, BRUNSCHVICG, F. BUISSON, DARLU, DAURIAC, DELBET, CH. GIDE, M. KOVALEVSKY, MALAPERT, le R. P. MAUMUS, DE ROBERTY, G. SOREL, le PASTEUR WAGNER. Préface de M. ÉMILE BOUTROUX, de l'Institut. 2e édit.

Les enquêtes, *pratique et théorie*, par P. DU MAROUSSEM.

Questions de morale, par MM. BELOT, BERNÈS, F. BUISSON, A. CROISET, DARLU, DELBOS, FOURNIÈRE, MALAPERT, MOCH, D. PARODI, G. SOREL. 2e édit.

Le développement du catholicisme social, depuis l'encyclique *Rerum Novarum*, par MAX TURMANN. 2e édit.

Le socialisme sans doctrines, par A. MÉTIN. 2e édit.

L'éducation morale dans l'Université, par MM. LÉVY-BRUHL, DARLIN, M. BERNÈS, KORTZ, ROCAFORT, BIOCHE, Ph. GIDEL, MALAPERT, BELOT.

La méthode historique appliquée aux sciences sociales, par CH. SEIGNOBOS, professeur à l'Univ. de Paris. 2e édit.

Assistance sociale. *Pauvres et mendiants,* par PAUL STRAUSS.

L'hygiène sociale, par E. DUCLAUX, de l'Institut,

Le contrat de travail. *Le rôle des syndicats professionnels,* par P. BUREAU, professeur à la Faculté libre de droit de Paris.

Essai d'une philosophie de la solidarité, par MM. DARLU, RAUH, F. BUISSON, GIDE, X. LÉON, LA FONTAINE, E. BOUTROUX.

L'éducation de la démocratie, par MM. E. LAVISSE, A. CROISET, SEIGNOBOS, MALAPERT, LANSON, HADAMARD 2e édit.

L'exode rural et le retour aux champs, par E. VANDERVELDE. 2e édit.

La lutte pour l'existence et l'évolution des sociétés, par J.-L. De Lanessan, ancien ministre.

La concurrence sociale et les devoirs sociaux, par le même.

La démocratie devant la science, par C. Bouglé, chargé de cours à l'Université de Paris. 2e édit. revue.

L'individualisme anarchiste. *Max Stirner*, par V. Basch, chargé de cours à l'Université de Paris.

Les applications sociales de la solidarité, par MM. P. Budin, Ch. Gide, H. Monod, Paulet, Robin, Siegfried, Brouardel.

La paix et l'enseignement pacifiste, par MM. Fr. Passy, Ch. Richet, d'Estournelles de Constant, E. Bourgeois, A. Weiss, H. La Fontaine, G. Lyon.

Études sur la philosophie morale au XIXe siècle, par MM. Belot, A. Darlu, M. Bernès, A. Landry, Ch. Gide, E. Roberty, R. Allier, H. Lichtenberger, L. Brunschvicg.

Enseignement et démocratie, par MM. A. Croiset, Devinat, Boitel, Millerand, Appell, Seignobos, Lanson, Ch.-V. Langlois.

Religions et sociétés, par MM. Th. Reinach, A. Puech, R. Allier, A. Leroy-Beaulieu, le Bon Carra de Vaux, H. Dreyfus.

Essais socialistes, *La religion, L'alcoolisme, L'art*, par E. Vandervelde, professeur à l'Université nouvelle de Bruxelles.

Le surpeuplement et les habitations à bon marché, par H. Turot et H. Bellamy.

L'individu, l'association et l'État, par E. Fournière, prof. au Conservatoire des Arts et Métiers.

Les trusts et les syndicats de producteurs, par J. Chastin. (*Récompensé par l'Institut*).

Le droit de grève, par MM. Ch. Gide, H. Berthélemy, P. Bureau, A. Keufer, C. Perreau, Ch. Picquenard, A.-E. Sayous, F. Fagnot, E. Vandervelde.

Morales et religions, par MM. G. Belot, L. Dorison, Ad. Lods, A. Croiset, W. Monod, E. de Faye, A. Puech, le baron Carra de Vaux, E. Ehrardt, H. Allier, F. Challaye.

La nation armée, par MM. le général Bazaine-Hayter, C. Bouglé, E. Bourgeois, Cne Bourguet, E. Boutroux, A. Croiset, G. Demeny, G. Lanson, L. Pineau, Cne Potez, F. Rauh.

La criminalité dans l'adolescence, par G.-L. Duprat. (*Couronné par l'Institut*).

LES MAITRES DE LA MUSIQUE

ÉTUDES D'HISTOIRE ET D'ESTHÉTIQUE

Publiées sous la direction de M. Jean Chantavoine

Collection honorée d'une souscription du Ministère des Beaux-Arts

Chaque volume in-8 de 250 pages environ, 3 fr. 50

Liste par ordre de publication :

Palestrina, par Michel Brenet. 3e édition.

César Franck, par Vincent d'Indy. 5e édit.

**

J.-S. Bach, par ANDRÉ PIRRO. 3e édit.
Beethoven, par JEAN CHANTAVOINE. 5e édit.
Mendelssohn, par CAMILLE BELLAIGUE. 3e édition.
Smetana, par WILLIAM RITTER.
Rameau, par LOUIS LALOY. 2e éd.
Moussorgsky, par M. D. CALVOCORESSI. 2e édition.
Haydn, par MICHEL BRENET. 2e édit.
Trouvères et Troubadours, par PIERRE AUBRY. 2e édit.
Wagner, par HENRI LICHTENBERGER. 3e édit.
Gluck, par JULIEN TIERSOT. 2e éd.
Liszt, par JEAN CHANTAVOINE. 2e édit.
Gounod, par CAMILLE BELLAIGUE. 2e éd.
Haendel, par ROMAIN ROLLAND. 2e édit.
Lully, par LIONEL DE LA LAURENCIE.
L'Art Grégorien, par AMÉDÉE GASTOUÉ.

BIBLIOTHÈQUE D'HISTOIRE CONTEMPORAINE

Volumes in-16 et in-8

DERNIERS VOLUMES PUBLIÉS :

LES GRANDS TRAITÉS POLITIQUES. *Recueil des principaux textes diplomatiques depuis 1815 jusqu'à nos jours*, par *P. Albin*. Préface de *Maurice Herbette*. 1 vol. in-8 . . . . 10 fr.

ÉTUDES ET LEÇONS SUR LA RÉVOLUTION FRANÇAISE, par *A. Aulard*. *6e série*. 1 vol. in-16. . . . . 3 fr. 50

NOTRE EMPIRE COLONIAL, par *H. Busson*, *J. Fèvre et H. Hauser*. 1 vol. in-8 avec gravures et cartes. . . . . 5 fr.

NAPOLÉON ET LA CATALOGNE. *La Captivité de Barcelone* (*Février 1808-Janvier 1810*). 1 vol. in-8 avec une carte hors texte. (Prix Pezrat 1910) . . . . 10 fr.

LA POLITIQUE EXTÉRIEURE DU PREMIER CONSUL (1800-1803). (*Napoléon et l'Europe*). par *E. Driault*. 1 vol. in-8. . . . . 7 fr.

HISTOIRE POLITIQUE ET SOCIALE (1815-1911). (*Evolution du monde moderne*), par *E. Driault et Monod*. 1 vol. in-16 avec gravures et cartes. 2e édit. 5 fr.

LES OFFICIERS DE L'ARMÉE ROYALE ET LA RÉVOLUTION, par le Lieut.-Colonel *Hartmann*. 1 vol. in-8 (*Couronné par l'Institut*). . . . 10 fr.

LA QUESTION SOCIALE ET LE SOCIALISME EN HONGRIE, par *G.-Louis Jaray*. 1 vol. in-8 avec 5 cartes hors texte . . . . 7 fr.

THOURET (1746-1794). *La vie et l'œuvre d'un constituant*, par *E. Lebègue*. 1 vol. in-8 . . . . 7 fr.

L'EUROPE ET LA POLITIQUE BRITANNIQUE (1882-1909), par *E. Lémonon*. Préface de M. *Paul Deschanel*. 1 vol. in-8 . . . . 10 fr.

LE SYNDICALISME CONTRE L'ÉTAT, par *Paul Louis*. 1 vol. in-16. 3 fr. 50

LA QUESTION SOCIALE EN ESPAGNE, par *Angel Marvaud*. 1 vol. in-8. 7 fr.

LA POLITIQUE DE PIE X, par *Maurice Pernot*. 1 vol. in-16 . . . 3 fr. 50

ESSAI POLITIQUE SUR ALEXIS DE TOCQUEVILLE, par *R. Pierre Marcel*. 1 vol. in-8 . . . . 7 fr.

LES QUESTIONS ACTUELLES DE POLITIQUE ÉTRANGÈRE EN ASIE, par MM. le *Baron de Courcel*, *P. Deschanel*, *P. Doumer*, *E. Étienne*, *le Général Lebon*, *Victor Bérard*, *R. de Caix*, *M. Revon*, *Jean Rodes*, le *Dr Rouire*. 1 vol. in-16 avec 4 cartes hors texte . . . . 3 fr. 50

LA CHINE NOUVELLE, par *Jean Rodes*. 1 vol. in-16 . . . . 3 fr. 50

LA VIE POLITIQUE DANS LES DEUX-MONDES, publiée sous la direction de M. *A. Viallate*, avec la collaboration de professeurs et d'anciens élèves de l'École des Sciences Politiques. 3e année, 1908-1909. 1 fort vol. in-8. . . . . 10 fr.

HISTOIRE DU CATHOLICISME LIBÉRAL EN FRANCE (1828-1908), par *G. Weill*. 1 vol. in-16. . . . . 3 fr. 50

Précédemment parus :

EUROPE

Histoire de l'Europe pendant la Révolution française, par *H. de Sybel.* Traduit de l'allemand par Mlle Dosquet. 6 vol. in-8. Chacun. 7 fr.
Hist. diplomatique de l'Europe (1815-1878), par *Debidour*, 2 v. in-8. 18 fr.
La question d'Orient, depuis ses origines jusqu'à nos jours, par *E. Driault*; préface de *G. Monod.* 1 vol. in-8. 3e édit. . . . . 7 fr.
La papauté, par *I. de Dœllenger.* Trad. de l'allemand. 1 vol. in-8. 7 fr.
Questions diplomatiques de 1904, par *A. Tardieu.* 1 vol. in-16. 3 fr. 50
La conférence d'Algésiras. *Histoire diplomatique de la crise marocaine (janvier-avril 1906)*, par *le même.* 3e édit. Revue et augmentée d'un appendice sur *Le Maroc après la conférence* (1906-1909). In-8. 10 fr.

FRANCE ET COLONIES

La révolution française, par *H. Carnot.* 1 vol. in-16. Nouv. éd. 3 fr. 50
La théophilanthropie et le culte décadaire (1796-1801), par *A. Mathiez.* 1 vol. in-8. . . . . 12 fr.
Contributions a l'histoire religieuse de la révolution française, par *le même.* 1 vol. in-16. . . . . 3 fr. 50
Mémoires d'un ministre du trésor public (1789-1815), par le comte *Mollien.* Publié par *M. Gomel.* 3 vol. in-8. . . . . 15 fr.
Condorcet et la révolution française, par *L. Cahen.* 1 vol. in-8. 10 fr.
Cambon et la révolution française, par *F. Bornarel.* 1 vol. in-8. 7 fr.
Le culte de la raison et le culte de l'être suprême (1793-1794). Étude historique, par *A. Aulard.* 2e éd. 1 vol. in-16. . . . . . . 3 fr. 50
Études et leçons sur la révolution française, par *A. Aulard.* 5 vol. in-16. Chacun . . . . 3 fr. 50
Variétés révolutionnaires, par *M. Pellet.* 3 vol. in-16. Chacun. 3 fr. 50
Hommes et choses de la Révolution, par *Eug. Spuller.* 1 vol. in-16. . . . . 3 fr. 50
Les campagnes des armées françaises (1792-1815), par *C. Vallaux.* 1 vol. in-16, avec 17 cartes. . . . . 3 fr. 50
La politique orientale de Napoléon (1806-1808), par *E. Driault.* 1 vol. in-8. . . . . 7 fr.
Napoléon et la Pologne (1806-1807), par *Handelsman.* 1 vol. in-8. 5 fr.
De Waterloo a Sainte-Hélène (20 juin-16 oct. 1815), par *J. Silvestre,* 1 vol. in-16. . . . . 3 fr. 50
Le Conventionnel Goujon, par *L. Thénard et R. Guyot.* 1 vol. in-8. 5 fr.
Histoire de dix ans (1830-1840), par *Louis Blanc.* 5 vol. in-8. Chacun. 5 fr.
Associations et sociétés secrètes sous la deuxième république (1848-1851), par *J. Tchernoff.* 1 vol. in-8. . . . . 7 fr.
Histoire du second empire, par *Taxile Delord.* 6 vol. in-8. Chac. 7 fr.
Histoire du parti républicain (1814-1870), par *G. Weill.* 1 v. in-8. 10 fr.
Histoire du mouvement social (1852-1910), par *le même.* 1 v. in-8. 3e éd. refondue . . . . 10 fr.
Histoire de la troisième république, par *E. Zevort* : I. *Présidence de M. Thiers.* 1 vol. in-8. 3e édit. 7 fr. — II. *Présidence du Maréchal.* 1 vol. in-8. 2e édit. 7 fr. — III. *Présidence de Jules Grévy.* 1 vol. in-8. 2e édition. 7 fr. — IV. *Présidence de Sadi-Carnot.* 1 vol. in-8. . . . 7 fr.
Histoire des rapports de l'Église et de l'État en France (1789-1870), par *A. Debidour.* 1 vol. in-8 (*Couronné par l'Institut*). . . . 12 fr.
L'État et les Églises en France, Des origines à la loi de séparation. par *J.-L. de Lanessan.* 1 vol. in-16. . . . . 3 fr. 50
La société française sous la troisième république, par *Marius-Ary Leblond.* 1 vol. in-8. 5 fr.
La liberté de conscience en France (1595-1905), par *G. Bonet-Maury.* 1 vol. in-8, 2e édit. 5 fr.
Les civilisations tunisiennes, par *P. Lapie.* 1 vol. in-16. . 3 fr. 50
Les colonies françaises, par *P. Gaffarel.* 1 vol. in-8. 6e éd. . . 5 fr.
L'œuvre de la France au Tonkin, par *A. Gaisman.* 1 v. in-16. 3 fr. 50
La France hors de France. *Notre émigration, sa nécessité, ses conditions*, par *J.-B. Piolet.* 1 vol. in-8 . . . . 10 fr
L'Indo-Chine française (*Cochinchine, le Cambodge, l'Annam et le Tonkin*), par *J.-L. de Lanessan.* 1 vol. in-8, avec 5 cartes en couleurs. 15 fr.

L'ALGÉRIE, par *M. Wahl.* 1 vol. in-8. 5e éd., revue par *A. Bernard.* 5 fr.
AU CONGO FRANÇAIS. *La question internationale du Congo*, par *F. Challaye.* 1 vol. in-8 . . . . 5 fr.
LA FRANCE MODERNE ET LE PROBLÈME COLONIAL (1815-1830), par *Ch. Schefer.* 1 vol. in-8. . . . . 7 fr.
L'EGLISE CATHOLIQUE ET L'ETAT EN FRANCE SOUS LA TROISIÈME RÉPUBLIQUE (1870-1906), par *A. Debidour.* Tome I. 1870-1889. 1 vol. in-8. 7 fr. Tome II. 1889-1906. 1 vol. in-8 . . . . 10 fr.
L'EVEIL D'UN MONDE. *L'œuvre de la France en Afrique occidentale*, par *L. Hubert.* 1 vol. in-16. . . . . 3 fr. 50
RÉGIONS ET PAYS DE FRANCE, par *Fèvre et Hauser.* 1 vol. in-8 ill. 7 fr.

ALLEMAGNE

LE GRAND-DUCHÉ DE BERG (1806-1813), par *Ch. Schmidt.* 1 vol. in-8. 10 fr.
HISTOIRE DE LA PRUSSE, de la mort de Frédéric II à la bataille de Sadowa, par *E. Véron.* 1 vol. in-18. 6e éd. . . . . 3 fr. 50
LES ORIGINES DU SOCIALISME D'ÉTAT EN ALLEMAGNE, par *Ch. Andler.* 2e édit. In-8. . . . . 7 fr.
L'ALLEMAGNE NOUVELLE ET SES HISTORIENS (*Niebuhr, Ranke, Mommsen, Sybel, Treitschke*), par *A. Guilland.* 1 vol. in-8 . . . . 5 fr.
LA DÉMOCRATIE SOCIALISTE ALLEMANDE, par *E. Milhaud.* 1 vol. in-8. 10 fr.
LA PRUSSE ET LA RÉVOLUTION DE 1848, par *P. Matter.* 1 v. in-16. 3 fr. 50
BISMARCK ET SON TEMPS, par *le même.* 3 vol. in-8, chacun. 10 fr. — I. *La préparation* (1815-1862). — II. *L'action* (1863-1870). — III. *Le triomphe et le déclin* (1870-1898). (*Ouvrage couronné par l'Institut*).

ANGLETERRE

HISTOIRE CONTEMPORAINE DE L'ANGLETERRE, depuis la mort de la reine Anne jusqu'à nos jours, par *H. Reynald.* 1 vol. in-16. 2e éd. 3 fr. 50
LE SOCIALISME EN ANGLETERRE, par *Albert Métin.* 1 vol. in-16. 3 fr. 50
A TRAVERS L'ANGLETERRE CONTEMPORAINE, par *J. Mantoux.* 1 vol. in-16. Préface de G. MONOD, de l'Institut. 1 vol. in-16. . . . . . . 3 fr. 50

AUTRICHE-HONGRIE

LES TCHÈQUES ET LA BOHÊME CONTEMPORAINE, par *Bourlier*, in-16. 3 fr. 50
LES RACES ET LES NATIONALITÉS EN AUTRICHE-HONGRIE, par *B. Auerbach*, 1 vol. in-8. 2e édit. (*Sous presse*) . . . . 5 fr.
LE PAYS MAGYAR, par *R. Recouly.* 1 vol. in-16. . . . . 3 fr. 50
LA HONGRIE RURALE, SOCIALE ET POLITIQUE, par le *Comte J. de Mailath.*

ESPAGNE

HISTOIRE DE L'ESPAGNE, depuis la mort de Charles III jusqu'à nos jours, par *H. Reynald.* 1 vol. in-16 . . . . 3 fr. 50

GRÈCE et TURQUIE

LA TURQUIE ET L'HELLÉNISME CONTEMPORAIN, par *V. Bérard.* 1 vol. in-16. 6e éd. (*Ouvrage couronné par l'Académie française*) . . . . 3 fr. 50
BONAPARTE ET LES ILES IONIENNES (1797-1816), par *E. Rodocanachi.* 1 vol. in-8. . . . . 5 fr.

ITALIE

HISTOIRE DE L'UNITÉ ITALIENNE (1814-1871), *Bolton King.* 2 v. in-8. 15 fr.
BONAPARTE ET LES RÉPUBLIQUES ITALIENNES (1796-1799), par *P. Gaffarel.* 1 vol. in-8. . . . . 5 fr.
NAPOLÉON EN ITALIE (1800-1812), par *J.-E. Driault.* 1 vol. in-8. 10 fr.

SUISSE

HISTOIRE DU PEUPLE SUISSE, par *Daendliker.* Introd. de *Jules Favre.* In-8. 5 fr.

ROUMANIE

HISTOIRE DE LA ROUMANIE CONTEMP. (1822-1900), par *Damé.* In-8. 7 fr.

AMÉRIQUE

HISTOIRE DE L'AMÉRIQUE DU SUD, par *Alf. Deberle.* In-16. 3e éd. 3 fr. 50
L'INDUSTRIE AMÉRICAINE, par *A. Viallate*, professeur à l'Ecole des Sciences politiques. 1 vol. in-8 . . . . 10 fr.

CHINE-JAPON

HISTOIRE DES RELATIONS DE LA CHINE AVEC LES PUISSANCES OCCIDENTALES (1861-1902), par *H. Cordier*, de l'Instit. 3 vol. in-8, avec cartes. 30 fr

L'expédition de Chine de 1857-58, par *le même*. 1 vol. in-8. . . 7 fr.
L'expédition de Chine de 1860, par *le même*. 1 vol. in-8 . . . . 7 fr.
En Chine. *Mœurs et institutions*. par *M. Courant*. 1 vol. in-16. 3 fr. 50
Le drame chinois, par *Marcel Monnier*. 1 vol. in-16. . . . 2 fr. 50
Le protestantisme au Japon (1859-1907), par *R. Allier*. In-16. 3 fr. 50
La question d'Extrême-Orient, par *E. Driault*. 1 vol. in-8. . . 7 fr.

ÉGYPTE

La transformation de l'Égypte, par *Alb. Métin*. 1 vol. in-16. 3 fr. 50

INDE

L'Inde contemp. et le mouvement national, par *E. Piriou*. In-16. 3 fr. 50

QUESTIONS POLITIQUES ET SOCIALES

Le vandalisme révolutionnaire, par *E. Despois*. 1 vol. in-16. 4e éd. 3 fr. 50
Figures du temps passé, par *M. Dumoulin*. 1 vol. in-16. . . 3 fr. 50
Problèmes politiques et sociaux, par *E. Driault*. 2e éd. 1 vol. in-8. 7 fr.
Vue générale de l'histoire de la civilisation, par *le même*. 2 vol. in-16, illustrés. (*Récompensé par l'Institut*). . . . . 7 fr.
Le monde actuel, par *le même*. *Tableau politique et économique*. 1 v. in-8. . . . . 7 fr.
Souveraineté du peuple et gouvernement, par *E. d'Eichthal*, de l'Institut. 1 vol. in-16. . . . . 3 fr. 50
Sophismes socialistes et faits économiques, par *Yves Guyot*. 1 vol. in-16. . . . . 3 fr. 50
Les missions et leur protectorat, par *J.-L. de Lanessan*. 1 vol. in-16. . . . . 3 fr. 50
Le socialisme utopique, par *A. Lichtenberger*. 1 vol. in-16. 3 fr. 50
Le socialisme et la révolution française, par *le même*. 1 v. in-8. 5 fr.
L'ouvrier devant l'État, par *Paul Louis*. 1 vol. in-8. . . . . . 7 fr.
Histoire du mouvement syndical en France (1789-1906), par *le même*. . . . . 3 fr. 50
La dissolution des assemblées parlementaires, par *Paul Matter*. 1 vol. in-8. . . . . 5 fr.
La France et l'Italie devant l'histoire, par *J. Reinach*. 1 vol. in-8. 5 fr.
Le socialisme a l'Étranger. *Angleterre, Allemagne, Autriche, Italie, Espagne, Russie, Japon, États-Unis*, par MM. *J. Bardoux, G. Gidel, Kinzo. Goraï, G. Isambert, G. Louis-Jaray, A. Marvaud, Da Motta de San Miguel, P. Quentin-Bauchart, M. Revon, A. Tardieu*. 1 vol. in-16. . . . . 3 fr. 50
Figures disparues, par *E. Spuller*. 3 vol. in-16, chacun . . . 3 fr. 50
L'éducation de la démocratie, par *le même*. 1 vol. in-16. . . 3 fr. 50
L'évolution politique et sociale de l'Église, par *le même*. 1 v. in-16. 3 fr. 50
La France et ses alliances. *La lutte pour l'équilibre*, par *A. Tardieu*. 1 vol. in-16. . . . . 3 fr. 50
La Vie politique dans les Deux Mondes, 1re année (1906-1907), par *A. Viallate*. 1 fort volume in-8. . . . . 10 fr.
Deuxième année (*1907-1908*). 1 vol. in-8. . . . . 10 fr.
L'école saint-simonienne, par *G. Weill*. 1 vol. in-16. . . 3 fr. 50

MINISTRES ET HOMMES D'ÉTAT

Chaque volume in-16, 2 fr. 50

Bismarck, par H. Welschinger.
Prim, par H. Léonardon.
Disraeli, par M. Courcelle.
Ôkoubo, ministre japonais, par M. Courant.
Chamberlain, par A. Viallate.

* * *

BIBLIOTHÈQUE UTILE

Élégants volumes in-32 de 192 pages chacun.
Chaque volume broché, **60** *cent.*

DERNIERS VOLUMES PARUS :

Collas et Driault. **Histoire de l'Empire ottoman** *jusqu'à la Révolution de 1909.*
Eisenmenger (G.) **Les Tremblements de Terre** avec gravures.
Faque. **L'Indo-Chine française.** *Cochinchine, Cambodge, Annam, Tonkin.* 2e édition, mise à jour jusqu'en 1910.
Yves Guyot. **Les Préjugés économiques.**

Acloque (A.). Les insectes nuisibles, ravages, moyens de destruction (avec fig.).
Amigues (E.). A travers le ciel.
Bastide. Les guerres de la Réforme. 5e édit.
Beauregard (H.). Zoologie générale (avec fig.).
Bellet. (D.). Les grands ports maritimes de commerce (avec fig.).
Bère. Histoire de l'armée française.
Berget (Adrien.) La viticulture nouvelle. (*Manuel du vigneron.*) 3e éd.
— La pratique des vins. 2e éd. (*Guide du récoltant*).
— Les vins de France. (*Manuel du consommateur.*)
Blerzy. Torrents, fleuves et canaux de la France. 3e édit.
— Les colonies anglaises, 2e édit.
Boillot. Les entretiens de Fontenelle sur la pluralité des mondes.
Bondois. (P). L'Europe contemporaine (1789-1879). 2e édit.
Bonant. Les principaux faits de la chimie (avec fig.).
— Hist. de l'eau (avec fig.).
Brothier. Histoire de la terre. 9e éd.
Buchez. Histoire de la formation de la nationalité française.
I. *Les Mérovingiens.* 6e éd. 1 v.
II. *Les Carlovingiens.* 2e éd. 1 v.
Carnot. Révolution française. 8e éd.
I. *Période de création,* 1789-1792.
II. *Période de défense,* 1792-1804.
Catalan. Notions d'astronomie 6e édit. (avec fig.).
Collas et Driault. Histoire de l'empire ottoman jusqu'à la révolution de 1909. 4e édit.
Collier. Premiers principes des beaux-arts (avec fig.).
Combes (L.). La Grèce ancienne. 4e édit.
Coste (A.). La richesse et le bonheur.
— Alcoolisme ou épargne. 6e édit.
Coupin (H.). La vie dans les mers (avec fig.).
Creighton. Histoire romaine.
Cruveilhier. Hygiène générale, 9e éd.
Dallet. La navigation aérienne (avec fig.).
Debidour (A.) Histoire des rapports de l'Eglise et de l'Etat en France (1789-1871). Abrégé par Dubois et Sarthou.
Despois (Eug.). Révolution d'Angleterre. (1603-1688). 4e édit.
Doneaud (Alfred). Histoire de la marine française. 4e édit.
— Histoire contemporaine de la Prusse. 2e édit.
Dufour. Petit dictionnaire des falsifications. 4e édit.
Eisenmenger (G.). Les tremblements de terre.
Enfantin. La vie éternelle, passée, présente, future. 6e éd.
Faque (L.). L'Indo-Chine française. 2e éd. mise à jour jusqu'en 1910.
Ferrière. Le darwinisme. 9e éd.
Gaffarel (Paul). Les frontières françaises et leur défense. 2e édit.
Gastineau (B.). Les génies de la science et de l'industrie. 3e éd.
Geikie. La géologie (avec fig.). 5e éd.
Genevoix (F.). Les procédés industriels.
— Les Matières premières.
Gérardin. Botanique générale (avec fig.).
Girard de Rialle. Les peuples de l'Asie et de l'Europe.
Gossin (H.). La machine à vapeur. Histoire — emploi. (avec fig.)
Grove. Continents et océans, avec fig. 3e éd.

Guyot (Yves). Les préjugés économiques.
Henneguy. Histoire de l'Italie depuis 1815 jusqu'à nos jours.
Huxley. Premières notions sur les sciences. 5ᵉ édit.
Jevons (Stanley). L'économie politique. 10ᵉ édit.
Jouan. Les îles du Pacifique.
— La chasse et la pêche des animaux marins.
Jourdan (J.). La justice criminelle en France. 2ᵉ édit.
Jourdy. Le patriotisme à l'école. 3ᵉ édit.
Larbalétrier (A.). L'agriculture française (avec fig.).
— Les plantes d'appartement, de fenêtres et de balcons (avec fig.).
Larivière (Ch. de). Les origines de la guerre de 1870.
Larrivé. L'assistance publique en France.
Laumonier (Dʳ J.). L'hygiène de la cuisine.
Leneveux. Le budget du foyer. Économie domestique. 3ᵉ édit.
— Le travail manuel en France. 2ᵉ édit.
Lévy (Albert). Histoire de l'air (avec fig.). 3ᵉ édit.
Lock (F.). Jeanne d'Arc (1429-1431). 3ᵉ édit.
— Histoire de la Restauration 5ᵉ édit.
Mahaffy. L'antiquité grecque (avec fig.).
Maigne. Les mines de la France et de ses colonies.
Mayer (G.). Les chemins de fer (avec fig.).
Merklen (P.). La Tuberculose ; son traitement hygiénique.
Meunier (G.). Histoire de la littérature française. 4ᵉ éd.
— Histoire de l'art ancien, moderne et contemporain (avec fig.).
Mongredien. Histoire du libre-échange en Angleterre.
Monin. Les maladies épidémiques. Hygiène et prévention (avec fig.).
Morin. Résumé populaire du code civil, 6ᵉ édit., avec un appendice sur *la loi des accidents du travail* et la *loi des associations.*
Noël (Eugène). Voltaire et Rousseau. 5ᵉ édit.
Ott (A.). L'Asie occidentale et l'Egypte. 2ᵉ édit.
Paulhan (F.). La physiologie de l'esprit. 5ᵉ édit. (avec fig.)
Paul Louis. Les lois ouvrières dans les deux mondes.
Petit. Economie rurale et agricole.
Pichat (L.). L'art et les artistes en France. (*Architectes, peintres et sculpteurs*). 5ᵉ édit.
Quesnel. Histoire de la conquête de l'Algérie.
Raymond (E.). L'Espagne et le Portugal. 3ᵉ édit.
Regnard. Histoire contemporaine de l'Angleterre depuis 1815 jusqu'à nos jours.
Renard (G.). L'homme est-il libre? 6ᵉ édit.
Robinet. La philosophie positive. A. Comte et P. Laffitte. 6ᵉ éd.
Rolland (Ch.). Histoire de la maison d'Autriche. 3ᵉ édit.
Sérieux et Mathieu. L'Alcool et l'alcoolisme. 4ᵉ édit.
Spencer (Herbert). De l'éducation. 13ᵉ édit.
Turck. Médecine populaire. 7ᵉ édit.
Vaillant. Petite chimie de l'agriculteur.
Zaborowski. L'origine du langage. 7ᵉ édit.
— Les migrations des animaux. 4ᵉ édit.
— Les grands singes. 3ᵉ édit.
— Les mondes disparus (avec fig.) 4ᵉ édit.
— L'homme préhistorique. 7ᵉ édit. (avec fig.)
Zevort (Edg.). Histoire de Louis-Philippe. 4ᵉ édit.
Zurcher (F.). Les phénomènes de l'atmosphère. 7ᵉ édit.
Zurcher et Margollé. Télescope et microscope. 3ᵉ édit.
— Les phénomènes célestes. 2ᵉ éd.

BIBLIOTHÈQUE DE PHILOSOPHIE CONTEMPORAINE

VOLUMES IN-16.

Brochés, 2 fr. 50.

Derniers volumes publiés :

Lord Avebury (Sir John Lubbock).
Paix et bonheur.

G. Compayré.
L'adolescence. 2e édit.

J. Delvolve.
Rationalisme et tradition.

Ch. Dunan.
Les deux idéalismes.

G. Dromard.
Les mensonges de la vie intérieure.

A. Joussain.
Le fondement psychologique de la morale.

N. Kostyleff.
La crise de la psychologie expérimentale.

P. Mendousse.
Du dressage à l'éducation.

D. Parodi.
Le problème moral et la pensée contemporaine.

Fr. Paulhan.
La logique de la Contradition.

Péladan.
La philosophie de Léonard de Vinci.

Dr J. Philippe et Dr G. Paul Boncour.
L'éducation des anormaux.

Fr. Queyrat.
La curiosité.

Th. Ribot.
Problèmes de psychologie affective.

Seillière.
Introduction à la philosophie de l'impérialisme.

Alaux.
Philosophie de Victor Cousin.

R. Allier.
Philosophie d'Ernest Renan. 3e éd.

L. Arréat.
La morale dans le drame. 3e édit.
Mémoire et imagination. 2e édit.
Les croyances de demain.
Dix ans de philosophie (1890-1900).
Le sentiment religieux en France.
Art et psychologie individuelle.

G. Aslan.
Expérience et invention en morale.

G. Ballet.
Langage intérieur et aphasie. 2e éd.

A. Bayet.
La morale scientifique. 2e édit.

Beaussire.
Antécédents de l'hégélianisme.

Bergson.
Le rire. 6e édit.

Binet.
Psychologie du raisonnement. 4e éd.

Hervé Blondel.
Les approximations de la vérité.

C. Bos.
Psychologie de la croyance. 2e éd.
Pessimisme, féminisme, moralisme.

M. Boucher.
Essai sur l'hyperespace. 2e éd.

C. Bouglé.
Les sciences sociales en Allemagne.
Qu'est-ce que la sociologie? 2e éd.

J. Bourdeau.
Les maîtres de la pensée. 6e éd.
Socialistes et sociologues. 2e édit.
Pragmatisme et modernisme.

E. Boutroux.
Conting. des lois de la nature. 6e éd.

Brunschvicg.
Introd. à la vie de l'esprit. 2e éd.
L'idéalisme contemporain.

C. Coignet.
Protestantisme français au XIXe siècle

G. Compayré.
L'adolescence.

Coste.
Dieu et l'âme. 2e édit.

Em. Cramaussel.
Le premier éveil intellectuel de l'enfant. 2e édit.

A. Cresson.
Bases de la philos. naturaliste.
Le malaise de la pensée philos.
La morale de Kant. 2e éd.

G. Danville.
Psychologie de l'amour. 5e édit.

L. Dauriac.
La psychol. dans l'Opéra français.

J. Delvolvé.
L'organisation de la conscience morale.

L. Dugas.
Psittacisme et pensée symbolique.
La timidité. 5e édit.
Psychologie du rire. 2e édit.
L'absolu.

L. Duguit.
Le droit social, le droit individuel et la transformation de l'État. 2e éd.

G. Dumas.
Le sourire.

Dunan.
Théorie psychologique de l'espace.

Duprat.
Les causes sociales de la folie.
Le mensonge. 2e édit.

Durand (DE GROS).
Philosophie morale et sociale.

E. Durkheim.
Les règles de la méthode sociol. 5e éd.

E. d'Eichthal.
Cor. de S. Mill et G. d'Eichthal.
Pages sociales.

Encausse (PAPUS).
Occultisme et spiritualisme. 2e éd.

A. Espinas.
La philos. expériment. en Italie.

E. Faivre.
De la variabilité des espèces.

Ch. Féré.
Sensation et mouvement. 2e édit.
Dégénérescence et criminalité. 4e éd.

E. Ferri.
Les criminels dans l'art.

Fierens-Gevaert.
Essai sur l'art contemporain. 2e éd.
La tristesse contemporaine. 5e éd.
Psychol. d'une ville. Bruges. 3e éd.
Nouveaux essais sur l'art contemp.

Maurice de Fleury.
L'âme du criminel. 2e éd.

Fonsegrive.
La causalité efficiente.

A. Fouillée.
Propriété sociale et démocratie. 4e édit.

E. Fournière.
Essai sur l'individualisme. 2e édit.

Gauckler.
Le beau et son histoire.

G. Geley.
L'être subconscient. 2e édit.

J. Girod.
Démocratie, patrie et humanité.

E. Goblot.
Justice et liberté. 2e édit.

A. Godfernaux.
Le sentiment et la pensée. 2e édit.

J. Grasset.
Les limites de la biologie. 6e édit.

G. de Greef.
Les lois sociologiques. 4e édit.

Guyau.
La genèse de l'idée de temps. 2e éd.

E. de Hartmann.
La religion de l'avenir. 7e édition.
Le Darwinisme. 9e édition.

R. C. Herckenrath.
Probl. d'esthétique et de morale.

Marie Jaëll.
L'intelligence et le rythme dans les mouvements artistiques.

W. James.
La théorie de l'émotion. 3e édit.

Paul Janet.
La philosophie de Lamennais.

Jankelevitch.
Nature et société.

A. Joussain.
Le fondement psychologique de la morale.

J. Lachelier.
Du fondement de l'induction. 5e éd.
Études sur le syllogisme.

C. Laisant.
L'Éducation fondée sur la science. 3e éd.

Mme Lampérière.
Le rôle social de la femme.

A. Landry.
La responsabilité pénale.

Lange.
Les émotions. 2e édit.

Lapie.
La justice par l'État.

Laugel.
L'optique et les arts.

Gustave Le Bon.
Lois psychol. de l'évol. des peuples. 10e éd.
Psychologie des foules. 16e éd.

F. Le Dantec.
Le déterminisme biologique. 3e éd.
L'individualité et l'erreur individualiste. 3e édit.
Lamarckiens et darwiniens. 3e éd.

G. Lefèvre.
Obligation morale et idéalisme.

Liard.
Les logiciens anglais contem. 5e éd.
Définitions géométriques. 3e édit.

H. Lichtenberger.
La philosophie de Nietzsche. 12e éd.
Aphorismes de Nietzsche. 5e éd.

O. Lodge.
La vie et la matière. 2e édit.

John Lubbock.
Le bonheur de vivre. 2 vol. 11e éd.
L'emploi de la vie. 7e édit.

G. Lyon.
La philosophie de Hobbes.

E. Marguery.
L'œuvre d'art et l'évolution. 2e édit.

Mauxion.
L'éducation par l'instruction. 2e éd.
Nature et éléments de la moralité.

G. Milhaud.
Les conditions et les limites de la certitude logique. 2e édit.
Le rationnel.

Mosso.
La peur. 4e éd.
La fatigue intellect. et phys. 6e éd.

E. Murisier.
Les mal. du sent. religieux. 3e éd.

A. Naville.
Nouvelle classif. des sciences. 2e éd.

Max Nordau.
Paradoxes psychologiques. 6e éd.
Paradoxes sociologiques. 6e édit.
Psycho-physiologie du génie. 4e éd.

Novicow.
L'avenir de la race blanche. 2e édit.

Ossip-Lourié.
Pensées de Tolstoï. 3e édit.
Philosophie de Tolstoï. 2e édit.
La philos. soc. dans le théât. d'Ibsen. 2e édit.
Nouvelles pensées de Tolstoï.
Le bonheur et l'intelligence.
Croyance religieuse et croyance intellectuelle.

G. Palante.
Précis de sociologie. 4e édit.
La sensibilité individualiste.

W.-R. Paterson (Swift).
L'éternel conflit.

Paulhan.
Les phénomènes affectifs. 2e édit.
Psychologie de l'invention. 2e édit.
Analystes et esprits synthétiques.
La fonction de la mémoire.
La morale de l'ironie.

J. Philippe.
L'image mentale.

J. Philippe et G. Paul-Boncour.
Les anomalies mentales chez les écoliers. 2e édit.

F. Pillon.
La philosophie de Charles Secrétan.

Ploger.
Le monde physique.

L. Proal.
L'éducation et le suicide des enfants.

Quoyrat.
L'imagination chez l'enfant. 4e édit.
L'abstraction. 2e édit.
Les caractères et l'éducation morale. 4 éd.
La logique chez l'enfant. 3e éd.
Les jeux des enfants. 2e édit.

G. Rageot.
Les savants et la philosophie.

P. Regnaud.
Précis de logique évolutionniste.
Comment naissent les mythes.

G. Renard.
Le régime socialiste. 6e édit.

A. Réville.
Divinité de Jésus-Christ. 4e éd.

A. Rey.
L'énergétique et le mécanisme.

Th. Ribot.
La philos. de Schopenhauer. 12e éd.
Les maladies de la mémoire. 21e éd.
Les maladies de la volonté. 26e éd.
Les mal. de la personnalité. 14e édit.
La psychologie de l'attention. 11e éd.

G. Richard.
Socialisme et science sociale. 3e éd.

Ch. Richet.
Psychologie générale. 8e éd.

De Roberty.
L'agnosticisme. 2e édit.
La recherche de l'Unité.
Psychisme social.
Fondements de l'éthique.
Constitution de l'éthique.
Frédéric Nietzsche.

E. Roerich.
L'attention spontanée et volontaire.

J. Rogues de Fursac.
Mouvement mystique contemp.

Roisel.
De la substance.
L'idée spiritualiste. 2e édit.

Roussel-Despierres.
L'idéal esthétique.

Rzewuski.
L'optimisme de Schopenhauer.

Schopenhauer.
Le libre arbitre. 11e édition.
Le fondement de la morale. 11e éd.
Pensées et fragments. 24e édition.
Ecrivains et style. 2e édit.
Sur la religion. 2e édit.
Philosophie et philosophes.
Ethique, droit et politique.
Métaphysique et esthétique.

P. Sollier.
Les phénomènes d'autoscopie.

P. Souriau.
La rêverie esthétique.

Herbert Spencer.
Classification des sciences. 9e édit.
L'individu contre l'Etat. 8e éd.
L'association en psychologie.

Stuart Mill.
Correspondance avec G. d'Eichthal.
Auguste Comte et la philosophie positive. 8e édition.
L'utilitarisme. 6e édition.
La liberté. 3e édit.

Sully Prudhomme.
Psychologie du libre arbitre.

Sully Prudhomme et Ch. Richet.
Le probl. des causes finales. 4e éd.

Tanon.
L'évol. du droit et la consc. soc. 3e éd.

Tarde.
La criminalité comparée. 7e éd.
Les transformations du droit. 6e éd.
Les lois sociales. 6e édit.

J. Taussat.
Le monisme et l'animisme.

Thamin.
Éducation et positivisme. 3e éd.

P.-F. Thomas.
La suggestion, son rôle. 5e édit.
Morale et éducation. 2e éd.

Wundt.
Hypnotisme et suggestion. 4e édit.

Zeller.
Christ. Baur et l'école de Tubingue.

Th. Ziegler.
La question sociale 4e éd.

VOLUMES IN-8.

Brochés, à 3.75, 5, 7.50 et 10 fr.

Derniers volumes publiés :

R. Brugeilles.
Le droit et la sociologie. 3 fr. 75

L. Cellérier.
Esquisse d'une science pédagogique. 7 fr. 50

E. de Cyon.
Dieu et science. 7 fr. 50

A. Darbon.
L'Explication mécanique et le nominalisme. 3 fr. 75

J. Dubois.
Le problème pédagogique. 7 fr. 50

E. Durkheim.
L'année sociologique, tome XI, 1906-1909. 15 fr.

H. Ebbinghaus.
Précis de psychologie. 5 fr.

R. Eucken.
Les grands courants de la pensée contemporaine. 10 fr.

A. Fouillée.
La démocratie politique et sociale en France. 3 fr. 75

J.-J. Gourd.
Philosophie de la religion. 5 fr.

O. Hamelin.
Le système de Descartes. 7 fr. 50

Ch. Lalo.
Les sentiments esthétiques. 5 fr.

G. Lechalas.
Étude sur l'espace et le temps. 2e édition. 5 fr.

L. Lévy-Bruhl.
Les fonctions mentales dans les sociétés inférieures. 7 fr. 50

A. Matagrin.
La psychologie sociale de Gabriel Tarde. 5 fr.

P. Mendousse.
L'âme de l'adolescent. 5 fr.

Nordau.
Le sens de l'histoire. 7 fr. 50

J. Novicow.
La critique du Darwinisme social. 7 fr. 50

C. Piat.
La morale du bonheur. 5 fr.

F. Pillon.
L'année philosophique, 20e année, 1909. 5 fr.

Ed. Roehrich.
Philosophie de l'éducation. 5 fr.

Jean d'Udine.
L'art et le geste. 5 fr.

Ch. Adam.
La philosophie en France (première moitié du XIXe siècle). 7 fr. 50

Arréat.
Psychologie du peintre. 5 fr.

Dr L. Aubry.
La contagion du meurtre. 5 fr.

Alex. Bain.
La logique inductive et déductive. 5e édit. 2 vol. 20 fr.

J.-M. Baldwin.
Le développement mental chez l'enfant et dans la race. 7 fr. 50

J. Bardoux.
Psychol. de l'Angleterre contemp. (*les crises belliqueuses*). 7 fr. 50
Psychologie de l'Angleterre contemporaine (*les crises politiques*). 5 fr.

Barthélemy Saint-Hilaire.
La philosophie dans ses rapports avec les sciences et la religion. 5 fr.

Barzelotti.
La philosophie de H. Taine. 7 fr. 50

A. Bayet.
L'idée de bien. 3 fr. 75

Bazaillas.
Musique et inconscience. 5 fr.
La vie personnelle. 5 fr.

G. Belot.
Études de morale positive. 7 fr. 50

H. Bergson.
Essai sur les données immédiates de la conscience. 7e édit. 3 fr. 75
Matière et mémoire. 6e édit. 5 fr.
L'évolution créatrice. 7e éd. 7 fr. 50

R. Berthelot.
Evolutionnisme et platonisme. 5 fr.

A. Bertrand.
L'enseignement intégral. 5 fr.
Les études dans la démocratie. 5 fr.

A. Binet.
Les révélations de l'écriture. 5 fr.

C. Bloch.
La philosophie de Newton. 10 fr.

J.-H. Boex-Borel.
(*J.-H. Rosny aîné*).
Le pluralisme. 5 fr.

Em. Boirac.
L'idée du phénomène. 5 fr.
La psychologie inconnue. 5 fr.

Bouglé.
Les idées égalitaires. 2e éd. 3 fr. 75
Essais sur le régime des castes. 5 fr.

L. Bourdeau.
Le problème de la mort. 4e éd. 5 fr.
Le problème de la vie. 7 fr. 50

Bourdon.
L'expression des émotions. 7 fr. 50

Em. Boutroux.
Études d'histoire de la philosophie. 2e édit. 7 fr. 50

Braunschvig.
Le sentiment du beau et le sentiment politique. 7 fr. 50

L. Bray.
Du beau. 5 fr.

Brochard.
De l'erreur. 2e éd. 5 fr.

M. Brunschvicg.
Spinoza. 2e édit. 3 fr. 75
La modalité du jugement. 5 fr.

L. Carrau.
Philosophie religieuse en Angleterre. 5 fr.

Ch. Chabot.
Nature et moralité. 5 fr.

A. Chide.
Le mobilisme moderne. 5 fr.

Clay.
L'alternative. 2e éd. 10 fr.

Collins.
Résumé de la phil. de H. Spencer. 4e éd. 10 fr.

Cosentini.
La sociologie génétique. 3 fr. 75

A. Coste.
Principes d'une sociol. obj. 3 fr. 75
L'expérience des peuples. 10 fr.

C. Couturat.
Les principes des mathématiques. 5 f.

Crépieux-Jamin.
L'écriture et le caractère. 5e éd. 7.50

A. Cresson.
Morale de la raison théorique. 5 fr.

Dauriac.
Essai sur l'esprit musical. 5 fr.

H. Delacroix.
Etudes d'histoire et de psychologie du mysticisme. 10 fr.

Delbos.
Philos. pratique de Kant. 12 fr. 50

J. Delvaille.
La vie sociale et l'éducation. 3 fr. 75

J. Delvolve.
Religion, critique et philosophie positive chez Bayle. 7 fr. 50

Draghicesco.
L'individu dans le déterminisme social. 7 fr. 50
Le problème de la conscience. 3 fr. 75

L. Dugas.
Le problème de l'éducat. 2e éd. 5 fr.

G. Dumas.
St-Simon et Auguste Comte. 5 fr

G.-L. Duprat.
L'instabilité mentale. 5 fr.

Duproix.
Kant et Fichte. 2e édit. 5 fr.

Durand (DE GROS).
Taxinomie générale. 5 fr.
Esthétique et morale. 5 fr.
Variétés philosophiques. 2e éd. 5 fr.

E. Durkheim.
De la div. du trav. soc. 2e éd. 7 fr. 50
Le suicide, étude sociolog. 7 fr. 50
L'année sociologique. 10 volumes : 1re à 5e années. Chacune. 10 fr. 6e à 10e. Chacune. 12 fr. 50

V. Egger.
La parole intérieure. 2e éd. 5 fr.

Dwelshauvers.
La synthèse mentale. 5 fr.

A. Espinas.
La philosophie sociale au XVIIIe siècle et la Révolution. 7 fr. 50

Enriques.
Les problèmes de la science et la logique. 3 fr. 75

F. Evellin.
La raison pure et les antinomies. 5 fr.

G. Ferrero.
Les lois psychologiques du symbolisme. 5 fr.

Enrico Ferri.
La sociologie criminelle. 10 fr.

Louis Ferri.
La psychologie de l'association, depuis Hobbes. 7 fr. 50

J. Finot.
Le préjugé des races. 3e éd. 7 fr. 50
Philos. de la longévité. 12e éd. 5 fr.

Fonsegrive.
Le libre arbitre. 2e éd. 10 fr.

M. Foucault.
La psychophysique. 7 fr. 50
Le rêve. 5 fr.

Alf. Fouillée.
Liberté et déterminisme. 5e éd. 7 fr. 50
Critique des systèmes de morale contemporains. 5e éd. 7 fr. 50
La morale, l'art et la religion, d'après Guyau. 6e éd. 3 fr. 75
L'avenir de la métaphys. 2e éd. 5 fr.
Évolutionnisme des idées-forces. 4e éd. 7 fr. 50
La psychologie des idées-forces. 2e édit. 2 vol. 15 fr.
Tempérament et caractère. 3e éd. 7 fr. 50
Le mouvement idéaliste. 2e éd. 7 fr. 50
Le mouvement positiviste. 2e éd. 7.50
Psych. du peuple français. 3e éd. 7.50
La France au point de vue moral. 3e édit. 7 fr. 50
Esquisse psychologique des peuples européens. 4e édit. 10 fr.
Nietzsche et l'immoralisme. 2e éd. 5 f.
Le moralisme de Kant et l'amoralisme contemporain. 2e éd. 7 fr. 50
Eléments sociol. de la morale. 2e édit. 7 fr. 50
La morale des idées-forces. 7 fr. 50
Le socialisme et la sociologie réformiste. 7 fr. 50

E. Fournière.
Théories social. au XIXe siècle. 7 fr. 50

G. Fulliquet.
L'obligation morale. 7 fr. 50

Garofalo.
La criminologie. 5e édit. 7 fr. 50
La superstition socialiste. 5 fr.

L. Gérard-Varet.
L'ignorance et l'irréflexion. 5 fr.

E. Gley.
Études de psycho-physiologie. 5 fr.

G. Gory.
L'immanence de la raison dans la connaissance sensible. 5 fr.

R. de la Grasserie.
De la psychologie des religions. 5 fr.

J. Grasset.
Demifous et demiresponsables. 5 fr.
Introduction physiologique à l'étude de la philosophie. 2e éd. 5 fr.

G. de Greef.
Le transformisme social. 2e éd. 7 fr. 50
La sociologie économique. 3 fr. 75

K. Groos.
Les jeux des animaux. 7 fr. 50

Gurney, Myers et Podmore
Les hallucin. télépath. 4e éd. 7 fr. 50

Guyau.
La morale angl. cont. 5e éd. 7 fr. 50
Les problèmes de l'esthétique contemporaine. 6e éd. 5 fr.
Esquisse d'une morale sans obligation ni sanction. 9e éd. 5 fr.
L'irréligion de l'avenir. 13e éd. 7 fr. 50
L'art au point de vue sociol. 8e éd. 7 fr. 50
Éducation et hérédité. 10e éd. 5 fr.

E. Halévy.
La form. du radicalisme philos.
I. *La jeunesse de Bentham.* 7 fr. 50
II. *Evol. de la doctr. utilitaire, 1789-1815.* 7 fr. 50
III. *Le radicalisme philos.* 7 fr. 50

O. Hamelin.
Les éléments de la représentation. 7 fr. 50

Hannequin.
L'hypoth. des atomes. 2e éd. 7 fr. 50
Etudes d'histoire des sciences et d'histoire de la philosophie. 2 vol. 15 fr.

P. Hartenberg.
Les timides et la timidité. 3e éd. 5 fr.
Physionomie et caractère. 5 fr.

Hébert.
Evolut. de la foi catholique. 5 fr.
Le divin. 5 fr.

C. Hémon.
Philos. de Sully Prudhomme. 7 fr. 50

Hermant et Van de Waele.
Les principales théories de la logique contemporaine. 5 fr.

G. Hirth.
Physiologie de l'art. 5 fr.

H. Höffding.
Esquisse d'une psychologie fondée sur l'expérience. 4e édit. 7 fr. 50
Hist. de la philos. moderne. 2e édit. 2 vol. 20 fr.
Philosophie de la religion. 7 fr. 50

Hubert et Mauss.
Mélanges d'histoire des religions. 5 fr.

Ioteyko et Stefanowska.
Psycho-physiologie de la douleur. 5 fr.

Isambert.
Les idées socialistes en France (1815-1848). 7 fr. 50

Izoulet.
La cité moderne. 7e édit. 10 fr.

Jacoby.
La sélect. chez l'homme. 2e éd. 10 fr.

Paul Janet.
Œuvres philosophiques de Leibniz. 2e édition. 2 vol. 20 fr.

Pierre Janet.
L'automatisme psychol. 6e éd. 7 fr. 50

J. Jastrow.
La subconscience. 7 fr. 50

J. Jaurès.
Réalité du monde sensible. 2e édit. 7 fr. 50

Karppe.
Études d'hist. de la philos. 3 fr. 75

A. Keim.
Helvétius. 10 fr.

P. Lacombe.
Individus et sociétés selon Taine. 7 fr. 50

A. Lalande.
La dissolution opposée à l'évolution. 7 fr. 50

Ch. Lalo.
Esthétique musicale scientifique. 5 f.
L'esthétique expérim. cont. 3 fr. 75

A. Landry.
Principes de morale rationnelle. 5 fr.

De Lanessan.
La morale naturelle. 10 fr.
La morale des religions. 10 fr.

P. Lapie.
Logique de la volonté. 7 fr. 50

Lauvrière.
Philosophes contemporains. 2e édit. 3 fr. 75

E. de Laveleye.
De la propriété et de ses formes primitives. 5e édit. 10 fr.
Le gouvernement dans la démocratie. 3e éd. 2 vol. 15 fr.

M.-A. Leblond.
L'idéal du XIXe siècle. 5 fr.

Gustave Le Bon.
Psych. du socialisme. 6e éd. 7 fr. 50

G. Lechalas.
Études esthétiques. 5 fr.

Lechartier.
David Hume, moraliste et sociologue. 5 fr.

Leclère.
Le droit d'affirmer. 5 fr.

F. Le Dantec.
L'unité dans l'être vivant. 7 fr. 50
Limites du connaissable. 3e édit. 3 fr. 75

Xavier Léon.
La philosophie de Fichte. 10 fr.

Leroy (E.-B.).
Le langage. 5 fr.

A. Lévy.
La philosophie de Feuerbach. 10 fr.
Edgar Poë. Sa vie. Son œuvre. 10 fr.

L. Lévy-Bruhl.
La philosophie de Jacobi. 5 fr.
Lettres de Stuart Mill à Comte. 10 fr.
La philos. d'Aug. Comte. 2e éd. 7 fr. 50
La morale et la science des mœurs. 4e éd. 5 fr.

Liard.
Science positive et métaphysique. 4e édit. 7 fr. 50
Descartes. 2e édit. 5 fr.

H. Lichtenberger.
Richard Wagner, poète et penseur. 5e édit. 10 fr.
Henri Heine penseur. 3 fr. 75

Lombroso.
La femme criminelle et la prostituée 1 vol. avec planches. 15 fr.
Le crime polit. et les révol. 2 v. 15 f.
L'homme criminel. 3e édit. 2 vol., avec atlas. 36 fr.
Le crime. 2e éd. 10 fr.
L'homme de génie (avec planches). 4e édit. 10 fr.

E. Lubac.
Système de psychol. rationn. 3 fr. 75

G. Luquet.
Idées générales de psychol. 5 fr.

G. Lyon.
L'idéalisme en Angleterre au XVIIIe siècle. 7 fr. 50
Enseignement et religion. 3 fr. 75

P. Malapert.
Les éléments du caractère. 2e éd. 5 fr.

Marion.
La solidarité morale. 6e édit. 5 fr.

Fr. Martin.
La perception extérieure et la science positive. 5 fr.

J. Maxwell.
Les phénomènes psych. 4e éd. 5 fr.

E. Meyerson.
Identité et réalité. 7 fr. 50

Max Muller.
Nouv. études de mythol. 12 fr. 50

Myers.
La personnalité humaine. 3e éd. 7.50

E. Naville.
La logique de l'hypothèse. 2e éd. 5 fr.
La définition de la philosophie. 5 fr.
Les philosophies négatives. 5 fr.
Le libre arbitre. 2e édition. 5 fr.
Les philosophies affirmatives. 7 fr. 50

J.-P. Nayrac.
L'attention. 3 fr. 75

Max Nordau.
Dégénérescence. 2 v. 7e éd. 17 fr. 50
Les mensonges conventionnels de notre civilisation. 10e éd. 5 fr.
Vus du dehors. 5 fr.

Novicow.
Luttes entre soc. humaines. 2e éd. 10 f.
Gaspillages des soc. mod. 2e éd. 5 fr.
Justice et expansion de la vie. 7 fr. 50

H. Oldenberg.
Le Bouddha. 2e éd. 7 fr. 50
La religion du Véda. 10 fr.

Ossip-Lourié.
La philosophie russe contemp. 5 fr.
Psychol. des romanciers russes au XIXe siècle. 7 fr. 50

Ouvré.
Form. littér. de la pensée grecq. 10 fr.

G. Palante.
Combat pour l'individu. 3 fr. 75

Fr. Paulhan.
Les caractères. 3e édition. 5 fr.
Les mensonges du caractère. 5 fr.
Le mensonge de l'art. 5 fr.

Payot.
L'éducation de la volonté. 34e éd. 5 fr.
La croyance. 3e éd. 5 fr.

Jean Pérès.
L'art et le réel. 3 fr. 75

Bernard Perez.
Les trois premières années de l'enfant. 5e édit. 5 fr.
L'enfant de 3 à 7 ans. 4e éd. 5 fr.
L'éd. mor. dès le berceau. 4e éd. 5 fr.
L'éd. intell. dès le berceau. 2e éd. 5 fr.

C. Piat.
La personne humaine. 7 fr. 50
Destinée de l'homme. 5 fr.

Picavet.
Les idéologues. 10 fr.

Piderit.
La mimique et la physiognomonie, avec 95 fig. 5 fr.

Pillon.
L'année philos. 20 vol., chacun. 5 fr.

J. Ploger.
La vie et la pensée. 5 fr.
La vie sociale, la morale et le progrès. 5 fr.

L. Prat.
Le caractère empirique et la personne. 7 fr. 50

Preyer.
Éléments de physiologie. 5 fr.

L. Proal.
Le crime et la peine. 3e éd. 10 fr.
La criminalité politique. 2e éd. 5 fr.
Le crime et le suicide passionn. 10 f.

G. Rageot.
Le succès. 3 fr. 75

F. Rauh.
De la méthode dans la psychologie des sentiments. 2e éd. 5 fr.
L'expérience morale. 3 fr. 75

Récéjac.
La connaissance mystique. 5 fr.

G. Renard.
La méthode scientifique de l'histoire littéraire. 10 fr.

Renouvier.
Les dilem. de la métaph. pure. 5 fr.
Hist. et solut. des problèmes métaphysiques. 7 fr. 50
Le personnalisme. 10 fr.
Critique de la doctrine de Kant. 7.50
Science de la morale. Nouvelle édit. 2 vol. 15 fr.

G. Revault d'Allonnes.
Psychologie d'une religion. 5 fr.
Les inclinations. 3 fr. 75

A. Rey.
La théorie de la physique chez les physiciens contemp. 7 fr. 50

Ribéry.
Classification des caractères. 3 fr. 75

Th. Ribot.
L'hérédité psycholog. 9e éd. 7 fr. 50
La psychologie anglaise contemporaine. 3e éd. 7 fr. 50
La psychologie allemande contemporaine. 7e éd. 7 fr. 50
La psych. des sentim. 7e éd. 7 fr. 50
L'évol. des idées générales. 3e éd. 5 fr.
L'imagination créatrice. 3e éd. 5 fr.
Logique des sentiments. 2e éd. 3 f. 75
Essai sur les passions. 3e éd. 3 fr. 75

Ricardou.
De l'idéal. 5 fr.

G. Richard.
L'idée d'évolution dans la nature et dans l'histoire. 7 fr. 50

H. Riemann.
Elém. de l'esthétiq. musicale. 5 fr.

E. Rignano.
Transmissibilité des caractères acquis. 5 fr.

A. Rivaud.
Essence et existence chez Spinoza. 3 fr. 75

E. de Roberty.
Ancienne et nouvelle philos. 7 fr. 50
La philosophie du siècle. 5 fr.
Nouveau programme de sociol. 5 fr.
Sociologie de l'action. 3 fr. 75

G. Rodrigues.
Le problème de l'action. 3 fr. 75

F. Roussel-Despierres.
Liberté et beauté. 7 fr. 50

Romanes.
L'évol. ment. chez l'homme. 7 fr. 50

Russell.
La philosophie de Leibniz. 3 fr. 75

Ruyssen.
Évolut. psychol. du jugement. 5 fr.

A. Sabatier.
Philosophie de l'effort. 2e éd. 7 fr. 50

Emile Saigey.
La physique de Voltaire. 5 fr.

G. Saint-Paul.
Le langage intérieur. 5 fr.

E. Sanz y Escartin.
L'individu et la réforme sociale. 7.50

F. Schiller.
Etudes sur l'humanisme. 10 fr.

A. Schinz.
Anti-pragmatisme. 5 fr.

Schopenhauer.
Aphorismes sur la sagesse dans la vie. 9e éd. 5 fr.
Le monde comme volonté et représentation. 5e éd. 3 vol. 22 fr. 50

Séailles.
Ess. sur le génie dans l'art. 2e éd. 5 fr.
Philosoph. de Renouvier. 7 fr. 50

Sighele.
La foule criminelle. 2e édit. 5 fr.

Sollier.
Psychologie de l'idiot et de l'imbécile. 2e éd. 5 fr.
Le problème de la mémoire. 3 fr 75
Le mécanisme des émotions. 5 fr.
Le doute. 7 fr. 50

Souriau.
L'esthétique du mouvement. 5 fr.
La beauté rationnelle. 10 fr.
La suggestion dans l'art. 2e édit. 5 fr.

Spencer (Herbert).
Les premiers principes. 11e éd. 10 fr.
Principes de psychologie. 2 vol. 20 fr
Princip. de biologie. 6e éd. 2 v. 20 fr.
Princip. de sociol. 5 vol. 43 fr. 75
I. *Données de la sociologie*, 10 fr. — II. *Inductions de la sociologie. Relations domestiques*, 7 fr. 50. — III. *Institutions cérémonielles et politiques*, 15 fr. — IV. *Institutions ecclésiastiques*, 3 fr. 75. — V. *Institutions professionnelles*, 7 fr. 50.
Justice. 3e éd. 7 fr. 50
Rôle moral de la bienfaisance. 7.50
Morale des différents peuples. 7.50
Problèmes de morale et de sociologie. 2e éd. 7 fr. 50
Essais sur le progrès. 5e éd. 7 fr. 50
Essais de politique. 4e éd. 7 fr. 50
Essais scientifiques. 3e éd. 7 fr. 50
De l'éducation. 13e édit. 5 fr.
Une autobiographie. 10 fr.

P. Stapfer.
Questions esthétiques et religieuses 3 fr. 75

Stein.
La question sociale au point de vue philosophique. 10 fr.

Stuart Mill.
Mes mémoires. 5e éd. 5 fr.
Système de logique. 2 vol. 20 fr.
Essais sur la religion. 4e édit. 5 fr.
Lettres à Auguste Comte.

James Sully.
Le pessimisme. 2e éd. 7 fr. 50
Essai sur le rire. 7 fr. 50

Sully Prudhomme.
La vraie religion selon Pascal. 7 f. 50
Le lien social. 3 fr. 75

G. Tarde.
La logique sociale. 3e édit. 7 fr. 50
Les lois de l'imitation. 5e éd. 7 fr. 50
L'opposition universelle. 7 fr. 50
L'opinion et la foule. 3e édit. 5 fr.

Em. Tardieu.
L'ennui. 5 fr.

P.-Félix Thomas.
L'éducation des sentiments. 5e éd. 5 fr.
Pierre Leroux. Sa philosophie. 5 fr.

P. Tisserand.
L'anthropologie de Maine de Biran. 10 fr.

Et. Vacherot.
Essais de philosophie critique. 7 f. 50
La religion. 7 fr. 50

I. Waynbaum
La physionomie humaine. 5 fr.

L. Weber.
Vers le positivisme absolu par l'idéalisme. 7 fr. 50

ÉCONOMIE POLITIQUE — SCIENCE FINANCIÈRE

COLLECTION DES PRINCIPAUX ÉCONOMISTES

Enrichie de commentaires, de notes explicatives et de notices historiques

(COLLECTION GUILLAUMIN.)

MÉLANGES (1re PARTIE)

David Hume. *Essai sur le commerce, le luxe, l'argent, les impôts, le crédit public, sur la balance du commerce, la jalousie commerciale, la population des nations anciennes.* — **V. de Forbonnais.** *Principes économiques.* — **Condillac.** *Le commerce et le gouvernement.* — **Condorcet.** *Lettres d'un laboureur de Picardie à M. N**** (Necker). — *Réflexions sur l'esclavage des nègres.* — *Réflexions sur la justice criminelle.* — *De l'influence de la révolution d'Amérique sur l'Europe.* — *De l'impôt progressif.* — **Lavoisier.** *De la richesse territoriale du royaume de France.* — **Franklin.** *La science du bonhomme Richard* et ses autres opuscules. 1 vol. grand in-8. . . . . 10 fr.

MÉLANGES (2e PARTIE)

Necker. *Sur la législation et le commerce des grains.* — **L'abbé Galiani.** *Dialogues sur le commerce des blés* avec la *Réfutation* de l'abbé **Morellet.** — **Montyon.** *Quelle influence ont les diverses espèces d'impôts sur la moralité, l'activité et l'industrie des peuples?* — **Bentham.** *Défense de l'usure.* 1 vol. gr. in-8. . . . . 10 fr.

RICARDO

Œuvres complètes. Les œuvres de Ricardo se composent : 1° des Principes de l'économie politique et de l'impôt. — 2° Des ouvrages ci-après : *De la protection accordée à l'agriculture.* — *Plan pour l'établissement d'une banque nationale.* — *Essai sur l'influence du bas prix des blés sur les profits du capital.* — *Proposition pour l'établissement d'une circulation monétaire économique et sûre.* — *Le haut prix des lingots est une preuve de la dépréciation des billets de banque.* — *Essai sur les emprunts publics,* avec des *notes.* 1 vol. in-8. . . . . 10 fr.

J.-B. SAY

Cours complet d'économie politique pratique. 2 vol. grand in-8. 20 fr.

J.-B. SAY

Œuvres diverses : *Catéchisme d'économie politique.* — *Lettres à Malthus et correspondance générale.* — *Olbie.* — *Petit volume.* — *Fragments et opuscules inédits.* 1 vol. grand in-8. . . . . 10 fr.

ADAM SMITH

Recherches sur la nature et les causes de la richesse des nations, traduction de G. GARNIER. 5e édition, augmentée. 2 vol. in-8. . . 16 fr.

DICTIONNAIRE DU COMMERCE

DE L'INDUSTRIE ET DE LA BANQUE

DIRECTEURS :

MM. Yves GUYOT et Arthur RAFFALOVICH

2 volumes grand in-8. Prix, brochés. . . . . 50 fr.
— — reliés. . . . . 58 fr.

Cet ouvrage peut s'acquérir en envoyant un mandat-poste de 10 fr., au reçu duquel est faite l'expédition du livre, e. en payant le reste, soit 40 fr., en quatre traites de 10 fr. chacune, de deux mois en deux mois. *(Pour recevoir l'ouvrage relié ajouter 8 fr. au premier paiement.)*

COLLECTION DES ÉCONOMISTES ET PUBLICISTES CONTEMPORAINS

FORMAT IN-8.

VOLUMES RÉCEMMENT PUBLIÉS

ANTOINE (Ch.). **Cours d'économie sociale.** 4e édition, revue et augmentée. 1 vol. in-8. . . . . 9 fr.

ARNAUNÉ (Aug.), ancien directeur de la Monnaie, conseiller maître à la Cour des comptes. **La monnaie, le crédit et le change.** 1 vol. in-8. 4e édition, revue et augmentée. . . . . 8 fr.

COLSON (C.), de l'Institut. **Cours d'économie politique,** professé à l'École nationale des ponts et chaussées.

Livre I. — *Théorie générale des phénomènes économiques.* 2e édition revue et augmentée. . . . . 6 fr.
— II. — *Le travail et les questions ouvrières.* 3e tirage. . . 6 fr.
— III. — *La propriété des biens corporels et incorporels.* 2e tirage. 6 fr.
— IV. — *Les entreprises, le commerce et la circulation.* 2e tirage. 6 fr.
— V. — *Les finances publiques et le budget de la France.* . 6 fr.
— VI. — *Les travaux publics et les transports.* . . . . 6 fr.
— SUPPLÉMENT ANNUEL (1910) aux *Livres IV, V et VI*, broch. in-8. 1 fr.

COURCELLE-SENEUIL, de l'Institut. **Traité théorique et pratique des opérations de banque.** *Dixième édition, revue et mise à jour,* par A. LIESSE, professeur au Conservatoire des arts et métiers. 1 vol. in-8. . 9 fr.

EICHTHAL (Eugène d'), de l'Institut. **La formation des richesses et ses conditions sociales actuelles,** *notes d'économie politique.* . . 7 fr. 50

LEROY-BEAULIEU (P.), de l'Institut. **Traité théorique et pratique d'économie politique.** 5e édition. 5 vol. in-8. . . . . 36 fr.

MARTIN-SAINT-LÉON (E.), conservateur de la bibliothèque du Musée Social. **Histoire des corporations de métiers,** *depuis leurs origines jusqu'à leur suppression en 1791,* suivie d'une étude sur l'*Évolution de l'Idée corporative de 1791 à nos jours* et sur le *Mouvement syndical contemporain.* Deuxième édition, revue et mise au courant. 1 fort vol. in-8. (*Couronné par l'Académie française*) . . . . 10 fr.

NEYMARCK (A.). **Finances contemporaines.** — Tome I. *Trente années financières, 1872-1901.* 1 vol. in-8, 7 fr. 50. — Tome II. *Les budgets, 1872-1903.* 1 vol. in-8, 7 fr. 50. — Tome III. *Questions économiques et financières, 1872-1904.* 1 vol. in-8, 10 fr. — Tomes IV-V : *L'obsession fiscale, questions fiscales, propositions et projets relatifs aux impôts depuis 1871 jusqu'à nos jours.* 2 vol. in-8 (1907). . . . . 15 fr.

NOVICOW (J.). **Le problème de la misère et les phénomènes économiques naturels.** 1 vol. in-8. . . . . 7 fr. 50

PAUL-BONCOUR. **Le fédéralisme économique et le syndicalisme obligatoire,** préface de WALDECK-ROUSSEAU. 1 vol. in-8. 2e édit . . 6 fr.

RAFFALOVICH (A.). **Le marché financier.** France, Angleterre, Allemagne, Russie, Autriche, Japon, Suisse, Italie, Espagne, Etats-Unis. Questions monétaires. Métaux précieux. Années 1891. 1 vol. 5 fr. 1892. 1 vol. 5 fr. 1893 à 1894 1 vol. 6 fr. 1894-1895 à 1896-1897. Chacune 1 vol. 7 fr. 50; 1897-1898 à 1901-1902, chacune 1 vol. 10 fr.; 1902-1903 à 1909-1910, chacune 1 vol. . . . . 12 fr.

STOURM de l'Institut. *Cours de finances.* **Le budget, son histoire et son mécanisme.** 6e édition. 1 vol. in-8. . . . . 10 fr.

WEULERSSE (G.). **Le mouvement physiocratique en France de 1856 à 1770** 2 vol. in-8 (1910). . . . . 25 fr.

PRÉCÉDEMMENT PARUS

BANFIELD, Prof à l'Univ. de Cambridge. **Organisation de l'industrie,** traduit par M. ÉMILE THOMAS. 1 vol. in-8. . . . . 6 fr.

BAUDRILLART (H.), de l'Institut. **Philosophie de l'économie politique.** *Des rapports de l'économie politique et de la morale.* 2e éd. in-8. 9 fr.

BLANQUI, de l'Institut. **Histoire de l'économie politique en Europe,** *depuis les Anciens jusqu'à nos jours,* 5e édition. 1 vol. in-8. . . 8 fr.

BLOCK (M.), de l'Institut. **Les progrès de la science économique depuis Adam Smith.** 2e édit. augmentée. 2 vol. in-8 . . . . 16 fr.
BLUNTSCHLI. **Le droit international codifié.** Traduit de l'allemand par M. C. Lardy. 5e édition, revue et augmentée. 1 vol. in-8. . . . 10 fr.
— **Théorie générale de l'Etat,** traduit de l'allemand par M. de Riedmatten. 3e édition. 1 vol. in-8. . . . . 9 fr.
COURCELLE-SENEUIL, de l'Institut. **Traité théorique et pratique d'économie politique.** 3e édition, revue et corrigée. 2 vol. in-18. 7 fr.
COURTOIS (A.). **Histoire des banques en France.** 2e édition. 1 v. in-8. 8 fr. 50
FAUCHER (L.), de l'Institut. **Études sur l'Angleterre.** 2 vol. in-8. 6 fr.
FIX (Th.). **Observations sur l'état des classes ouvrières,** in-8. . 5 fr.
GROTIUS. **Le droit de la guerre et de la paix.** 3 vol. in-8. . 12 fr. 50
HAUTEFEUILLE. **Des droits et des devoirs des nations neutres en temps de guerre maritime.** 3e édit. refondue. 3 forts vol. in-8. 22 fr. 50
— **Histoire des origines, des progrès et des variations du droit maritime international.** 2e édition. 1 vol. in-8. . . . . 7 fr. 50
LEROY-BEAULIEU (P.), de l'Institut. **Traité de la science des finances.** 7e édition, revue, corrigée et augmentée. 2 forts vol. in-8. . 25 fr.
— **Essai sur la répartition des richesses et sur la tendance à une moindre inégalité des conditions.** 3e édit., revue et corrigée. 1 vol. in-8. 9 fr.
— **L'Etat moderne et ses fonctions.** 3e édition. 1 vol. in-8. . . . 9 fr.
— **Le collectivisme,** *examen critique du nouveau socialisme. — L'Evolution du Socialisme depuis 1895. — Le syndicalisme.* 5e édit., revue et augmentée. 1 vol. in-8. . . . . 9 fr.
— **De la colonisation chez les peuples modernes.** 6e édition. 2 vol. in-8. 20 fr.
LIESSE (A.), professeur au Conservatoire national des arts et métiers. **Le travail** *aux points de vue scientifique, industriel et social.* 1 vol. in-8. . . . . 7 fr. 50
MORLEY (John). **La vie de Richard Cobden,** traduit par Sophie Raffalovich. 1 vol. in-8. 8 fr.
PASSY (H.), de l'Institut. **Des formes de gouvernement et des lois qui les régissent.** 2e édition. 1 vol. in-8. . . . . 7 fr. 50
PRADIER-FODERÉ. **Précis de droit administratif.** 7e édition, tenue au courant de la législation. 1 fort vol. in-8. . . . . 10 fr.
RICHARD (A.). **L'organisation collective du travail,** préface par Yves Guyot. 1 vol. grand in-8. . . . . 6 fr.
ROSSI (P.), de l'Institut. **Cours d'économie politique,** 5e édition. 4 vol. in-8. . . . . 15 fr.
— **Cours de droit constitutionnel,** 2e édition. 4 vol. in-8. . . . . 15 fr.
STOURM (R.), de l'Institut. **Les systèmes généraux d'impôts.** 3e édition revisée et mise au courant. 1 vol. in-8 . . . . . . *En préparation.*
VIGNES (Edouard). **Traité des impôts en France.** 4e édition, mise au courant de la législation, par M. Vergniaud. 2 vol. in-8. . . . 16 fr.
VILLEY (Ed.). **Principes d'Économie politique.** 3e édit. 1 vol. in-8. 10 fr.

BIBLIOTHÈQUE DES SCIENCES MORALES ET POLITIQUES

FORMAT IN-18 JÉSUS.

VOLUMES RÉCEMMENT PUBLIÉS.

BOURDEAU (J.). — **Entre deux servitudes.** *Démocratie, socialisme, syndicalisme, impérialisme, les étapes de l'internationale socialiste, opinions de sociologues.* 1 vol. in-16. . . . . 3 fr. 50
BROUILHET (Ch.). — **Le conflit des doctrines dans l'économie politique contemporaine.** 1 vol. in-16. . . . . 3 fr. 50
DEPUICHAULT. — **La Fraude successorale par le procédé du compte-joint.** Préface de M. Paul Leroy-Beaulieu. 1 vol. in-16 . . . 3 fr. 50
DUGUIT (L.) — **Le droit social, le droit individuel et la transformation de l'Etat.** 1 vol. in-16, 2e édit. . . . . 2 fr. 50
LESEINE (L.) et SURET (L.). — **Introduction mathématique à l'étude de l'économie politique.** 1 vol. in-16 avec figures. . . . . 3 fr.

NOUEL (R.). — **Les Sociétés par actions,** *leur réforme*, préface de P. Baudin. 1 vol. in-16. . . . . 3 fr. 50

PAWLOWSKI (A.). — **La Confédération générale du travail.** *Ses origines, son organisation, ses tendances, ses moyens d'action et son avenir.* Préface de J. Bourdeau. 1 vol. in-16 . . . . 2 fr. 50

PETIT (Ed.). — **De l'Ecole à la Cité.** *Études sur l'éducation populaire.* 1 vol. in-16 . . . . 3 fr. 50

Politique budgétaire en Europe (La). — *Les tendances actuelles, Allemagne, France, Grande-Bretagne, Empire Ottoman, Russie*, par MM. Emile Loubet, S.-A. Hussein, Hilmi Pacha, André Lebon, Georges Blondel, Raphael-Georges Lévy, A. Raffalovich, Charles Laurent, Charles Picot, Henri Gans. 1 vol. in-16 . . . . . 3 fr. 50

PRÉCÉDEMMENT PARUS

AUCUY (M.). **Les systèmes socialistes d'échange.** Avant-propos de M. A. Deschamps, prof. à la Faculté de Droit de Paris. 1 vol. in-16 3 fr. 50

BASTIAT (Frédéric). **Œuvres complètes,** précédées d'une *Notice* sur sa vie et ses écrits. 7 vol. in-18. . . . . 24 fr. 50

I. *Correspondance.* — *Premiers écrits.* 3ᵉ édition, 3 fr. 50; — II. *Le Libre-Echange.* 3ᵉ édition, 3 fr. 50; — III. *Cobden et la Ligue.* 4ᵉ édition, 2 fr. 50; — IV et V. *Sophismes économiques.* — *Petits pamphlets.* 6ᵉ édit. 2 vol., 7 fr.; — VI. *Harmonies économiques.* 9ᵉ édition, 3 fr. 50; — VII. *Essais.* — *Ébauches.* — *Correspondance.* . . . . 3 fr. 50

Les tomes IV et V seuls ne se vendent que réunis.

CHALLAYE. **Syndicalisme révolutionnaire et syndicalisme réformiste.** 1 vol. in-16. . . . . 2 fr. 50

CIESZKOWSKI (A.). **Du crédit et de la circulation.** 3ᵉ édit. in-18. 3 fr. 50

COURCELLE-SENEUIL (J.-G.). **Traité théorique et pratique d'économie politique.** 3ᵉ édit. 2 vol. in-18. . . . . 7 fr.

— **La société moderne.** 1 vol. in-18. . . . . 5 fr.

DOLLEANS. **Robert Owen (1771-1858).** Avant-propos de M. E. Faguet, de l'Académie française. 1 vol. in-18, avec gravures. . . . . 3 fr. 50

EICHTHAL (E. d'), de l'Institut. **La liberté individuelle du travail et les menaces du législateur.** 1 vol. in-16. . . . . 2 fr. 50

Forces productives de la France (Les). Conférences organisées par la Société des anciens élèves de l'École libre des sciences politiques, par MM. P. Baudin, P. Leroy-Baulieu, Millerand, Roume, J. Thierry, E. Allix, J.-C. Charpentier, H. de Peyerimhoff, P. de Rousiers, D. Zolla. 1 vol. in-16. 3 fr. 50

FREEMAN (E.-A.). **Le développement de la constitution anglaise, depuis les temps les plus reculés jusqu'à nos jours.** 1 vol. in-18. . . 3 fr. 50

GAUTHIER (A.-E.), sénateur, ancien ministre. **La réforme fiscale par l'impôt sur le revenu.** 1 vol. in-18. . . . . 3 fr. 50

LIESSE, professeur au Conservatoire des arts et métiers. **La statistique, ses difficultés, ses procédés, ses résultats.** 1 vol. in-18. . . 2 fr. 50

— **Portraits de financiers.** Ouvrard, Mollien, Gaudin, Baron Louis, Corvetto, Laffite, De Villèle. 1 vol. in-18. . . . . 3 fr. 50

MARGUERY (E.). **Le droit de propriété et le régime démocratique.** 1 vol. in-18. . . . . 2 fr. 50

MERLIN (R.), biblioth. archiviste du Musée social. **Le contrat de travail, les salaires, la participation aux bénéfices.** 1 v. in-18. . . . 2 fr. 50

MILHAUD (Mlle Caroline). **L'ouvrière en France,** *sa condition présente, réformes nécessaires.* 1 vol. in-18. . . . . 2 fr. 50

MILHAUD (Edg.), professeur d'économie politique à l'Université de Genève. **L'imposition de la rente.** *Les engagements de l'État, les intérêts du crédit public, l'égalité devant l'impôt.* 1 vol. in-16. . 3 fr. 50

MOLINARI (G. de), correspondant de l'Institut. **Questions économiques à l'ordre du jour.** 1 vol. in-18 . . . . 3 fr. 50

— **Les problèmes du XXᵉ siècle.** 1 vol. in-18. . . . . 3 fr. 50

— **Théorie de l'Evolution.** *Économie de l'histoire.* 1 vol. in-16. 3 fr. 50

PIC (P.), professeur de législation industrielle à l'Université de Lyon. **La protection légale des travailleurs et le droit international ouvrier.** 1 vol. in-16 . . . . 2 fr. 50

STUART MILL (J.). **Le gouvernement représentatif.** Traduction et *Introduction*, par M. Dupont-White. 3ᵉ édition. 1 vol. in-18. 4 fr.

COLLECTION
D'AUTEURS ÉTRANGERS CONTEMPORAINS

Histoire — Morale — Économie politique — Sociologie

Format in-8. (Pour le cartonnage, 1 fr. 50 en plus.)

BAMBERGER. — **Le Métal argent au XIXe siècle.** Traduction par M. RAPHAEL-GEORGES LÉVY. 1 vol. Prix, broché . . . . . . 6 fr. 50

C. ELLIS STEVENS. — **Les Sources de la Constitution des États-Unis** *étudiées dans leurs rapports avec l'histoire de l'Angleterre et de ses Colonies.* Traduit par LOUIS VOSSION. 1 vol. in-8. Prix, broché. 7 fr. 50

GOSCHEN. — **Théorie des Changes étrangers.** Traduction et préface de M. LÉON SAY. *Quatrième édition française* suivie du *Rapport de 1875 sur le paiement de l'indemnité de guerre*, par le même. 1 vol. Prix, broché . . . . 7 fr. 50

HERBERT SPENCER. — **Justice.** 3e *édition.* Trad. de M. E. CASTELOT. 1 vol. Prix, broché . . . . 7 fr. 50

HERBERT SPENCER. — **La Morale des différents Peuples et la Morale personnelle.** Traduction de MM. CASTELOT et E. MARTIN SAINT-LÉON. 1 vol. Prix, broché . . . . 7 fr. 50

HERBERT SPENCER. — **Les Institutions professionnelles et industrielles.** Traduit par HENRI DE VARIGNY. 1 vol. in-8. Prix, br. 7 fr. 50

HERBERT SPENCER. — **Problèmes de Morale et de Sociologie.** Traduction de M. H. DE VARIGNY. 2e édit. 1 vol. Prix, broché. . 7 fr. 50

HERBERT SPENCER. — **Du Rôle moral de la Bienfaisance.** (*Dernière partie des principes de l'éthique*). Traduction de MM. E. CASTELOT et E. MARTIN SAINT-LÉON. 1 vol. Prix, broché . . . . 7 fr. 50

HOWELL. — **Le Passé et l'Avenir des Trade Unions.** *Questions sociales d'aujourd'hui.* Traduction et préface de M. LE COUR GRANDMAISON. 1 vol. Prix, broché . . . . 5 fr. 50

KIDD. — **L'évolution sociale.** Traduit par M. P. LE MONNIER. 1 vol. in-8. Prix, broché. . . . . 7 fr. 50

NITTI. — **Le Socialisme catholique.** Traduit avec l'autorisation de l'auteur. 1 vol. Prix, broché . . . . 7 fr. 50

RUMELIN. — **Problèmes d'Économie politique et de Statistique.** Traduit par AR. DE RIEDMATTEN. 1 vol. Prix, broché. . . . . . 7 fr. 50

SCHULZE GAVERNITZ. — **La grande Industrie.** Traduit de l'allemand. Préface par M. G. GUÉROULT. 1 vol. Prix, broché. . . . . . 7 fr. 50

W.-A. SHAW. — **Histoire de la Monnaie (1252-1894).** Traduit par M. AR. RAFFALOVICH. 1 vol. Prix, broché . . . . 7 fr. 50

THOROLD ROGERS. — **Histoire du Travail et des Salaires en Angleterre depuis la fin du XIIIe siècle.** Traduction avec notes par E. CASTELOT. 1 vol. in-8. Prix, broché . . . . 7 fr. 50

WESTERMARCK. — **Origine du Mariage dans l'espèce humaine.** Traduction de M. H. DE VARIGNY. 1 vol. Prix broché. . . . . . . 11 fr.

A.-D. WHITE. — **Histoire de la Lutte entre la Science et la Théologie.** Traduit et adapté par MM. H. DE VARIGNY et G. ADAM. 1 vol. in-8. Prix, broché . . . . 7 fr. 50

PETITE BIBLIOTHÈQUE ÉCONOMIQUE FRANÇAISE ET ÉTRANGÈRE

PUBLIÉE SOUS LA DIRECTION DE M. J. CHAILLEY-BERT

PRIX DE CHAQUE VOLUME IN-32, ORNÉ D'UN PORTRAIT
Cartonné toile. . . . . 2 fr. 50

XVIII VOLUMES PUBLIÉS

I. — VAUBAN. — **Dîme royale**, par G. MICHEL.
II. — BENTHAM. — **Principes de Législation**, par Mlle RAFFALOVICH.
III. — HUME. — **Œuvre économique**, par Léon SAY.
IV. — J.-B. SAY. — **Économie politique**, par H. BAUDRILLART, de l'Institut.
V. — ADAM SMITH. — **Richesse des Nations**, par COURCELLE-SENEUIL, de l'Institut. 2e édit.
VI. — SULLY. — **Économies royales**, par M. J. CHAILLEY-BERT.
VII. — RICARDO. — **Rentes, Salaires et Profits**, par M. P. BEAUREGARD, de l'Institut.
VIII. — TURGOT. — **Administration et Œuvres économiques**, par M. L. ROBINEAU.
IX. — JOHN-STUART MILL. — **Principes d'économie politique**, par M. L. ROQUET.
X. — MALTHUS. — **Essai sur le principe de population**, par M. G. de MOLINARI.
XI. — BASTIAT. — **Œuvres choisies**, par M. de FOVILLE, de l'Institut, 2e édit.
XII. — FOURIER. — **Œuvres choisies**, par M. Ch. GIDE.
XIII. — F. LE PLAY. — **Économie sociale**, par M. F. AUBURTIN. Nouvelle édit.
XIV. — COBDEN. — **Ligue contre les lois, Céréales et Discours politiques**, par Léon SAY, de l'Académie française.
XV. — KARL MARX. — **Le Capital**, par M. VILFREDO PARETO. 3e édit.
XVI. — LAVOISIER. — **Statistique agricole et projets de réformes**, par MM. SCHELLE et Ed. GRIMAUX, de l'Institut.
XVII. — LÉON SAY. — **Liberté du Commerce, finances publiques** par M. J. CHAILLEY-BERT.
XVIII. — QUESNAY. — **La Physiocratie**, par M. Yves GUYOT.

Chaque volume est précédé d'une introduction et d'une étude biographique, bibliographique et critique sur chaque auteur.

NOUVEAU DICTIONNAIRE D'ÉCONOMIE POLITIQUE

PUBLIÉ SOUS LA DIRECTION DE

M. LÉON SAY et de M. JOSEPH CHAILLEY-BERT

Deuxième édition.

2 vol. grand in-8 raisin et un Supplément : prix, brochés...... **60 fr.**
— — demi-reliure chagrin..................... **69 fr.**

COMPLÉTÉ PAR 3 TABLES : **Table des auteurs, table méthodique et table analytique.**

Cet ouvrage peut s'acquérir en envoyant un mandat-poste de 20 fr. au reçu duquel est faite l'expédition du livre, et en payant le reste, soit 40 fr., en quatre traites de 10 fr. chacune, de deux mois en deux mois. (*Pour recevoir l'ouvrage relié ajouter 9 fr. au premier paiement.*)

110, 11. — Coulommiers. Imp. PAUL BRODARD. — 1911.

www.ingramcontent.com/pod-product-compliance
Ingram Content Group UK Ltd.
Pitfield, Milton Keynes, MK11 3LW, UK
UKHW020306230726
13925UKWH00001B/241